LIVRE DE CUISINE

Friteuse À air AIR FRYER

350 RECETTES

Rapides et Faciles pour un Repas Sain au Quotidien

Maria DUBOIS

© 2024 Maria DUBOIS

Tous les droits sont réservés

Code ISBN : 9798878124027

Contenu

INTRODUCTION	15
La Friteuse à Air ? Le Air fryer ?	16
CHAPITRE 1 Entrées et collations	18
Frites gaufrées	19
Boulettes de friteuse à air	19
Nuggets de poulet frits à l'air	19
Crevettes frites croustillantes	20
Recette facile de pizza tortilla	20
Cornichons tempura frits à l'air	21
Crevettes Frites Enrobées De Bacon	21
Fromage en grains au poivre Hatch frit à l'air	22
Choux de Bruxelles frits à l'air	22
Courgettes au parmesan et à l'ail avec aïoli à l'harissa	23
Plantains à la friteuse à air	23
Salsa aux poivrons rôtis et aux tomates à la friteuse	24
Boulettes de macaroni au fromage et au bacon	24
Chaussons fourrés aux framboises	25
Frites frisées Air-Fryer Everything Bagel avec trempette aux oignons verts et au yaourt	26
Pommes à la friteuse	26
Poulet collant asiatique frit à l'air	27
Chips de cornichon croustillantes à la friteuse à air	28
Popper jalapeño à la friteuse à air	28
Chips de patates douces Air-Fryer	29
Frites croustillantes à la friteuse à air	29
Pois chiches croustillants	30
Chips de courgettes à la friteuse à air	30
Chips de pommes à la cannelle et au gingembre Air-Fryer	31
Frites de haricots verts Air-Fryer	31
Beignets à la friteuse à air	32
Rondelles d'oignon pour friteuse à air	33

Frites de courgettes à la friteuse à air	34
Frites de patates douces Air-Fryer	34
CHAPITRE 2 Recettes de petits déjeuner	**35**
Beignets de pommes	36
Œuf au plat dans la friteuse à air	36
Bâtonnets de pain perdu croustillants	37
Pommes de terre rissolées	37
Crêpes à la friteuse à air	38
Bacon à la friteuse à air	38
Burritos de petit-déjeuner	39
Oeufs durs dans une friteuse à air	39
Pain aux bananes à la friteuse à air	40
Tartelettes pop à la friteuse à air	40
Galettes de pommes de terre rissolées surgelées	41
Pain doré à la friteuse à air	41
Bacon congelé dans la friteuse à air	42
Beignets à la gelée pour friteuse à air	42
Crêpes de pommes de terre à la friteuse à air	43
Bagels faible en calories	43
Œufs à la coque à la friteuse à air	44
Petits pains à la cannelle à la friteuse à air	44
Pommes de terre pour petit-déjeuner à la friteuse à air	44
Bouchées d'œufs à la friteuse à air	45
Strudel grille-pain dans la friteuse à air	45
Galettes de saucisses à la friteuse à air	45
Gaufres surgelées dans la friteuse à air	46
Oeufs brouillés à la friteuse à air	46
Bacon de dinde à la friteuse à air	46
Toast dans la friteuse à air	47
Saucisse dans la friteuse à air	47
Pop-Tarts à la friteuse à air	47
Recette de beignets à la friteuse à air glacés Ube rapide et facile	48

Meilleur pain aux myrtilles à la friteuse à air (recette facile et saine) 48

Chaussons aux fraises faciles à la friteuse à air 49

Oeufs au four au fromage à la friteuse à air 49

Beignets à la friteuse à air à la gousse de vanille 50

Œufs écossais parfaits (durs ou mous) 51

Pommes au four à la friteuse à air 52

Frittata de petit-déjeuner à la friteuse à air 53

Bacon et coquetiers pour friteuse à air 53

Oranges rôties à la friteuse à air 54

Casserole de petit-déjeuner à la saucisse Air Fryer 54

Choux de Bruxelles râpés à la friteuse à air, oignon rouge et hachis de pommes de terre rouges 55

Petits pains à la cannelle à la friteuse à air 56

CHAPITRE 3 Recettes de déjeuner 57

FRITES CROUSTILLANTES 58

LÉGUMES À LA FRITEUSE À AIR 58

Boulettes de viande collantes au miel et à l'ail 59

Poitrine de poulet à la friteuse à air 60

Crevettes mexicaines à la friteuse à air 60

Brocoli à la friteuse à air 61

Saumon grec 61

Pommes de terre grelots à la friteuse à air 62

Choux de bruxelles croustillants à la friteuse à air 62

Bouchées de chou-fleur 62

Friteuse à air légumes "sauté" 63

Asperges à la friteuse à air 64

Courge musquée à la friteuse à air 64

Poppers jalapeño enveloppés de bacon (friteuse à air) 65

Filets de poulet à la friteuse à air 65

Cuisses de poulet à la friteuse à air 66

Falafel 67

Les meilleures ailes de poulet frites panées (air fryer) 68

- Bouchées de poulet au chili doux 69
- Poulet shawarma 70
- Poitrine de poulet mexicaine 71
- Galettes de poulet méditerranéennes 72
- Boulettes de viande de dinde au chili doux 73
- Côtelettes d'agneau easy air fryer avec marinade à l'ail de dijon 74
- Boulettes de viande suédoises 75
- Tater tots faits maison avec du bacon 76
- Côtes levées à la friteuse à air 77
- Choux de bruxelles enrobés de bacon 77
- Bol de riz au steak de bœuf coréen 78
- Boulettes de viande à la grecque 79
- Porc aigre-doux 80
- Crevettes géantes à la friteuse à air 81
- Tacos coréens au steak de bœuf 82
- Boulettes de viande chinoises à tête de lion 83
- Char siu (porc barbecue chinois) 84
- Morue noire à la friteuse avec sauce aux haricots noirs 85
- Saumon glacé au miel et à l'ail 85
- Saumon à l'érable au four 86
- Saumon miso 87
- Châtaignes rôties (trois façons) 88
- Rouleaux de printemps végétariens 89
- Pop-Tarts à la friteuse à air 90
- Chips de pommes 90
- Boulettes de purée de pommes de terre 91
- **CHAPITRE 4 Recettes de brunch** 92
- Petits pains à la cannelle à la friteuse à air 93
- Pommes de terre rissolées à la friteuse à air (congelées ou à partir de zéro) 94
- Frites cottage à la friteuse à air 94
- Oeufs « durs » à la friteuse à air 95
- Œuf de friteuse à air dans un trou 95

Pommes au four à la friteuse à air	95
Œufs écossais parfaits à la friteuse à air (durs ou mous)	96
Coquetiers au prosciutto et aux épinards (entiers 30, faible teneur en glucides)	97
Biscuits à la saucisse à la friteuse à air	98
Pain doré à la friteuse à air	98
Beignets au chocolat à la friteuse à air	99
Cuisson du bacon dans une friteuse à air + Trucs et astuces !	100
Frittata de petit-déjeuner	100
Pain aux bananes à la friteuse à air	101
Chaussons aux cerises	102
Burritos de petit-déjeuner croustillants à la friteuse à air	103
Bagels (bagels à 2 ingrédients)	104
Omelette facile à la friteuse à air	105
Toast parfait à la cannelle	105
Tartelettes pop à la friteuse à air	106
Granola à la friteuse à air	107
Pouding au pain aux bleuets - Friteuse à air	108
Avoine au four	109
Pommes de terre pour petit-déjeuner à la friteuse à air	110
CHAPITRE 5 Recettes de volaille	111
Poitrines de poulet avec os	112
Poulet à l'orange à la friteuse à air	112
Cuisses de poulet au miel et au soja air fryer	113
Ailes de poulet au miso et à l'ail	114
Quartiers de cuisses de poulet	114
Poulet grillé à la friteuse à air	115
Ailes désossées à la friteuse à air	115
Flautas à la friteuse à air	116
Filets de poulet surgelés	116
Escalopes de poulet à la friteuse à air	117
Ailes de poulet surgelées dans la friteuse à air	117
Filets de poulet à la friteuse à air – sans panure	118

Ailes à l'ail et au parmesan	118
Comment faire des poitrines de poulet	119
Une poêle de poulet et de légumes au miel et à l'ail pour la friteuse à air	119
Les cuisses de poulet à la friteuse à air font de parfaits tacos de rue au poulet	120
Rouleaux aux œufs au poulet buffalo	120
Les fajitas au poulet à les plus simples	121
Ailes de poulet rapide et facile	121
Poitrine de poulet farcie	122
Poulet style Hibachi avec sauce Yum Yu	122
Poulet à l'ananas à la friteuse à air	123
Pilons de poulet à la friteuse à air	124
Ailes de poulet barbecue à la friteuse à air	124
Poulet orange de trader Joe	125
Poulet farci aux jalapeños enveloppé dans du bacon	125
Savoureux poulet et légumes avec marinade balsamique	126
Poule de cornouailles	126
Poulet au parmesan croustillant et délicieux	127
poulet grillé à la moutarde et au miel	128
Filets de poulet croustillants	128
Le meilleur poulet entier	129
Taquitos au poulet buffalo	129
Recette de taquitos au poulet crémeux au four	130
Poulet pop-corn dans la friteuse à air	131
Recette simple de filets de poulet	131
Poulet pop-corn croustillant et sain	132
Poitrine de poulet congelée	132
Le poulet frit à la friteuse à air le plus croustillant	133
Nuggets de dinosaures dans la friteuse à air	134
Recette d'ailes de poulet croustillantes à l'air et au miel et à l'ail	134
Recette de brochettes de poulet à la friteuse à air	135
Poulet BBQ enveloppé dans du bacon	135
Nuggets de poulet saumurés dans des cornichons	136

Recette de cuisses de poulet 136

Poitrine de poulet en croûte de parmesan à la friteuse à air 137

Recette pour tendres de poulet nus 137

Poulet frit coréen à la friteuse à air 138

Poulet Et Pommes De Terre À La Friteuse À Air 138

Le meilleur poulet rôti à la maison (sans gluten, paléo, sans allergie) 139

Pochettes de poulet buffalo au fromage 140

Cuisses de poulet surgelées 140

CHAPITRE 6 Recettes d'agneau 141

Carré d'agneau à Air-Fryer 142

Les meilleures côtelettes d'agneau 142

Côtelettes d'agneau citronnées Air-Fryer avec fenouil et olives 143

Côtelettes d'agneau 143

Gigot d'agneau à la friteuse à air 144

Côtelettes d'agneau à la friteuse à air 144

Carré d'agneau à la friteuse à air 145

Carré d'agneau pour friteuse à air 145

Recette de gigot d'agneau à la friteuse à air 146

Côtelettes d'agneau à la friteuse 147

Recette de carré d'agneau 147

Côtelettes d'agneau 148

Recette d'agneau épicé à la friteuse à air 148

Carré d'agneau à la friteuse à air avec aïoli à l'ail rôti 149

Carré d'agneau à la friteuse à air 150

Côtelettes d'agneau à la friteuse à air 150

Rôti d'épaule d'agneau à la friteuse 151

Escalopes d'agneau à la friteuse à air 151

CHAPITRE 7 Recettes de porc 152

Côtelettes de porc épaisses 153

Brochettes de poitrine de porc 153

Rôti de porc à la friteuse 154

Côtelettes de porc (sans panure) 154

Filet de porc à la friteuse à air	155
Côtelettes de porc avec os à la friteuse à air	155
Poitrine de porc à la friteuse à air parfaitement croustillante	156
Côtelettes de porc farcies	156
Brochettes de porc à la friteuse à air	157
Boulettes de viande à la friteuse à air	158
Lanières de poitrine de porc croustillantes à la friteuse à air	158
Bouchées de poitrine de porc à la friteuse à air	159
Steak de porc à la friteuse	159
Côtelettes de porc	160
Boulettes de porc à la friteuse à air	160
Filet de porc Air Fryer avec sauce barbecue aux canneberges	161
Côtelettes de porc faciles à frire	162
Fajitas de filet de porc à la friteuse à air	162
Friteuse à air Char Siu	163
Comment frire des médaillons de porc	164
Os du cou de la friteuse à air	164
burgers de porc et de pommes	164
Air Fryer Schnitzel avec chou aigre-doux	165
CHAPITRE 8 Recettes de bœuf	**166**
Rôti de bœuf juteux et légumes	167
Sandwich ciabatta au bœuf ouvert (recette de friteuse à air)	168
Recettes de bœuf à la friteuse à air	168
Bouchées de steak et champignons	169
Bœuf séché à la friteuse Teriyaki	169
Bœuf et brocoli à la friteuse à air	170
Bœuf croustillant et brocoli à la friteuse à air	171
Bœuf mongol à la friteuse à air	172
Bouchées de steak juteux	172
Rôti de bœuf à la friteuse à air	173
Rôti de bœuf à la friteuse à air	174
Sauté de ramen au bœuf	174

CHAPITRE 9 Recettes des frites légères 175
FRITES À FRITEUSE À AIR 176
Quartiers de pommes de terre 176
Frites de courgettes à la friteuse à air 177
Frites frites à l'air 177
La recette de polenta la plus simple (chips et frites) 178
Frites surgelées à la friteuse à air 178
Frites de patates douces 179
Frites maison à la friteuse à air 179
Frites de patates douces croustillantes surgelées 180
Frites à l'ail et au parmesan air fryer 180
CAHAPITRE 10 Recettes des fruits de mer et poisson 181
Tilapia à la friteuse à air 182
Langoustines aux crevettes céto 182
Crevettes frites au sel et au poivre 183
Saumon à la friteuse à air 183
Poisson-chat frit du sud à la friteuse à air 184
Saumon à la friteuse à air 184
Morue à la friteuse à air 185
Poisson À La Friteuse À Air 185
Morue à la friteuse à air 186
Crevettes pop-corn à la friteuse à air 186
Tilapia chili-lime (Paléo 187
Saumon glacé à l'érable à la friteuse à air 187
Poisson-chat frit à 3 ingrédients Air Fryer 188
Filets de poisson croustillants (fait maison) 188
Huîtres à la friteuse à air 189
Fondant de thon à la friteuse à air 189
Crevettes enrobées de bacon 190
Crevettes noircies à la friteuse à air 190
Crevettes à la friteuse au citron et au poivre 191
Beignets de crabe à la friteuse à air 191

Brochettes de crevettes grillées à la coréenne	192
champignons farcis au crabe	192
Tacos aux crevettes à la friteuse à air	193
Poisson blanc en croûte d'ail et de parmesan (keto)	193
Calamars à la friteuse à air	194
Gâteaux au thon à la friteuse à air	194
Steaks de thon à la friteuse	195
Crevettes à la noix de coco	195
Poisson battu à la bière	196
Galettes de saumon au Air Fryer	196
Doré à la friteuse à air	197
Poisson pané frit à l'air	197
Saumon à la friteuse cajun	198
Crevettes au poivre et au citron	198
Beignets de crabe à la friteuse à air	199
Friteuse à air Mahi Mahi	199
Gâteaux de saumon Keto Air Fryer avec mayonnaise Sriracha	200
Queues de homard avec beurre citron-ail	201
Crevettes au poivre et au citron	201
Galettes de crabe cajun à	202
Saumon au beurre à la friteuse à air	202
Rangoon de crabe de friteuse à air	203
Crevettes et polenta à la friteuse à air	203
Friteuse à air Bang Bang Crevettes	204
Bâtonnets de poisson à la friteuse à air	205
Friteuse à air citron aneth mahi mahi	205
Galettes de thon à la friteuse à air	206
Saumon à l'ail et au citron	207
Recette d'aiglefin à la friteuse à air	207
Tacos au poisson croustillants à la friteuse à air	208
Poisson croustillant à la friteuse à air	209
Recette de filets de morue au miel	209

- Tacos au poisson tzatziki 210
- Recette de bol de saumon au miel et à la dijon 211
- Saumon au beurre de citron Air Fryer 211
- Saumon avec glaçage au soja et à l'érable 212
- Saumon à la friteuse (style cajun) 212
- Saumon sucré et épicé à la friteuse à air 213
- Friteuse à air en croûte de Panko Mahi Mahi 213
- Po' Boys de poisson croustillant frit à l'air avec salade de chou chipotle 214
- Po'boys de crevettes à la friteuse 215
- Galettes de crabe au wasabi à la friteuse à air 216
- Semelle recouverte de miettes pour friteuse à air 216
- Crevettes à la noix de coco à la friteuse 217
- Saumon à la friteuse 218
- Sauce aux crevettes et abricots à la noix de coco 218
- Tacos aux crevettes et au pop-corn avec salade de chou 219
- Nuggets de saumon à la friteuse à air 219
- poisson blanc sain avec ail et citron 220
- Burgers de thon à la friteuse 221
- Calamars à la friteuse 221
- Morue à la friteuse 222
- Bar chilien glacé au miso 222
- Pétoncles à la friteuse 223
- Poisson-chat en croûte de bretzel 223
- **CHAPITRE 11 Recettes des beignets 224**
- Beignets à la friteuse à air à la gousse de vanille 225
- Beignets De Sucre De Buffet Chinois Copycat De Friteuse À Air 226
- Beignet À La Friteuse À Air Farci Au Nutella Et À La Banane 226
- Beignets de pommes à la friteuse à air 227
- Beignets au chocolat à la friteuse à air.. 228
- Beignets de levure faits maison à la friteuse à air 229
- Beignets aux fraises à la friteuse à air 230
- Beignets de pommes à la friteuse à air 230

Beignets grillés à la noix de coco et au citron vert à la friteuse à air 231
Beignets glacés au caramel 232
Beignets de biscuits à la friteuse à air 233
Beignets à la citrouille et aux épices 233
CAPITRE 12   Recettes de chaussons salés 234
Chaussons de pâte feuilletée au paner salés – 235
Pâte feuilletée aux champignons à la friteuse à air (chaussons) 236
Chaussons de dinde à la friteuse à air 237
Chausson au bacon et au fromage 237
Gojas guyanais (chaussons frits à la noix de coco) 238
Chaussons au fromage et au bacon 239
Chaussons aux trois fromages à la friteuse à air 240
Chaussons de chou-fleur à la friteuse à air 241
Choux aux fruits de mer 242
Chaussons au poulet et légumes d'été 242

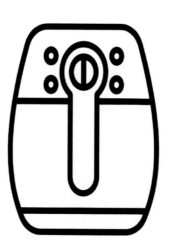

INTRODUCTION

Faites-vous partie de la vaste communauté de gourmands heureux d'avoir renoué avec la friture grâce à la friteuse à air chaud ? Dès son arrivée sur le marché, l'air fryer a immédiatement conquis des centaines de milliers de gens qui ont partagé des recettes devenues virales sur les réseaux sociaux. Pourtant, très peu d'ouvrages sont consacrés à ce nouvel appareil qui révolutionne le monde de la cuisine.

Ce livre rassemble toute les informations et les conseils nécessaires pour bien choisir votre friteuse à air chaud, l'apprivoiser et l'utiliser à son plein potentiel, ainsi que 350 recettes conçues et testées spécialement pour cette nouvelle alliée de la cuisine simple et gourmande.

Entrées, accompagnements, repas principaux, desserts, collations, petits déjeuner. déjeuners… Vous tomberez sous le charme de nos recettes croustillantes à souhait qui sont plus santé que celles cuites à la friteuse traditionnelle. Peu importe votre niveau d'expérience en cuisine et vos connaissances en la matière,

Ce livre est un véritable guide pour devenir un pro de la friteuse à air chaud !

La Friteuse à Air ? Le Air fryer ?

Elle est présente sur le marché depuis plusieurs années, la friteuse à air est toujours aussi populaire!

Mais, en quoi la cuisson du fameux air fryer est-elle différente de celle de la friteuse à l'huile ou du four à convection? Est-ce un gadget ou un équipement de cuisine essentiel? Qu'est-ce qui explique la popularité de ce petit électro?

Voici tout ce que vous devez savoir sur la friteuse à air avant de courir au magasin vous en acheter une.

La friteuse à air, comment ça fonctionne? Typiquement, frire un aliment consiste à le plonger dans un bassin d'huile bouillante. Les aliments deviennent croustillants à l'extérieur, mais également gorgés d'huile.

Avec les friteuses à air, on utilise plutôt un système de cuisson à air chaud pulsé, qui se rapproche du fonctionnement d'un four à convection. On arrive ainsi à des résultats où la nourriture est croustillante à l'extérieur et tendre à l'intérieur, sans avoir besoin d'utiliser d'huile (ou à peine 1 cuillère).

Ça semble presque trop beau! Pour ceux et celles qui, comme moi, adorent les aliments frits (tout particulièrement les frites et le poulet...miam!), c'est une alternative beaucoup moins grasse qui permet d'en manger plus souvent sans les effets négatifs sur la santé.

Comment fonctionne les friteuse à air chaud ? Une friteuse à air fonctionne en faisant circuler de l'air surchauffé à grande vitesse. Malgré son nom, elle ne se contente pas de « frire » la nourriture : elle peut aussi faire griller, rôtir, cuire et bien plus. Vous pouvez facilement préparer différents types d'aliments, même congelés, tout comme dans un four.

Quels aliments peut-on faire cuire dans l'air fryer? La plupart des modèles de friteuse à air permettent non seulement de frire, mais également de cuire, rôtir et griller les aliments.

On peut donc se servir de son air fryer pour préparer des légumes, des viandes, des poissons, des desserts et j'en passe. Bref, il est possible de faire pas mal tout ce qu'un four conventionnel fait, mais toujours en utilisant peu ou pas d'huile!

Voici quelques idées de recettes à faire au moyen de ce petit électro aux multiples usages:

- ✓ Soupe crémeuse de poulet, épinards et gnocchis croustillants.
- ✓ Pizza aux légumes cuite à la friteuse à air
- ✓ Chaussons à la confiture de bleuets à la friteuse à air
- ✓ Crevettes croustillantes au coco à la friteuse à air
- ✓ Pain doré croustillant à la friteuse à air
- ✓ Ailes de poulet piquantes à la friteuse à air
- ✓ Frites de légumes arc-en-ciel à la friteuse à air
- ✓ Frites de pâtes
- ✓ Poisson et fruits de mer

Les avantages de la friteuse à air ? Il y a plusieurs bons côtés à l'utilisation d'un air fryer. Parmi les avantages de cet outil de cuisine, on note notamment:

- ✓ le peu d'utilisation de gras, ce qui rend nos fritures préférées meilleures pour la santé
- ✓ le fait que ça ne sent pas l'huile partout dans la maison lorsqu'on l'utilise
- ✓ le fait de pouvoir y cuire plusieurs aliments, autres que des pommes de terre

Voici la grande question : Est-ce que la friteuse à air chaud est bonne pour la santé ? L'air fryer est souvent considéré comme une alternative plus saine à la friteuse car les frites qui y sont préparés contiennent environ deux fois moins de graisses que ceux de la friteuse à huile.

Diététiciens, nutritionnistes et cardiologues ont souvent souligné que le grand problème de la friture est lié à la température de cuisson et au type d'huile utilisée. Une matière grasse d'origine animale ou une huile végétale à faible point de fumée peut représenter un grand danger pour notre santé, surtout chez les personnes qui mangent souvent des grandes quantités de mets frits.

La nourriture frite n'est pas mauvaise pour la santé, du moment qu'elle est consommée de temps en temps et toujours préparée en utilisant une huile adaptée dont le point de fumée n'est jamais dépassé. Donc **manger des aliments frits avec une friteuse à air, avec peu ou encore mieux sans huile, n'est pas nocif pour la santé.** Elle fonctionne exactement comme un four, mais les temps de cuisson sont considérablement réduits.

À la vue de ces informations, il me semble difficile de trancher et de décider si Le air fryer est un accessoire essentiel ou non... Si vous avez l'habitude d'utiliser le four pour rendre vos aliments croustillants, je dirais que non. D'un autre côté, si vous utilisez beaucoup la friteuse à la maison, le air fryer me parait être une option plus santé. Dès lors, à vous de voir si l'utilisation que vous ferez de ce petit électro en vaut la peine!

Quel est la différence entre une friteuse et un Air fryer ? Le 'air fryer et la friteuse permettent tous deux de préparer des frites et des en-cas frits. Toutefois, la méthode de préparation est différente. Avec une friteuse, tes aliments sont préparés dans de la graisse ou de l'huile de friture, tandis qu'un air fryer utilise la circulation d'air chaud.

Est-ce que la friteuse à air est vraiment utile ? La friteuse à air a l'avantage d'utiliser moins d'électricité qu'un four conventionnel, en plus de dégager moins de chaleur et de cuire les aliments plus rapidement. La cuisson à air fryer rend aussi les aliments plus croustillants et bien dorés, tout en requérant très peu ou pas d'huile.

Pourquoi tant d'engouement pour la friteuse à air chaud ? Le peu d'utilisation de gras, ce qui rend nos fritures préférées meilleures pour la santé le fait que ça ne sent pas l'huile partout dans la maison lorsqu'on l'utilise.

Est-ce que les frites sans huile sont bonnes ? Les friteuses sans huile à air chaud ont beaucoup de succès. Si le goût des frites est différent, elles sont moins grasses, plus digestes et, en grandes quantités, moins néfastes pour l'organisme. Les appareils sont plus simples à nettoyer, car il n'y a d'huile ni à collecter, ni à jeter.

CHAPITRE 1 Entrées et collations

CHAPITRE 1

Entrés et collations

Frites gaufrées

Portion : 7   T de prépa : 13 min   T de cuisson : 10 min   T total : 13 min

Ingrédients

- ✓ 20 oz de frites de gaufres surgelées

Instructions

1. Ajoutez les frites de gaufres à la friteuse à air en une seule couche. Un certain chevauchement est acceptable. Cuire à 400F/204C pendant 10 minutes et secouer le panier. Faites cuire encore 4 à 6 minutes selon le degré de croustillant de vos frites.
   Remarques
- Si vous possédez une friteuse à air plus petite, vous devrez peut-être cuire vos frites par lots.

Boulettes de friteuse à air

Portion : 4   T de prépa :2 min   T de cuisson : 11 min   T de cuisson : 13 min

Ingrédients

- ✓ 12 potstickers {congelés}
- ✓ 1 cuillère à café d'huile de sésame grillé

Instructions

1. Dans un bol de taille moyenne, verser 1 cuillère à café d'huile sur les potstickers surgelés. Remuer pour enrober. 1 cuillère à café d'huile de sésame grillé,12 autocollants Badigeonnez d'un peu d'huile d'olive le panier de la friteuse à air (ou utilisez de l'huile d'olive dans un Misto). Ajoutez des potstickers surgelés au panier. Cuire 5 minutes à 350 degrés F, puis secouer le panier. Cuire encore 5 à 8 minutes jusqu'à ce qu'il atteigne le niveau de croustillant souhaité.Servir chaud avec votre trempette préférée.
- ❖ **Remarques**
2. Vous pouvez faire frire sans huile, mais le produit fini n'aura pas cette couleur dorée à l'extérieur. Ne pas décongeler avant la cuisson.

Nuggets de poulet frits à l'air

Personne(s) : 2   Préparation : 5 minutes   Total : 15 minutes

Ingrédients :

- ✓ 10 nuggets de poulet panés Hy-Vee
- ✓ Trempettes souhaitées

Préparation :

1. Préchauffer la friteuse à air à 390 degrés. Faites frire les nuggets de poulet en une seule couche pendant 10 minutes ou jusqu'à ce qu'ils soient dorés et bien cuits (165 degrés). Servir avec les trempettes désirées.

Crevettes frites croustillantes

Portion : 4   **T de prépa :10 min**   **T de cuisson : 8 min**   **T de cuisson : 1 8 min**

Ingrédients

- 12 oz de crevettes moyennes pelées et déveines
- 1/2 tasse de farine tout usage
- 1/2 cuillère à café de sel
- ¼ cuillère à café de poudre d'ail
- ¼ cuillère à café de poivre noir
- 2 œufs légèrement battus
- 1 ½ tasse de chapelure panko japonaise
- Huile pour pulvérisation de canola, d'avocat, etc.
- Sel et poivre au goût

Instructions

Préparez une station de dragage en plaçant la farine, le sel d'assaisonnement, la poudre d'ail et le poivre noir dans un bol. Dans un autre bol, battez légèrement les œufs et dans un troisième bol, placez la chapelure panko. Placez chaque crevette dans la farine, puis l'œuf, puis le panko, en veillant à bien secouer tout excès de farine et d'œufs avant de la placer dans le panko. Placer dans un panier de friteuse à air graissé, en veillant à ce que les crevettes ne se chevauchent pas. Faites frire à 400 degrés Fahrenheit pendant 6 à 9 minutes, en retournant et en pulvérisant à mi-cuisson. Retirez-les lorsque les crevettes sont dorées. Sel et poivre au goût.

Recette facile de pizza tortilla

Portion : 1   **T de prépa :5 min**   **T de cuisson : 7 min**   **T de cuisson : 12 min**

Ingrédients

- 1 tortillas de farine, format burrito
- 1 cuillère à soupe de sauce à pizza
- 1/3 tasse de mozzarella {râpée}
- toute garniture supplémentaire

Instructions

1. Placez un morceau de papier sulfurisé dans le panier de la friteuse à air. Étalez la sauce à pizza sur la tortilla, en laissant 1 pouce sur les bords. 1 cuillère à soupe de sauce à pizza,1 tortillas de farine, format burrito. Saupoudrer de fromage et des garnitures désirées. 1/3 tasse de mozzarella, toute garniture supplémentaire. Cuire à 350F degrés pendant 5 minutes.
    - ❖ **Remarques**

Pour des repas rapides, conservez les pizzas non cuites couvertes au réfrigérateur jusqu'à 48 heures dans des contenants hermétiques. Les tortillas de maïs peuvent gâcher le goût de ces pizzas. Si vous avez besoin de quelque chose sans gluten, pensez à rechercher des wraps sans gluten

Cornichons tempura frits à l'air

Personne(s) : 10   **Préparation : 10 minutes**   **Total : 20 minutes**

Ingrédients :

- 1 pot (16 oz) de cornichons pour bébés à l'aneth casher Hy-Vee, égouttés et épongés, environ 10
- 1 gros œuf Hy-Vee, battu
- ¼ c. Farine tout usage Hy-Vee
- 1 c. Poudre à pâte Hy-Vee
- 1 c. aneth séché
- ½ c. Soda club Hy-Vee
- 1 c. Chapelure panko nature Hy-Vee
- Vinaigrette style ranch Hy-Vee, pour servir

Préparation :

1. Préchauffer la friteuse à air à 350 degrés. Si vous utilisez des brochettes en bambou ou en bois, trempez-les dans l'eau pendant 30 minutes.
2. Fouetter ensemble les œufs, la farine, la levure chimique et l'aneth dans un bol moyen. Ajoutez lentement le club soda et incorporez à la pâte à l'aide d'une spatule. Placer le panko dans un plat peu profond ; mettre de côté.
3. Placer un cornichon sur chaque brochette. Tremper le cornichon dans la pâte tempura, puis l'enrober de panko. Répétez avec les cornichons restants.
4. Vaporiser le panier de la friteuse à air avec un aérosol de cuisson antiadhésif. Placez 5 cornichons en une seule couche dans la friteuse à air. Cuire 5 à 6 minutes ou jusqu'à ce que les cornichons soient croustillants. Répétez avec les cornichons restants. Servir avec une vinaigrette ranch, si désiré.

Crevettes Frites Enrobées De Bacon

Personne(s) : 12   **Préparation : 10 minutes**   **Total : 15 minutes**

Ingrédients :

- 6 tranche(s) de bacon Hy-Vee
- 24 grosses crevettes crues, décortiquées et devinées

Préparation :

2. Préchauffer la friteuse à air à 350 degrés. Coupez les tranches de bacon en deux dans le sens de la longueur, puis dans le sens de la largeur pour obtenir 4 tranches. Enroulez les morceaux de bacon autour des crevettes.
3. Faire frire à l'air libre pendant 5 à 7 minutes ou jusqu'à ce que les crevettes deviennent roses et opaques (145 degrés), en les retournant une fois à mi-cuisson.

Fromage en grains au poivre Hatch frit à l'air

Personne(s) : 6 **Préparation : 10 minutes** **Total : 13 minutes**

Ingrédients :

- ½ livres. Fromage Cheddar au piment Henning's Hatch
- 1 kg Farine tout usage Hy-Vee
- 2 gros œufs Hy-Vee, battus
- 1 ½ c. Chapelure panko italienne Hy-Vee
- Trempette désirée, pour servir

Préparation :

1. Préchauffer la friteuse à air à 400 degrés. Vaporiser le panier de la friteuse avec un aérosol de cuisson antiadhésif. Mettre de côté.
2. Coupez ou cassez le fromage en gros morceaux. Placer la farine, les œufs et le panko dans des bols peu profonds séparés. Tremper le fromage dans la farine, puis les œufs, puis la chapelure panko, en secouant l'excédent entre chaque ingrédient. Répétez le processus de trempage pour créer un double revêtement.
3. Placer le fromage en grains dans le panier de la friteuse à air ; vaporiser d'un enduit à cuisson antiadhésif supplémentaire. Faites frire à l'air libre pendant 3 à 4 minutes, en secouant le panier toutes les minutes. Retirer de la friteuse et servir immédiatement avec la trempette désirée.

Choux de Bruxelles frits à l'air

Personne(s) : 2 **Préparation : 5 minutes** **Total : 20 minutes**

Ingrédients :

- 1 kg chou de Bruxelles, coupés en deux
- 1 cuillère à soupe. Huile d'olive infusée à l'ail Gustare Vita

Préparation :

1. Préchauffer la friteuse à air à 300 degrés. Mélanger les choux de Bruxelles avec l'huile d'olive dans un bol moyen. Faire frire à l'air libre en une seule couche pendant 15 à 20 minutes ou jusqu'à ce qu'ils soient dorés et tendres à la fourchette.

Courgettes au parmesan et à l'ail avec aïoli à l'harissa

Personne(s) : 9　　　**Préparation : 10 minutes**　　**Total : 20 minutes**

Ingrédients :

- ¼ c. Mayonnaise
- 3 c à s . sauce harissa
- 1 c. jus de citron frais
- 1 ½ c. Croûtons à l'ail et au beurre
- ¾ c. Parmesan râpé Sartori
- 2 gros œufs Hy-Vee
- 2 cuillères à soupe. Lait allégé
- ¼ c. Farine tout usage Hy-Vee
- 1 courgette coupée en des bâtons

Préparation :

1. Préchauffer la friteuse à air à 375 degrés. Mélanger la mayonnaise, la sauce harissa et le jus de citron frais ; couvrir et réserver. Écraser finement les croûtons ; placer dans un petit bol. Incorporer le parmesan. Fouetter ensemble les œufs et le lait dans un autre petit bol. Mettre la farine dans le troisième bol. Saupoudrer les bâtonnets de courgettes de farine. Trempez ensuite les bâtonnets de courgettes dans le mélange aux œufs. Enrober uniformément du mélange de croûtons.
2. Vaporiser le panier de la friteuse à air avec un spray antiadhésif. Placer les bâtonnets de courgettes enrobés en une seule couche dans le panier ; vaporiser avec un spray antiadhésif. Faire frire à l'air libre pendant 5 à 7 minutes ou jusqu'à ce qu'elles soient légèrement dorées et croustillantes. Servir avec le mélange d'harissa pour tremper.

Plantains à la friteuse à air

Personne(s) : 4　　　**Préparation : 15 minutes**　　**Total : 55 min**

Ingrédients :

- 2 plantains moyennement mûrs (environ 1 1/4 livre au total), pelés et tranchés (1/2 pouce)
- 2 cuillères à soupe d'huile d'avocat, divisées
- ¼ cuillère à café de sel

Préparation :

1. Préchauffer la friteuse à air à 360°F pendant 10 minutes. Enduisez généreusement le panier de la friteuse d'enduit à cuisson. Mélanger les plantains avec 1 cuillère à soupe d'huile dans un bol moyen. En travaillant par lots si nécessaire, disposez les plantains en une seule couche dans le panier de la friteuse. Cuire 5 minutes ; retournez les plantains et poursuivez la cuisson jusqu'à ce qu'ils soient croustillants et bien dorés, 6 à 8 minutes de plus. Transférez délicatement les plantains sur une planche à découper.
2. À l'aide du fond plat d'un petit bol ou d'une poêle, écrasez chaque tranche de plantain en un disque plat (environ 1/4 de pouce d'épaisseur); transférer dans un bol moyen. Mélangez les plantains écrasés avec 1 cuillère à soupe d'huile restante. En travaillant par lots si nécessaire, remettez les plantains dans le panier de la friteuse, en les disposant en une seule couche. Cuire jusqu'à ce qu'il soit croustillant par endroits, 5 à 7 minutes. Saupoudrer de sel et servir immédiatement.

Salsa aux poivrons rôtis et aux tomates à la friteuse

Personne(s) : 6 **Préparation : 10 minutes** **Total : 30 min**

Ingrédients :

- 1 poivron rouge
- ½ - 1 piment jalapeño ou Serrano, coupé en deux
- 4 Tomates romaines
- ½ petit oignon doux, coupé en quartiers
- 3 gousses d'ail, non pelées
- 2 cuillères à café d'huile
- ½ tasse de feuilles de coriandre
- 2 c à s de jus de citron vert
- ¼ cuillère à café de sel

Préparation :

1. Préchauffer la friteuse à air à 380°F. Retirez et jetez les tiges du poivron et du jalapeño (ou Serrano). Si vous le souhaitez, retirez et jetez les graines. Hachez grossièrement le poivron.
2. Transférez les poivrons dans un grand bol. Ajouter les tomates, l'oignon et l'ail. Arrosez d'huile et mélangez pour bien enrober. En travaillant par lots si nécessaire, disposez les légumes en une couche uniforme dans le panier de la friteuse. Cuire jusqu'à ce qu'il soit légèrement doré, 10 à 12 minutes. Transférer les légumes sur une grille pour qu'ils refroidissent, environ 15 min. Épluchez les gousses d'ail en jetant les peaux. Transférez l'ail et les légumes dans un robot culinaire ou un mélangeur. Ajouter la coriandre, le jus de citron vert au goût et le sel. Pulser jusqu'à ce qu'il soit finement haché.

Boulettes de macaroni au fromage et au bacon

Personne(s) : 9 **Préparation : 10 minutes** **Total : 1h45min**

Ingrédients :

- 1 paquet (14 oz) Dîner de macaronis et fromage Hy-Vee Deluxe
- 8 tranche(s) de fromage américain Hy-Vee single, déchiré
- 6 tranche(s) de bacon fumé sucré Hy-Vee, cuit croustillant et émietté
- 3 gros œufs Hy-Vee, battus
- 1 ¼ c. Chapelure panko nature Hy-Vee
- 3 cuillères à soupe. Persil frisé, finement haché
- Ketchup épicé, pour tremper

Préparation :

1. **Pour le macaroni au fromage** : faire bouillir de l'eau dans une grande casserole. Ajouter les pâtes à l'eau bouillante ; remuer. Faire bouillir rapidement, en remuant de temps en temps, 10 à 12 minutes. Vidange. Ajouter la sauce au fromage ; bien mélanger. Ajouter le fromage américain et le bacon émietté. Cuire jusqu'à ce que le fromage soit fondu, en remuant de temps en temps. Refroidir au congélateur pendant 10 minutes.
2. Formez le mélange en 45 boules (environ 1 cuillère à soupe chacune) et placez-les sur des plaques à pâtisserie recouvertes d'une pellicule plastique. Congeler pendant 1 heure.
3. Préchauffer la friteuse à air à 375 degrés. Placer les œufs battus dans un petit bol. Mélanger la chapelure et le persil frisé dans un autre bol. Trempez les boules congelées dans les œufs ; enrober du mélange de chapelure.

4. Vaporisez le panier de la friteuse à air avec le spray antiadhésif Hy-Vee. Placer les boules enduites en une seule couche dans le panier ; vaporiser avec un spray antiadhésif. Faire frire à l'air libre pendant 4 minutes. Chiffre d'affaires ; vaporiser avec un spray antiadhésif ; faire frire 1 à 2 minutes de plus jusqu'à ce qu'elles soient légèrement dorées. Servir avec du ketchup épicé pour tremper.

Chaussons fourrés aux framboises

Personne(s) : 12   Préparation : 10 minutes   Total : 20 minutes

Ingrédients :

- **Filet De Fromage À La Crème**
- ¼ c. Fromage à la crème nature Hy-Vee, ramolli
- 2 cuillères à soupe. Sucre en poudre Hy-Vee
- 2 cuillères à soupe. Crème sure Hy-Vee
- 1 cuillère à soupe. Liqueur d'amaretto
- 2 à 3 cuillères à soupe. Lait allégé Hy-Vee 2%

- **Chaussons Fourrés Aux Framboises**
- 1 boîte (8 oz) de croissants hawaïens sucrés réfrigérés
- 3 cuillères à soupe. Gâteau aux framboises Solo et garniture pour pâtisserie en conserve
- Sucre granulé Hy-Vee, si désiré ; Pour la garniture

Préparation :

1. Préchauffer la friteuse à air à 325 degrés. Mélanger le fromage à la crème, le sucre en poudre, la crème sure, l'amaretto et le lait pour obtenir une consistance bruine ; couvrir et réfrigérer.
2. Déroulez les croissants sur une surface légèrement farinée. Pincez les perforations ensemble des deux côtés. Abaisser la pâte en un rectangle de 12 x 9 pouces. Couper en douze carrés de 3 pouces.
3. Verser 3/4 cuillère à café de garniture aux framboises au centre de chacun. Pliez chacun en deux pour former un triangle. Pincez les bords ensemble ; utilisez les dents ou une fourchette pour presser à nouveau les bords. Faites un petit trou au sommet de chaque triangle rempli à l'aide de la pointe d'un petit couteau bien aiguisé.
4. Vaporisez le dessus avec un spray antiadhésif. Saupoudrer de sucre cristallisé, si désiré. Vaporiser le panier de la friteuse à air avec un spray antiadhésif. Placez les triangles remplis en une seule couche dans le panier. Faire frire à l'air libre pendant 3 à 4 minutes ou jusqu'à ce qu'ils soient dorés. Refroidir 5 minutes. Arroser du mélange de fromage à la crème juste avant de servir.

Frites frisées Air-Fryer Everything Bagel avec trempette aux oignons verts et au yaourt

Personne(s) : 4 **Préparation : 15 minutes** **Total : 25 minutes**

Ingrédients :

- 2 pommes de terre rousses (8 fois chacune), pelées si désiré
- 2 cuillères à soupe d'huile de canola, végétale, de pépins de raisin ou d'avocat
- ¼ cuillère à café de sel
- 1 cuillère à soupe d'assaisonnement pour bagel, divisée
- ½ tasse de yogourt nature faible en gras, comme à la grecque
- 1 cuillère à soupe de fromage à la crème fouettée
- 2 cuillères à soupe d'oignons verts hachés

Préparation :

1. Préchauffer la friteuse à air à 400°F. Coupez les pommes de terre en spirales à l'aide d'un spiraliseur équipé de la plus grande lame à râper. Coupez les spirales en morceaux de 2 à 3 pouces. Placer les pommes de terre dans un grand bol. Ajouter l'huile et le sel; mélanger pour enrober. Disposez la moitié des pommes de terre en une couche uniforme dans le panier de la friteuse. Cuire 5 minutes. Mélangez les frites dans le panier et saupoudrez de 1 1/2 cuillère à café d'assaisonnement. Cuire jusqu'à ce qu'ils soient juste dorés et croustillants, 3 à 5 minutes de plus. Répétez avec les pommes de terre restantes et les 1 1/2 cuillères à café d'assaisonnement restantes. Pendant ce temps, mélangez le yaourt, le fromage à la crème et les oignons verts dans un petit bol. Servir les frites avec la trempette.

Pommes à la friteuse

Personne(s) : 2 **Préparation : 5 minutes** **Total : 20 minutes**

Ingrédients :

- 3 petites pommes, pelées et coupées en tranches de 1/2 pouce
- 1 cuillère à soupe de sirop d'érable
- 1 cuillère à café de zeste d'orange
- 1 cuillère à café d'huile de canola
- 1 cuillère à café d'extrait de vanille
- ½ cuillère à café de cannelle
- ⅛ cuillère à café de sel

Préparation :

1. Préchauffer la friteuse à air à 375°F pendant 5 minutes. Enduisez légèrement le panier de la friteuse d'enduit à cuisson. Mélanger les tranches de pomme, le sirop d'érable, le zeste d'orange, l'huile, la vanille, la cannelle et le sel dans un bol moyen ; bien mélanger pour enrober. En travaillant par lots si nécessaire, étalez les tranches de pomme en une seule couche dans le panier de la friteuse. Cuire jusqu'à ce que les pommes soient tendres et dorées sur les bords, environ 12 minutes.

Poulet collant asiatique frit à l'air

Personne(s) : 6   **Préparation : 10 minutes**   **Total : 20 minutes**

Ingrédients :

- ✓ Poulet
- ✓ 1 livres. Filets de poulet Hy-Vee True
- ✓ ⅔ c. Chapelure panko nature Hy-Vee
- ✓ ½ (32 oz) paquet. Mélange complet pour crêpes et gaufres Hy-Vee
- ✓ 1 ½ cuillère à soupe. Sucre granulé Hy-Vee
- ✓ 2 c. Paprika Hy-Vee
- ✓ ¾ c. Sel Hy-Vee
- ✓ ⅔ c. eau, plus 1 à 3 cuillères à soupe, si nécessaire
- ✓ Sauce
- ✓ ⅓ c. Tours Culinaires sauce à l'orange
- ✓ 2 cuillères à soupe. Hy-Vee chérie
- ✓ ¼ c. zeste d'orange
- ✓ ⅛ à ¼ c. sauce Sriracha
- ✓ Graines de sésame, pour la garniture
- ✓ Oignons verts, tranchés, pour la garniture

Préparation :

1. Préchauffer la friteuse à air à 375 degrés. Assécher les filets de poulet ; coupez-les en deux dans le sens de la largeur, puis dans le sens de la longueur. Mélanger la chapelure, le mélange à crêpes et gaufres, le sucre, le paprika et le sel dans un bol moyen ; incorporer 2/3 tasse d'eau. Si nécessaire, ajoutez 1 à 3 cuillères à soupe d'eau supplémentaires pour obtenir une pâte épaisse et pâteuse.
2. Saupoudrer le poulet de mélange à crêpes sec supplémentaire. Rouler chaque morceau dans le mélange panko pour bien l'enrober. Vaporisez le panier de la friteuse à air avec le spray antiadhésif Hy-Vee.
3. Placer les morceaux de poulet enrobés dans un panier à une seule couche ; vaporiser avec un spray antiadhésif. Faire frire à l'air libre pendant 5 à 6 minutes ou jusqu'à ce que le poulet atteigne 165 degrés.
4. Pendant ce temps, mélanger la sauce à l'orange, le miel, le zeste d'orange et la sauce Sriracha dans une petite casserole ; laisser mijoter 2 minutes. Mélanger délicatement le poulet cuit avec la sauce. Garnir de graines de sésame et trancher les oignons verts, si désiré.

Chips de cornichon croustillantes à la friteuse à air

Personne(s) : 6　　　**Préparation : 15 minutes**　　**Total : 35 minutes**

Ingrédients :

- ½ tasse de farine tout usage
- 2 gros œufs légèrement battus
- 1 tasse de chapelure panko
- 1 pot (16 onces) de chips de cornichon à l'aneth à teneur réduite en sodium
- ¼ tasse de mayonnaise
- 1 cuillère à soupe de moutarde créole
- 1 cuillère à café de jus de citron
- ½ cuillère à café de paprika fumé

Préparation :

1. Étalez la farine dans un bol peu profond. Placez les œufs dans un deuxième bol peu profond et étalez le panko dans un troisième bol. Égouttez les chips de cornichon et séchez-les très bien. Draguez les cornichons dans la farine en secouant l'excédent. Trempez-y l'œuf, puis ajoutez le panko en appuyant légèrement pour qu'il adhère. En travaillant en 3 lots, placez les cornichons dans le panier d'une friteuse à air. Cuire à 350 degrés F jusqu'à ce qu'ils soient dorés, environ 6 minutes.
2. Mélanger la mayonnaise, la moutarde créole, le jus de citron et le paprika fumé dans un petit bol. Servir la trempette avec les cornichons.

Popper jalapeño à la friteuse à air

Personne(s) : 4　　　**Préparation : 20 minutes**　　**Total : 20 minutes**

Ingrédients :

- 2 onces de fromage à la crème, ramolli
- ¼ tasse de poitrine de poulet cuite finement hachée (environ 1 1/4 oz)
- ¼ tasse de fromage cheddar fort finement râpé (1 oz)
- ¼ tasse d'oignons verts finement hachés
- 2 cuillères à soupe de sauce piquante (comme Frank's RedHot)
- 2 cuillères à café d'aneth frais haché
- 4 gros piments jalapeño, coupés en deux dans le sens de la longueur (environ 1 1/2 oz chacun)
- 2 cuillères à soupe de chapelure panko de blé entier
- Aérosol de cuisson

Préparation :

1. Mélanger le fromage à la crème, le poulet, le cheddar, les oignons verts, la sauce piquante et l'aneth dans un bol moyen ; remuer jusqu'à ce que le tout soit bien mélangé. Nettoyer les graines et les membranes des piments jalapeños et les farcir uniformément avec le mélange de fromage à la crème. Saupoudrer de chapelure. Placez les jalapeños farcis dans le panier d'une friteuse à air ; enduire d'enduit à cuisson. Cuire à 370 degrés F jusqu'à ce que le dessus soit doré et que les jalapeños soient tendres, environ 10 minutes.

Chips de patates douces Air-Fryer

Personne(s) : 8 **Préparation : 50 minutes** **Total : 1 heure**

Ingrédients :

- 1 patate douce moyenne (environ 8 onces), tranchée en rondelles de 1/8 de pouce d'épaisseur
- 1 cuillère à soupe d'huile de canola
- ¼ cuillère à café de sel marin
- ¼ cuillère à café de poivre moulu

Préparation :

1. Placer les tranches de patate douce dans un grand bol d'eau froide ; laisser tremper pendant 20 minutes. Égoutter et sécher avec du papier absorbant.
2. Remettez les patates douces dans le bol séché. Ajouter l'huile, le sel et le poivre ; mélanger doucement pour enrober.
3. Enduire légèrement le panier de la friteuse à air d'enduit à cuisson. Placez juste assez de patates douces dans le panier pour former une seule couche. Cuire à 350 degrés F jusqu'à ce qu'il soit bien cuit et croustillant, environ 15 minutes, en retournant et en réorganisant en une seule couche toutes les 5 minutes. À l'aide de pinces, retirez délicatement les chips de la friteuse à air dans une assiette. Répétez avec les patates douces restantes.
4. Laissez les chips refroidir pendant 5 minutes ; servir immédiatement ou laisser refroidir complètement et conserver dans un récipient en plastique hermétique jusqu'à 3 jours.

Frites croustillantes à la friteuse à air

Personne(s) : 3 **Préparation : 30 minutes** **Total : 1 heure**

Ingrédients :

- 2 (6 onces) de pommes de terre rousses au four
- 2 cuillères à soupe d'huile d'olive
- 1 cuillère à soupe de fécule de maïs
- ½ cuillère à café de poivre noir grossièrement moulu
- ⅜ cuillère à café de sel
- ¼ cuillère à café de paprika
- Aérosol de cuisson

Préparation :

1. Bien frotter les pommes de terre. Coupez les pommes de terre non pelées dans le sens de la longueur en bâtonnets de 3/8 de pouce. Placer dans un grand bol ; couvrir d'eau et laisser reposer 30 minutes. Bien égoutter et sécher très bien. Retournez dans le bol séché ; ajouter l'huile et remuer pour enrober. Saupoudrer de fécule de maïs, de poivre, de sel et de paprika ; mélanger pour enrober.
2. Enduisez le panier d'une friteuse à air d'enduit à cuisson. Placez les pommes de terre dans le panier et bien enduire les pommes de terre d'un enduit à cuisson. Faire frire à 360 degrés F, en remuant toutes les 5 minutes, jusqu'à ce qu'il soit très croustillant, 25 à 30 minutes.

Pois chiches croustillants

Personne(s) : 4 **Préparation : 20 minutes** **Total : 20 minutes**

Ingrédients :

- 1 boîte (15 onces) de pois chiches
- 1 ½ c à s d'huile de sésame grillée
- ¼ c à c de paprika fumé
- ¼ c à c de poivron rouge
- ⅛ c à c de sel
- 2 quartiers de chaux

Préparation :

1. Étalez les pois chiches sur plusieurs couches de papier absorbant. Garnir d'autres serviettes en papier et tapoter jusqu'à ce qu'elles soient très sèches, en roulant les pois chiches sous les serviettes en papier pour sécher tous les côtés. Mélanger les pois chiches et l'huile dans un bol moyen. Saupoudrer de paprika, de poivron rouge broyé et de sel. Verser dans un panier de friteuse à air et enduire d'enduit à cuisson. Cuire à 400 degrés F jusqu'à ce qu'ils soient très bien dorés, 12 à 14 minutes, en secouant le panier de temps en temps. Pressez les quartiers de citron vert sur les pois chiches et servez.

Chips de courgettes à la friteuse à air

Personne(s) : 8 **Préparation : 25 minutes** **Total : 1 h 5 min**

Ingrédients :

- 1 livre de courgettes environ 2
- ½ tasse de fécule de maïs
- 4 gros blancs d'œufs
- 2 tasses de chapelure panko
- ¾ tasse de crème bien sûr
- ⅓ tasse de mayonnaise
- 1 ½ c à s de ciboulette fraîche
- 2 c à c d'aneth frais ; sel
- 2 c à c de jus de citron

Préparation :

1. Couper les courgettes transversalement en environ 32 rondelles (1/4 à 1/2 pouce d'épaisseur). Placer les rondelles de courgettes et la fécule de maïs dans un sac en plastique ; sceller et secouer pour enrober uniformément les courgettes. Battre légèrement les blancs d'œufs dans un bol peu profond. Placer le panko dans un autre bol peu profond. En travaillant par lots, secouez l'excès de fécule de maïs des courgettes. Trempez les rondelles dans les blancs d'œufs, puis draguez-les dans le panko en appuyant légèrement pour les faire adhérer. Placer les rondelles enrobées sur une plaque à pâtisserie tapissée de papier sulfurisé. Préchauffer la friteuse à air à 400 degrés F pendant 5 minutes. Enduire légèrement le panier à friture d'enduit à cuisson. Ajoutez environ 10 rondelles de courgettes dans le panier, enduisez légèrement le dessus d'un enduit à cuisson et laissez cuire 5 minutes. Retourner les rondelles et enduire à nouveau d'enduit à cuisson. Cuire jusqu'à ce qu'il soit doré et croustillant, environ 5 minutes de plus. Saupoudrez légèrement les chips avec 1/4 cuillère à café de sel encore chaudes ; transférer dans une assiette. Répétez le processus encore 2 fois avec un enduit à cuisson, les rondelles de courgettes restantes et du sel. Mélanger la crème sure, la mayonnaise, la ciboulette, l'aneth et le jus de citron dans un petit bol ; bien mélanger. Servir la trempette avec les chips de courgettes.

Chips de pommes à la cannelle et au gingembre Air-Fryer

Personne(s) : 2 **Préparation : 10 minutes** **Total : 1 h 10 min**

Ingrédients :

- 2 8 onces de pommes Honeycrisp, vidées et, si désiré, pelées
- ½ cuillère à café de cannelle moulue
- ½ cuillère à café de gingembre moulu
- ¼ cuillère à café de piment de la Jamaïque moulu
- ¼ cuillère à café de clous de girofle moulus
- ¼ cuillère à café de muscade moulue
- ¼ cuillère à café de cardamome moulue
- Aérosol de cuisson
- Yaourt au miel ou à la vanille (facultatif)
- Miel (facultatif)

Préparation :

1. Préchauffer une friteuse à air à 300 °F. À l'aide d'une mandoline ou d'un couteau, coupez les pommes horizontalement en rondelles de 1/4 de pouce d'épaisseur.
2. Mélanger la cannelle, le gingembre, le piment de la Jamaïque, les clous de girofle, la muscade et la cardamome dans un petit bol. Enduire légèrement les rondelles de pomme d'enduit à cuisson ; Placer dans un grand bol. Ajouter le mélange d'épices et bien mélanger pour enrober. En travaillant par lots si nécessaire, disposez les pommes en une seule couche dans le panier de la friteuse (ne chevauchez pas les tranches). Cuire en secouant le panier une fois, jusqu'à ce qu'il soit presque croustillant, environ 1 heure (les anneaux deviendront complètement croustillants en refroidissant). Arrosez de miel et/ou servez avec du yaourt comme trempette, si vous le souhaitez.

Frites de haricots verts Air-Fryer

Personne(s) : 6 **Préparation : 25 minutes** **Total : 40 min**

Ingrédients :

- **Frites Aux Haricots Verts**
- 2 gros œufs
- ¼ tasse plus 2 cuillères à soupe de farine de blé entier
- ¼ tasse de lait entier
- ¼ cuillère à café de poivre moulu, divisée
- 1 ⅓ tasse de chapelure panko, de préférence de blé entier
- 2 cuillères à soupe de râpé au parmesan
- ¼ cuillère à café de paprika fumé
- 12 onces de haricots verts, parés (environ 3 tasses)
- **Sauce**
- 3 cuillères à soupe de yaourt nature faible en gras
- 2 cuillères à soupe de poivrons rouges rôtis, rincés
- 1 ½ cuillères à café de pâte d'harissa
- ¼ cuillère à café de paprika fumé
- ¼ cuillère à café de sel casher

Préparation :

1. **Pour préparer des frites de haricots** verts : Préchauffer la friteuse à air à 390°F pendant 5 minutes. Enduire le panier de la friteuse d'enduit à cuisson. Fouetter les œufs, la farine, le lait et 1/8 cuillère à café de poivre dans un bol moyen. Mélanger le panko, le parmesan, le paprika et les 1/8 cuillères à café de poivre restant dans un autre bol moyen.
2. Enrober les haricots verts du mélange d'œufs, en laissant l'excédent s'égoutter, puis les incorporer au mélange panko. En travaillant par lots si nécessaire, disposez les haricots verts enrobés en une seule couche dans le panier de la friteuse à air ; cuire jusqu'à ce qu'il soit doré, 5 à 8 minutes.
3. **Pendant ce temps, préparez la trempette** : mélangez le yogourt, les poivrons rouges rôtis, la harissa, le paprika et le sel dans un petit robot culinaire ; Mélanger jusqu'à consistance lisse. Pendant ce temps, préparez la trempette : mélangez le yogourt, les poivrons rouges rôtis, la harissa, le paprika et le sel dans un petit robot culinaire ; Mélanger jusqu'à consistance lisse.

Beignets à la friteuse à air

Personne(s) : 16   **Préparation : 20 minutes**   **Total : 20 min**

Ingrédients :

- **Beignets**
- 1 boîte (16 onces) de pâte à biscuits réfrigérée
- **Garniture cannelle-sucre (facultatif)**
- 1 cuillère à soupe de sucre cristallisé
- 1 ½ cuillères à café de cannelle moulue
- ½ cuillère à café de cardamome moulue
- 2 cuillères à soupe de beurre non salé, fondu
- **Glaçage à la vanille (facultatif)**
- 1 tasse de sucre glacé
- 2 cuillères à soupe de lait écrémé
- 1 cuillère à café d'extrait de vanille
- **Glaçage au chocolat (facultatif)**
- 1 tasse de sucre glacé
- ¼ tasse de cacao en poudre non sucré
- ¼ tasse de lait faible en gras

Préparation :

1. **Pour préparer les beignets** : Préchauffer la friteuse à air à 350°F pendant 5 minutes. Enduire le panier de la friteuse d'enduit à cuisson.
2. Divisez chaque biscuit en deux horizontalement, comme vous le feriez pour un pain à hamburger. Utilisez un emporte-pièce rond de 1 pouce pour percer un trou au centre de chaque moitié.
3. En travaillant par lots si nécessaire, disposez les beignets en une seule couche dans le panier de la friteuse. Cuire, en retournant une fois, jusqu'à ce qu'il soit doré, 3 à 5 minutes.
4. **Pour préparer la garniture cannelle-sucre** : Fouetter le sucre cristallisé, la cannelle et la cardamome dans un plat peu profond. À la sortie de chaque lot de la friteuse, badigeonnez les beignets de beurre fondu et plongez-les dans le mélange de sucre pour les enrober.
5. **Pour préparer le glaçage à la vanille** : Fouetter le sucre glace, 2 cuillères à soupe de lait et la vanille dans un bol peu profond. À la sortie de chaque lot de la friteuse, trempez les beignets dans le glaçage et transférez-les sur une grille pour les laisser refroidir.

6. **Pour préparer le glaçage au chocolat** : Fouetter le sucre glace, le cacao et le lait dans un bol peu profond. À la sortie de chaque lot de la friteuse, trempez les beignets dans le glaçage et transférez-les sur une grille pour les laisser refroidir.

Rondelles d'oignon pour friteuse à air

Personne(s) : 8   Préparation : 45 minutes   Total : 55 min

Ingrédients :

- Aérosol de cuisson
- 2 gros oignons doux (10 onces), pelés et tranchés de 1/2 pouce d'épaisseur
- ½ cuillère à café de poudre d'oignon
- 1 cuillère à café de poudre d'ail, divisée
- ½ cuillère à café de sel casher, divisée
- 2 gros œufs
- ½ tasse de farine de blé entier
- ¾ tasse de babeurre, divisée
- 3 tasses de chapelure panko
- ½ tasse de mayonnaise
- 1 cuillère à soupe de ciboulette fraîche hachée
- 1 cuillère à soupe de persil frais haché

Préparation :

1. Préchauffer la friteuse à air à 375°F pendant 3 minutes. Enduire le panier de la friteuse d'enduit à cuisson.

2. Séparez les tranches d'oignon en rondelles. Mélanger les rondelles d'oignon avec la poudre d'oignon, 1/2 cuillère à café de poudre d'ail et 1/4 cuillère à café de sel dans un grand bol. Fouetter les œufs, la farine et 1/2 tasse de babeurre dans un plat peu profond. Placer le panko dans un autre plat peu profond. Trempez chaque rondelle d'oignon dans le mélange d'œufs, en laissant l'excédent s'égoutter, puis draguez-la dans le panko pour l'enrober complètement ; placer dans le panier de la friteuse. Répétez jusqu'à ce que le panier soit plein. Enduire les rondelles d'oignon d'enduit à cuisson. Cuire en retournant une fois jusqu'à ce qu'il soit croustillant, environ 8 minutes. Répétez avec les rondelles d'oignon restantes par lots si nécessaire.

3. Pendant ce temps, fouettez la mayonnaise, la ciboulette, le persil et le reste de 1/4 tasse de babeurre et 1/2 cuillère à café de poudre d'ail dans un petit bol. Saupoudrer les rondelles d'oignon avec le quart de cuillère à café de sel restant et servir avec la trempette.

Frites de courgettes à la friteuse à air

Personne(s) : 6   **Préparation : 10 minutes**   **Total : 30 min**

Ingrédients :

- Aérosol de cuisson
- 1 grosse courgette (10 fois)
- ½ tasse de farine tout usage
- 2 œufs, légèrement battus
- 2 cuillères à soupe d'eau
- 1 ½ tasse de chapelure panko
- ⅓ tasse de mayonnaise au canola
- 2 cuillères à soupe de concentré de tomates non salées
- ½ cuillère à soupe de vinaigre de vin rouge
- ¼ cuillère à café de sel casher
- ½ cuillère à café de poivre moulu

Préparation :

1. Enduire le panier de la friteuse à air d'enduit à cuisson. Couper les courgettes en quartiers de 24 (2 pouces de long).
2. Mettez la farine dans un plat peu profond. Mélangez les œufs et l'eau dans un autre plat peu profond. Placer le panko dans un troisième plat peu profond. Passer les courgettes d'abord dans la farine, puis dans l'œuf, puis dans le panko en secouant l'excédent. Placer la moitié des courgettes dans le panier préparé. Bien enduire d'enduit à cuisson. Cuire à 360 degrés F jusqu'à ce qu'ils soient croustillants et tendres, environ 12 minutes, en les retournant une fois pendant la cuisson. Répétez avec les courgettes restantes.
3. Mélanger la mayonnaise, la pâte de tomate, le vinaigre, le sel et le poivre dans un petit bol. Fouetter jusqu'à consistance lisse. Servir la trempette avec les courgettes.

Frites de patates douces Air-Fryer

Personne(s) : 4   **Préparation : 10 minutes**   **Total : 20 min**

Ingrédients :

- 1 c à s d'huile d'olive
- ¼ c à c de sel marin
- ¼ c à c de poivre moulu
- ¼ c à c de poivre
- ¼ cuillère à café de cannelle
- 2 patates douces, peléest coupées en bâtonnets de 1/4 de pouce

Préparation :

Enduisez légèrement un panier de friteuse à air avec un enduit à cuisson. Mélanger l'huile, le sel, le poivre, le poivre de Cayenne et la cannelle dans un grand bol. Ajouter les patates douces ; mélanger pour bien enrober. Placez les patates douces en une seule couche dans le panier préparé. Cuire à 400 degrés F jusqu'à ce qu'ils soient dorés et croustillants, environ 14 minutes, en retournant à mi-cuisson. Transférer les frites dans une assiette tapissée de papier absorbant pour absorber tout excès d'huile. Sers immédiatement.

CHAPITRE 2

Recettes de petits déjeuner

Beignets de pommes

Personne(s) : 12   **Préparation : 10 minutes**   **Total : 21 min**

Ingrédients :

- 2 pommes épépinées et coupées
- 1 tasse de farine tout usage
- 2 cuillères à soupe de sucre
- 1 cuillère à café de levure chimique
- 1/2 cuillère à café de sel
- 1/2 cuillère à café de cannelle moulue
- 1/4 cuillère à café de muscade moulue
- 1/3 tasse de lait
- 2 cuillères à soupe de beurre fondu
- 1 œuf
- 1/2 cuillère à café de jus de citron
- **GLAÇAGE À LA CANNELLE**
- 1/2 tasse de sucre glace
- 2 cuillères à soupe de lait
- 1/2 c à c de cannelle Pincée de sel

Préparation :

1. Coupez les pommes en petits cubes et réservez. Pelez-les si vous le souhaitez.
2. Ajoutez la farine, le sucre, la levure chimique, le sel, la cannelle moulue et la muscade moulue dans un grand bol et mélangez. Dans un autre bol, mélanger le lait, le beurre, * l'œuf et le jus de citron. Ajoutez les ingrédients humides aux ingrédients secs et remuez jusqu'à ce que le tout soit bien mélangé. Incorporer les pommes et mettre le mélange au réfrigérateur pendant 5 minutes à 2 jours (couvert). Préchauffez votre friteuse à air à 370 degrés.
3. Mettez un rond de papier sulfurisé au fond du panier et découpez les beignets aux pommes en boules de 2 cuillères à soupe. Placez les beignets de pommes dans la friteuse et laissez cuire 6 à 7 minutes. Pendant la cuisson, fouettez ensemble le sucre glace, le lait, la cannelle et le sel pour faire le glaçage. Retirez les beignets aux pommes de la friteuse, placez-les sur une grille, versez immédiatement le glaçage dessus et dégustez !

Œuf au plat dans la friteuse à air

Personne(s) : 2   **Préparation : 5 minutes**   **Total : 5 min**

Ingrédients :

- 2 gros œufs
- Sel et poivre noir, au goût

Préparation :

1. Vaporisez l'intérieur de 2 petits moules à gâteau ou à tarte (3 à 4 pouces) avec un aérosol de cuisson antiadhésif, puis placez-les dans le panier d'une friteuse à air. Préchauffez la friteuse à air à 350 degrés F pendant 2 minutes. Cassez un œuf dans chaque poêle et fermez soigneusement la friteuse à air. Cuire pendant 3 minutes jusqu'à ce que la majeure partie du blanc soit prise. Baissez le feu à 300 degrés F et laissez cuire 1 à 2 minutes jusqu'à ce que les blancs soient pris mais que les jaunes soient encore coulants. Assaisonnez avec du sel et du poivre puis servez.

Bâtonnets de pain perdu croustillants

Personne(s) : 4   **Préparation : 5 minutes**   **Total : 15 min**

Ingrédients :

- 5 tranches de pain
- 2 oeufs
- 1/3 tasse de lait
- 3 cuillères à soupe de sucre
- 2 cuillères à soupe de farine
- 1 cuillère à café de cannelle moulue
- 1/2 cuillère à café d'extrait de vanille
- 1/8 cuillère à café de sel
- Sucre de confiserie pour saupoudrer
- Sirop d'érable pour tremper

Préparation :

1. Préchauffez votre friteuse à air à 370 degrés. Coupez chaque morceau de pain en 3 morceaux égaux et réservez. Mettez les œufs, le lait, la farine, le sucre, la vanille, la cannelle moulue et le sel dans un plat large et peu profond. Fouetter pour combiner.
2. Trempez chaque morceau de pain dans le mélange d'œufs, en veillant à bien l'enrober de tous les côtés. Placez un morceau de papier sulfurisé rond à l'intérieur de la friteuse à air et placez chaque bâtonnet de pain perdu en une seule couche sur le rond de parchemin (nécessaire pour éviter de coller). Cuire environ 10 minutes en retournant à mi-cuisson.
3. Retirez délicatement les bâtonnets de pain perdu de la friteuse à air et servez avec du sirop d'érable.

Pommes de terre rissolées

Personne(s) : 4   **Préparation : 2 minutes**   **Total : 25 min**

Ingrédients :

- 16 oz de pommes de terre rissolées râpées surgelées
- ½ cuillère à café de poudre d'ail
- Sel casher, au goût
- Poivre noir, au goût

Préparation :

1. Préchauffez votre friteuse à air à 370 degrés F. Étalez les pommes de terre rissolées surgelées en une seule couche à l'intérieur, vaporisez le dessus de la couche de pommes de terre rissolées avec un spray d'huile d'olive, puis saupoudrez de poudre d'ail, de sel et de poivre au goût. Cuire 18 minutes. Utilisez une spatule pour diviser les pommes de terre rissolées et retournez-les délicatement.
2. Vaporisez d'un spray d'huile d'olive et continuez à frire à l'air libre pendant environ 5 minutes supplémentaires, ou jusqu'à ce qu'ils soient dorés et croustillants à votre goût. Retirer dans une assiette de service, assaisonner avec du sel et du poivre supplémentaires si vous le souhaitez et servir.

Crêpes à la friteuse à air

Personne(s) : 5   **Préparation : 5 minutes**   **Total : 41 min**

Ingrédients :

- 1 ½ tasse de farine tout usage
- 1 ½ cuillères à café de levure chimique
- 2-3 cuillères à café de sucre cristallisé
- ¼ cuillère à café de sel casher
- 1 œuf large
- 1 ½ tasse de babeurre (ou lait ordinaire)
- 2 cuillères à soupe de beurre non salé, fondu et légèrement refroidi

Préparation :

1. Dans un bol à mélanger, mélanger la farine, la levure chimique, le sucre et le sel. Fouettez pour combiner, puis créez un puits au centre des ingrédients secs.
2. Dans un autre bol, battez l'œuf, ajoutez le lait en fouettant, puis versez le beurre fondu.
3. Incorporer délicatement le mélange humide au mélange humide jusqu'à ce qu'il soit tout juste combiné, en laissant quelques grumeaux.
4. Laissez la pâte reposer 5 minutes. Pendant ce temps, placez un moule à gâteau de 6 pouces dans le panier de votre friteuse à air, fermez-le et préchauffez-le à 360 degrés F.
5. Ouvrez la friteuse à air et vaporisez le moule à gâteau d'une généreuse quantité d'enduit à cuisson. Utilisez une cuillère à crème glacée pour déposer ½ tasse de pâte dans le moule à gâteau et utilisez une spatule en caoutchouc pour étaler délicatement la pâte sur les bords du moule.
6. Faites frire à l'air libre pendant 6 à 8 minutes jusqu'à ce que les crêpes soient dorées sur le dessus, pas besoin de les retourner ! Répétez avec le reste de la pâte, en gardant les crêpes cuites sur une plaque à pâtisserie dans un four réglé à 200 degrés F jusqu'au moment de servir.

Bacon à la friteuse à air

Personne(s) : 4   **Préparation : 5 minutes**   **Total : 8 min**

Ingrédients :

- 7 onces de bacon (environ 8 tranches)
- FACULTATIF
- 1 à 2 morceaux de pain (pour éviter de fumer)

Préparation :

1. Préchauffez votre friteuse à air à 350 degrés.
2. Placez 1 à 2 morceaux de pain au fond de votre friteuse à air sous le panier*, puis placez le bacon dans la friteuse à air uniformément en une seule couche. Coupez le bacon en deux s'il est trop long.
3. Cuire dans la friteuse à air pendant 8 à 10 minutes, jusqu'à ce que vous obteniez le croustillant souhaité. ** Dégustez immédiatement.

Burritos de petit-déjeuner

Personne(s) : 6 **Préparation : 20 minutes** **Total : 35 min**

Ingrédients :

- 1 pomme de terre moyenne
- 1 cuillère à soupe d'huile
- 1 cuillère à café de sel, et plus au goût
- 1/2 cuillère à café de poivre, et plus au goût
- 1/2 livre de saucisses crues pour petit-déjeuner
- 6 tortillas à la farine
- 4 œufs
- 1/4 tasse de lait, de préférence du lait entier
- 1 tasse de fromage cheddar râpé
- Mode mains libres :
- Empêcher l'écran de dormir
- Allumé éteint

Préparation :

1. Préchauffez votre friteuse à air à 400 degrés.
2. Coupez vos pommes de terre en cubes de 1/2 pouce et enrobez-les d'huile, de sel et de poivre. Placer dans la friteuse et cuire les pommes de terre pendant environ 8 minutes, puis retirer et réserver. Pendant ce temps, faites dorer les saucisses dans une poêle à feu moyen, en les brisant en miettes jusqu'à ce qu'elles soient cuites. Retirer de la poêle et réserver en gardant la graisse dans la poêle.
3. Fouettez les œufs, le lait et un peu de sel et de poivre au goût dans un bol et ajoutez-le dans la poêle chaude avec la graisse de saucisse. Brouillez les œufs jusqu'à ce qu'ils deviennent mousseux. Retirer de la poêle et réserver.
4. Mélangez les pommes de terre cuites, les saucisses cuites, les œufs brouillés et le fromage cheddar dans un bol. Ajoutez le mélange uniformément dans les 6 tortillas et enveloppez-les fermées. Vous pouvez utiliser un cure-dent pour les maintenir fermés.
5. Vaporisez les burritos avec un brumisateur d'huile et placez-les dans la friteuse à air. Cuire à 380 degrés pendant 7 à 8 minutes, en vaporisant le burrito et en le retournant à mi-cuisson. Retirez les burritos du petit-déjeuner de la friteuse à air et dégustez ! *

Oeufs durs dans une friteuse à air

Personne(s) : 4 **Préparation : 5 minutes** **Total : 20 min**

Ingrédients :

- 1 à 12 œufs (gros)
- sel et poivre au goût

Préparation :

1. Préchauffez la friteuse à air à 270 degrés F. Placez les œufs dans la friteuse, de préférence sur une grille, et faites cuire pendant 15 à 17 minutes.
2. Placez immédiatement les œufs dans un bol rempli d'eau froide et de glace jusqu'à ce qu'ils refroidissent, au moins 5 minutes.
3. Peler les œufs et garnir de sel et de poivre ou réfrigérer jusqu'à une semaine.

Pain aux bananes à la friteuse à air

Personne(s) : 8 **Préparation : 10 minutes** **Total : 40 min**

Ingrédients :

- 1 1/2 tasse de farine
- 1 cuillère à café de levure chimique
- 1/2 cuillère à café de sel
- 1/2 cuillère à café de cannelle
- 3 bananes moyennes, écrasées (environ une tasse)
- 1/4 tasse d'huile de canola
- 1 œuf large
- 1 cuillère à café de vanille
- 3/4 tasse de sucre

Préparation :

1. Préchauffer la friteuse à air à 310 F. Graisser et fariner un moule à pain (8x4 ou 9x5 sans rebords conviendront à la plupart des friteuses à air carrées)
2. Dans un petit bol, mélanger la farine, la levure chimique, le sel et la cannelle, réserver
3. Dans un grand bol, écraser les bananes, puis incorporer l'œuf, l'huile de canola et l'extrait de vanille.
4. Incorporer le sucre, puis ajouter la farine et remuer jusqu'à ce que tout soit bien mélangé.
5. Transférer la pâte dans le plat de cuisson préparé, puis faire frire dans une friteuse à air préchauffée pendant 25 à 30 minutes, ou jusqu'à ce que le dessus soit doré et qu'un cure-dent inséré au milieu en ressorte propre.
6. Laisser refroidir 10 minutes avant de transférer sur une grille pour refroidir complètement. Trancher et servir.

Tartelettes pop à la friteuse à air

Personne(s) : 2 **Préparation : 4 minutes** **Total : 4 min**

Ingrédients :

- 2 à 4 Pop Tarts (au choix)

Préparation :

1. Préchauffez votre friteuse à air à 350 degrés.
2. Placez la quantité souhaitée de pop tartes dans le panier de la friteuse sans les superposer.
3. Cuire 3-4 minutes. Le temps de cuisson peut varier en fonction du nombre de pop tartes dans votre panier et de la conception de votre friteuse à air.
4. Retirez délicatement et dégustez.

Galettes de pommes de terre rissolées surgelées

Personne(s) : 2   **Préparation : 4 minutes**   **Total : 4 min**

Ingrédients :

- 4 galettes de pommes de terre rissolées surgelées

Préparation :

1. Préchauffer la friteuse à air à 400 degrés.
2. Placez les galettes de pommes de terre rissolées en une seule couche dans votre friteuse à air et faites cuire pendant 8 à 10 minutes, en les retournant à mi-cuisson.
3. Retirez les pommes de terre rissolées de la friteuse à air et attendez 2 minutes pour les laisser refroidir légèrement, puis dégustez !

Pain doré à la friteuse à air

Personne(s) : 2   **Préparation : 4 minutes**   **Total : 5 min**

Ingrédients :

- 4 à 6 tranches de pain de mie
- ⅔ tasse de lait
- 2 gros œufs
- ½ cuillère à soupe de sucre cristallisé
- 1 cuillère à café d'extrait de vanille
- ½ cuillère à café de cannelle moulue
- Pincée de sel casher

Préparation :

1. Préchauffez la friteuse à air à 350 degrés pendant 5 minutes. Dans un bol peu profond de taille moyenne, fouetter ensemble le lait, les œufs, le sucre, la vanille, la cannelle et le sel jusqu'à ce que le tout soit bien mélangé. Trempez chaque morceau de pain dans le mélange, en trempant les deux côtés dans le liquide pendant 15 secondes de chaque côté, en laissant l'excédent s'égoutter. Vaporisez le panier intérieur avec un spray d'huile de cuisson, puis placez les morceaux de pain en une seule couche à l'intérieur, en travaillant par lots si nécessaire. Faites frire à l'air libre pendant 6 minutes, en les retournant à mi-cuisson.
2. Servir avec du beurre et du sirop d'érable ou du miel, ou saupoudrer les morceaux de sucre cristallisé et garnir de baies fraîches.

Bacon congelé dans la friteuse à air

Personne(s) : 4   **Préparation : 9 minutes**   **Total : 22 min**

Ingrédients :

- ✓ 1 paquet de bacon surgelé, tranché régulièrement

Préparation :

1. Calez votre bloc de bacon dans votre friteuse à air. Tout ira bien tant que vous le poussez suffisamment loin pour pouvoir fermer correctement la friteuse à air. Réglez la température de votre friteuse à air à 360 degrés. Le point de fumée est de 374 degrés, donc je voulais m'en éloigner. Faites-le cuire pendant 8 minutes. Cela donne à votre bacon le temps de décongeler. Une fois votre bacon ramolli, vous pourrez utiliser vos pinces pour séparer les lanières. J'ai essayé de les séparer et de les poser aussi près que possible d'une seule couche, mais un chevauchement se produira car il y a tellement de choses à la fois. Au fur et à mesure de la cuisson, le chevauchement diminuera.
2. Cuire encore 10 à 14 minutes, en vérifiant fréquemment. Pour commencer, je les retournais avec des pinces toutes les 3-4 minutes. Ensuite, au bout de 10 minutes, je retirais les bandes qui avaient le croustillant souhaité. Ensuite, j'espacerais davantage les bandes restantes, vérifierais et retournerais toutes les 2 minutes jusqu'à ce qu'elles soient toutes terminées. Transférez-les sur une assiette recouverte de papier absorbant pour éliminer tout excès de graisse. Servez et dégustez !

Beignets à la gelée pour friteuse à air

Personne(s) : 8   **Préparation : 5 minutes**   **Total : 15 min**

Ingrédients :

- ✓ 1 paquet Pillsbury Grands (style maison)
- ✓ 1/2 tasse de gelée de framboise sans pépins
- ✓ 1 cuillère à soupe de beurre fondu
- ✓ 1/2 tasse de sucre

Préparation :

1. Préchauffer la friteuse à air à 320 degrés.
2. Placez les Grands Rouleaux à l'intérieur de la friteuse en une seule couche et faites cuire pendant 5 à 6 minutes jusqu'à ce qu'ils soient dorés.
3. Retirez les rouleaux de la friteuse à air et réservez.
4. Mettez le sucre dans un grand bol à fond plat.
5. Badigeonner de beurre tous les côtés du beignet et rouler dans le sucre pour couvrir complètement. Complétez avec tous les beignets restants.
6. À l'aide d'un long embout à gâteau, versez 1 à 2 cuillères à soupe de gelée de framboise dans chaque beignet.
7. Dégustez immédiatement ou conservez jusqu'à 3 jours. *

Crêpes de pommes de terre à la friteuse à air

Personne(s) : 4 **Préparation : 10 minutes** **Total : 19 min**

Ingrédients :

- 3 tasses de pommes de terre rissolées râpées
- 2-3 oignons verts
- 1 cuillère à café d'ail
- 1 cuillère à café de paprika
- Sel et poivre au goût
- 1/4 tasse de farine tout usage
- 1 œuf

Préparation :

1. Mélangez vos pommes de terre rissolées râpées, l'ail, le paprika, le sel et le poivre, la farine et l'œuf dans un grand bol. Hachez vos oignons verts, la partie verte uniquement, et incorporez-les au mélange. Préchauffez votre friteuse à air à 370 degrés.
2. Pendant le préchauffage, préparez vos crêpes. J'ai pris une tasse à mesurer de ¼ de tasse et j'y ai versé le mélange. Je l'ai ensuite secoué et il a pris la forme d'une tasse à mesurer. J'ai simplement appuyé sur le mélange pour en faire une crêpe. Une fois votre friteuse à air prête, vaporisez généreusement le fond de votre panier. Disposez vos galettes de pommes de terre dans le panier. Ne le surchargez pas car vous aurez besoin d'espace pour les retourner à mi-cuisson. Cuire 4 minutes puis retourner.
3. Vaporisez le dessus de vos galettes de pommes de terre et laissez cuire encore 4 à 5 minutes. Servir avec une cuillerée de crème sure et des oignons verts supplémentaires, si désiré.

Bagels faible en calories

Personne(s) : 2 **Préparation : 10 minutes** **Total : 25 min**

Ingrédients :

- ½ tasse de farine auto-levante
- 5,3 onces de yaourt grec nature
- ¼ cuillère à café de sel
- 1 blanc d'œuf battu

Préparation :

1. Ajouter la farine et le sel dans un grand bol à mélanger. Incorporer le yaourt à l'aide d'une fourchette jusqu'à obtenir une pâte friable. Ensuite, transférez la pâte sur une surface désinfectée et farinée et pétrissez jusqu'à ce que la pâte ne soit plus collante. Au lieu de cela, il devrait être collant au toucher.
2. Divisez la pâte en deux, puis roulez les deux moitiés en cordes de 1" d'épaisseur, reliant les extrémités pour former une forme de bagel.
3. Badigeonner le dessus de blanc d'œuf battu et assaisonner avec les épices de votre choix.
4. Placez les bagels dans le panier graissé de la friteuse à air sans les chevaucher. Réglez la friteuse à air à 280°F et laissez cuire 15 minutes. Transférer sur une grille et laisser refroidir.

Œufs à la coque à la friteuse à air

Personne(s) : 4 **Préparation : 5 minutes** **Total : 10 min**

Ingrédients :

- 4 œufs
- L'eau glacée

Préparation :

1. Préchauffez votre friteuse à air à 275 F. Placez les œufs dans le panier et laissez cuire 10 minutes. Utilisez des pinces pour transférer les œufs dans un bain d'eau glacée pendant au moins 10 minutes.

Petits pains à la cannelle à la friteuse à air

Personne(s) : 8 **Préparation : 2 minutes** **Total : 4 min**

Ingrédients :

- 1 boîte de brioches à la cannelle Pillsbury, 8 unités (pas de Grands)

Préparation :

1. Préchauffez votre friteuse à air à 350 degrés.
2. Placez du papier sulfurisé dans la friteuse à air (recommandé) et placez soigneusement les brioches à la cannelle dessus, en laissant un petit espace entre elles.
3. Faites cuire les brioches à la cannelle pendant environ 4 minutes.
4. Retirez délicatement les rouleaux de votre friteuse à air et laissez-les refroidir pendant quelques minutes, puis versez un filet de glaçage dessus. Apprécier !

Pommes de terre pour petit-déjeuner à la friteuse à air

Personne(s) : 4 **Préparation : 10 minutes** **Total : 25 min**

Ingrédients :

- 1 livre de pommes de terre, pelées et coupées en cubes
- 1 poivron rouge, coupé en morceaux de 1"
- 1 petit oignon haché
- 2 cuillères à soupe d'huile
- ½ cuillère à café de sel
- Persil frais pour la garniture

Préparation :

1. Préchauffez votre friteuse à air à 390 F. Mélanger les pommes de terre, le poivre et l'oignon avec l'huile et le sel.
2. Transférer dans le panier de la friteuse, puis cuire 15 minutes en remuant à mi-cuisson.
3. Garnir de persil frais et servir immédiatement avec des œufs.

Bouchées d'œufs à la friteuse à air

Personne(s) : 14   **Préparation : 5 minutes**   **Total : 11 min**

Ingrédients :

- 6 gros œufs
- ¼ tasse de fromage cheddar râpé
- 2 cuillères à soupe de lait
- 2 tranches de bacon, cuites et émiettées
- Sel et poivre au goût

Préparation :

1. Préchauffez la friteuse à air à 350 degrés F.
2. Dans un grand bol, fouetter ensemble les œufs, le fromage râpé, le lait, le bacon, le sel et le poivre jusqu'à ce que le tout soit bien mélangé.
3. Répartissez le mélange dans un moule à bouchées en silicone, en ne le remplissant qu'à moitié.
4. Faites frire à l'air libre pendant 5 à 6 minutes ou jusqu'à ce que les œufs gonflent et prennent.
5. Laisser refroidir 5 minutes avant de démouler.

Strudel grille-pain dans la friteuse à air

Personne(s) : 4   **Préparation : 5 minutes**   **Total : 6 min**

Ingrédients :

- 1 paquet de strudel grille-pain avec glaçage

Préparation :

1. Placez votre strudel grille-pain surgelé dans votre friteuse à air.
2. Faites-le cuire à 350 degrés pendant 6 minutes. La taille et la marque de votre friteuse à air varieront cette fois légèrement.
3. Retirez-le de votre friteuse à air, arrosez-le de glaçage et servez.

Galettes de saucisses à la friteuse à air

Personne(s) : 4   **Préparation : 5 minutes**   **Total : 6 min**

Ingrédients :

- 8 galettes de saucisses crues pour le petit-déjeuner

Préparation :

1. Préchauffez votre friteuse à air à 370 degrés. Placez les galettes de saucisses crues dans la friteuse à air en une seule couche sans se toucher. Cuire pendant 6 à 8 minutes, jusqu'à ce qu'ils atteignent 160 degrés.*Retirez de la friteuse à air et dégustez !

Gaufres surgelées dans la friteuse à air

Personne(s) : 2 **Préparation : 1 min** **Total : 3 min**

Ingrédients :

- 4 gaufres Eggo surgelées
- Beurre, sirop d'érable, fruits frais ou vos garnitures de gaufres préférées

Préparation :

1. Placez les gaufres surgelées dans le panier de la friteuse à air. Ils peuvent se chevaucher un peu ! Faites frire les gaufres à l'air libre dans la friteuse à 360 degrés F pendant 3 minutes, retournez-les, puis faites cuire encore 1 à 2 minutes jusqu'à ce qu'elles soient croustillantes à votre goût. Servir immédiatement avec vos garnitures préférées.

Oeufs brouillés à la friteuse à air

Personne(s) : 2 **Préparation : 3 minutes** **Total : 12 min**

Ingrédients :

- 1/3 cuillère à soupe de beurre
- 2 œufs
- 2 cuillères à soupe de lait
- sel et poivre au goût
- 1/8 tasse de fromage cheddar

Préparation :

1. Placez le beurre dans une poêle allant au four/friteuse à air et placez-le à l'intérieur de la friteuse à air. Cuire à 300 degrés jusqu'à ce que le beurre soit fondu, environ 2 minutes.
2. Mélangez les œufs et le lait, puis ajoutez du sel et du poivre au goût. Placez les œufs dans la poêle et faites-les cuire à 300 degrés pendant 3 minutes, puis poussez les œufs vers l'intérieur de la poêle pour les remuer. Cuire encore 2 minutes puis ajouter le cheddar en remuant à nouveau les œufs. Cuire encore 2 minutes. Retirez la poêle de la friteuse et dégustez-les immédiatement.

Bacon de dinde à la friteuse à air

Personne(s) : 4 **Préparation : 3 minutes** **Total : 6 min**

Ingrédients :

- 8 tranches de bacon de dinde (salé ou non)

Préparation :

1. Préchauffez votre friteuse à air à 400 degrés. Placez le bacon de dinde dans la friteuse et faites cuire 5 à 6 minutes. Cuire du bacon non salé un peu plus large pendant environ 8 à 9 minutes. Retournez le bacon à mi-cuisson. Retirez le bacon de dinde de la friteuse à air et dégustez !

Toast dans la friteuse à air

Personne(s) : 4 **Préparation : 2 minutes** **Total : 5 min**

Ingrédients :

- ✓ 4 tranches de pain de votre choix (j'ai utilisé du pain blanc)
- ✓ Garnitures de votre choix (j'ai utilisé du beurre et de la confiture)

Préparation :

1. Préchauffez votre friteuse à air à 400 degrés F. Placez vos tranches de pain dans le panier. * Cuire 2 minutes, puis retourner et cuire encore 1 minute.
2. Étalez vos garnitures et dégustez.

Saucisse dans la friteuse à air

Personne(s) : 7 **Préparation : 2 minutes** **Total : 7 min**

Ingrédients :

- ✓ 2 à 14 saucisses pour petit-déjeuner, crues et réfrigérées

Préparation :

1. Préchauffez votre friteuse à air à 380 degrés.
2. Placez délicatement les saucisses dans la friteuse en rangées en laissant de la place entre elles pour que l'air circule.
3. Cuire 7 à 9 minutes. Selon la façon dont vous aimez votre saucisse, vous pouvez ajouter 1 minute supplémentaire. La température interne doit être de 160°C et non une couleur rose dans la saucisse.

Pop-Tarts à la friteuse à air

Personne(s) : 2 **Préparation : 10 minutes** **Total : 19min**

Ingrédients :

- ✓ Pâte à tarte préfabriquée
- ✓ Gelée de raisin
- ✓ Glaçage à la vanille
- ✓ Paillettes
- ✓ 1 œuf

Préparation :

1. Étalez la croûte à tarte et découpez des rectangles de 3 pouces.
2. Déposez une cuillère à café de gelée de raisin au centre de la moitié des rectangles.
3. Placez un rectangle sur les rectangles de gelée et pressez les bords avec une fourchette.
4. Lavez chaque rectangle à l'œuf. Placer dans la friteuse à air pendant 5 à 8 minutes à 375. Ceux-ci fritent très rapidement alors gardez un œil sur eux ! Retirer de la friteuse à air et couvrir de glaçage. Saupoudrez ! Servez et dégustez !

Recette de beignets à la friteuse à air glacés Ube rapide et facile

Personne(s) : 8 **Préparation : 5 minutes** **Total : 11 min**

Ingrédients :

- 1 tasse de sucre en poudre
- 2 cuillères à soupe de lait
- 1/2 cuillère à café d'extrait d'Ube
- 1/4 cuillère à café d'extrait de vanille
- 1 boîte de 16,3 onces de biscuits feuilletés Grands ! ™

Préparation :

1. Préchauffer la friteuse à air à 350F.
2. Dans un petit bol, mélanger le sucre en poudre, le lait, l'extrait d'ube et l'extrait de vanille. Fouetter pour combiner jusqu'à consistance lisse.
3. Ouvrez la boîte à biscuits et placez les biscuits sur une planche à découper. À l'aide d'un emporte-pièce rond de 1 pouce, découpez le trou central des beignets. Vous pouvez également conserver les trous de beignets pour les faire frire à l'air libre.
4. Vaporisez le panier de la friteuse à air avec un aérosol de cuisson antiadhésif. Placer les beignets dans le panier en laissant un espace entre chaque beignet. Il est préférable de ne pas les empiler pendant la cuisson. Vous devrez peut-être les faire cuire en deux lots. Faire frire à l'air libre pendant 3 minutes.
5. Une fois les trois minutes écoulées, ouvrez le tiroir et retournez les beignets. Fermez le tiroir et faites frire à l'air libre pendant encore 2-3 minutes.
6. Une fois la friture terminée, retirez les beignets et laissez-les refroidir légèrement. Trempez ensuite le beignet dans le glaçage et laissez-le refroidir complètement sur une grille de refroidissement au-dessus d'une plaque à biscuits pour récupérer l'excès de gouttes. Apprécier !

Meilleur pain aux myrtilles à la friteuse à air (recette facile et saine)

Personne(s) : 15 **Préparation : 5 minutes** **Total : 35min**

Ingrédients :

- 1 tasse de lait
- 3 tasses de bisquick
- ¼ tasse de protéine en poudre
- 3 œufs
- 1,5 tasse de bleuets surgelés

Préparation :

1. Mélanger tous les ingrédients ensemble jusqu'à ce qu'ils soient combinés. Le mélange sera épais.
2. Placer dans un moule à pain et faire frire à 350° pendant 30 minutes.
3. Pour vérifier si le pain est cuit, insérez un cure-dent, si le pain est cuit, il doit ressortir propre.

Chaussons aux fraises faciles à la friteuse à air

Personne(s) : 6 **Préparation : 10 minutes** **Total : 27 min**

Ingrédients :

- 1 boîte de pâte à croissant Feuilles Feuilles 1 grande ou 2 petites feuilles
- 1 boîte de 20 oz de garniture pour tarte aux fraises
- 1 gros œuf battu
- 2 cuillères à café d'eau

Préparation :

1. Dans un petit bol, battre légèrement l'œuf avec l'eau et réserver
2. Déroulez-la ou les feuilles de pâte feuilletée décongelées et coupez-les en 8 rectangles. Ma feuille était déjà prédécoupée. Placez environ 2 cuillères à soupe de garniture sur une extrémité de chaque rectangle.
3. Badigeonner de dorure à l'œuf les 3 bords de la pâte autour de la garniture.
4. Pliez l'autre extrémité du rectangle sur la garniture et appuyez sur les 3 bords avec une fourchette pour sceller. Percez quelques trous sur le dessus de chaque chausson avec la fourchette. Badigeonner le dessus des chaussons avec la dorure à l'œuf.
5. Vaporisez le panier de la friteuse à air avec un spray antiadhésif ou tapissez-le d'un morceau de papier sulfurisé et placez les chaussons dans le panier. Réglez la friteuse à air à 320 degrés pendant 17 minutes. Placez les chaussons qui ne rentrent pas dans le panier sur une plaque à pâtisserie tapissée de papier sulfurisé et placez-les au réfrigérateur jusqu'au moment de la cuisson. Retirez les chaussons cuits au four de la friteuse et placez-les sur une grille de refroidissement. Passez à la cuisson du deuxième lot si vous ne parvenez pas à tous les mettre dans votre friteuse. Servir

Oeufs au four au fromage à la friteuse à air

Personne(s) : 2 **Préparation : 4 minutes** **Total : 9 min**

Ingrédients :

- 4 gros œufs
- 2 onces de gouda fumé, haché
- Assaisonnement pour bagel
- Sel casher et poivre au goût

Préparation :

1. Vaporiser l'intérieur de chaque ramequin d'enduit à cuisson. Ajoutez 2 œufs dans chaque ramequin, puis ajoutez 1 once de gouda haché dans chacun. Sel et poivre au goût. Saupoudrez votre assaisonnement pour bagel sur chaque ramequin (autant que vous le souhaitez).
2. Placez chaque ramequin dans le panier de la friteuse à air. Cuire à 400F pendant 10 minutes ou jusqu'à ce que les œufs soient bien cuits. Servir.

Beignets à la friteuse à air à la gousse de vanille

Personne(s) : 6   **Préparation : 20 minutes**   **Total : 40 min**

Ingrédients :

- ❖ **Pour les beignets :**
- ✓ ½ tasse de lait 100-110 F
- ✓ 2 ¼ cuillères à café de levure instantanée, sachet de 0,25 once
- ✓ ¼ tasse de sucre cristallisé
- ✓ 1 œuf large
- ✓ 2 cuillères à soupe d'huile végétale
- ✓ 1 cuillère à café
- ✓ 2 tasses de farine tout usage
- ❖ **Pour le glaçage à la gousse de vanille**
- ✓ 1 tasse de sucre glace
- ✓ 3 cuillères à soupe de crème épaisse
- ✓ 1 cuillère à café de pâte de gousse de vanille

Préparation :

1. **Pour les beignets**
2. Ajoutez le lait, la levure et le sucre dans le bol d'un batteur sur socle équipé du crochet pétrisseur (ou dans un grand bol en mélangeant à la main). Mélanger jusqu'à ce que le tout soit bien mélangé.
3. Ajoutez ensuite l'œuf, l'huile végétale et la pâte de gousse de vanille et mélangez bien.
4. Ajoutez progressivement la farine au batteur à basse vitesse. Continuez à pétrir à basse vitesse jusqu'à ce que la pâte soit lisse et légèrement collante, environ 5 minutes.
5. Placez la pâte dans un bol graissé, couvrez-la d'une pellicule plastique et laissez-la lever pendant une heure.
6. Étalez la pâte sur une surface légèrement farinée jusqu'à ce qu'elle atteigne ½" d'épaisseur. Utilisez un (ou un et un petit objet circulaire tel qu'une douille) pour découper des beignets de 3 pouces. Placez les beignets (et les trous de beignets, car pourquoi pas ?) sur une plaque recouverte de silicone ou de papier sulfurisé et laissez-les lever pendant une heure supplémentaire.
7. Graisser le panier de la friteuse à air avec un spray antiadhésif. Faites frire à l'air libre par lots, quelques-uns à la fois, à 365 F pendant 7 à 8 minutes, ou jusqu'à ce qu'ils soient d'un brun doré profond. Placer sur une grille de refroidissement et répéter avec le reste de la pâte.
8. **Pour le glaçage à la gousse de vanille**
9. Mélangez le sucre en poudre, la crème épaisse et la pâte de gousse de vanille dans un petit bol.
10. Trempez les beignets dans le glaçage et placez-les sur une grille pour qu'ils prennent. Servir chaud.

Œufs écossais parfaits (durs ou mous)

Personne(s) : 6   Préparation : 28 minutes   Total : 40 min

Ingrédients :

- 6 gros œufs
- 1 livre de saucisses de porc régulières Jimmy Dean
- Un aérosol de cuisson antiadhésif ou un brumisateur d'huile d'olive
- Farine assaisonnée (Bol 1)
- ¼ tasse de Wonder ra
- ½ cuillère à café de poudre d'ail
- Œuf battu (Bol 2)
- 1 gros œuf battu
- Mélange à panure (Bol 3)
- 1 tasse de chapelure Panko
- 1 cuillère à soupe de cassonade
- ½ cuillère à café de poudre de chili

Préparation :

1. Faire bouillir un œuf à la coque parfait. Remplissez une casserole moyenne à moitié d'eau et portez à ébullition à feu moyen-vif. Retirez les œufs froids du réfrigérateur et utilisez une écumoire pour les placer soigneusement dans l'eau bouillante. Ne mettez pas les œufs dans la poêle. Réduire le feu et couvrir la poêle. Laisser mijoter EXACTEMENT 6 minutes.(Pour un œuf plus ferme, faites bouillir jusqu'à 9 minutes.) Pendant que les œufs cuisent, préparez un bain de glace pour les œufs dans un grand bol. Utilisez l'écumoire pour retirer les œufs de l'eau bouillante après le temps imparti. Plongez immédiatement les œufs cuits dans le bain de glace préparé pendant 10 minutes. Le but de cette étape est d'arrêter le processus de cuisson essentiel pour obtenir des centres d'œufs écossais crémeux et coulants.
2. Couvrir les œufs durs de saucisses. Divisez la saucisse en 6 portions égales, chacune pesant 2⅓ onces (65 grammes). Utilisez une balance de cuisine pour cette étape si possible.
3. Roulez chaque portion en boule et placez-la au réfrigérateur.
4. Épluchez DOUCEMENT les œufs durs préparés. Rincez chaque œuf, puis utilisez une serviette en papier pour le sécher soigneusement. Mettre de côté. Commencez avec une boule de saucisse FROIDE, directement sortie du réfrigérateur. Placer la boulette de viande au centre d'un carré de papier sulfurisé de 8 x 8.
5. Tapotez doucement la boulette de viande jusqu'à ce que vous obteniez un ovale d'environ ¼ de pouce d'épaisseur et environ 3 œufs de long et 2 œufs de large.
6. Placez le carré de parchemin dans votre paume. Déposez délicatement un œuf à la coque froid et sec sur l'ovale de saucisse, avec les extrémités de l'œuf perpendiculaires aux côtés longs de l'ovale. Retirez délicatement la saucisse du parchemin pendant que vous l'enroulez autour de l'œuf. Continuez jusqu'à ce que la saucisse se détache complètement du parchemin et que l'œuf soit recouvert de saucisse. Suppression des épaisses pointes de saucisses à chaque extrémité. Vérifiez soigneusement l'œuf pour détecter les zones qui pourraient être trop fines ou trop épaisses, et utilisez l'excédent retiré des pointes pour sceller les bords et égaliser les taches fines. Lorsque la saucisse semble être répartie uniformément autour de l'œuf, passez délicatement l'œuf d'une main à l'autre plusieurs fois, en laissant la chaleur de vos paumes lisser un peu la surface extérieure et la légère pression pour égaliser les bosses. ou des aspérités sur la surface. Si le saucisson est trop collant, mouillez-vous les mains avec de l'eau froide puis séchez-les délicatement. Vous ne voulez pas utiliser de mains « mouillées », mais des mains légèrement humides décourageront la saucisse d'y coller.
7. Répétez jusqu'à ce que tous les œufs soient recouverts de saucisses.

Pommes au four à la friteuse à air

Personne(s) : 2 **Préparation : 10 minutes** **Total : 15 min**

Ingrédients :

- 2 pommes moyennes (voir notes)
- 1/2 tasse (46 grammes) de flocons d'avoine (si sans gluten, utilisez des flocons d'avoine GF)
- 2 cuillères à soupe (15 grammes) de farine tout usage, de farine de blé entier blanche ou pour GF, utilisez 2 cuillères à soupe (18 grammes) de mélange à pâtisserie sans gluten Bobs Red Mill 1-to-1
- 2 cuillères à soupe (25 grammes) de cassonade ou de sucre de coco*
- 2 cuillères à soupe (28 grammes) de beurre non salé ou d'huile de coco, fondu et refroidi (huile de coco pour végétalien)
- 2 cuillères à soupe (15 grammes) de noix de pécan facultatif
- 3/4 cuillère à café de cannelle moulue
- Pincée de sel
- 2 cuillères à soupe de raisins secs, de canneberges séchées ou de cerises séchées facultatif

Préparation :

1. Pour les préparer dans une friteuse à air :
2. Si votre friteuse à air est suffisamment grande pour gérer des pommes entières, vous pouvez utiliser la méthode de coupe et de remplissage utilisée dans la méthode au four ci-dessous. Si votre friteuse à air n'est pas assez grande pour une pomme entière : coupez les pommes en deux (à travers la tige) et retirez la tige et le trognon. Assurez-vous qu'ils sont de la bonne taille pour tenir dans votre friteuse à air et coupez-en davantage, si nécessaire. Vous ne voulez pas qu'ils touchent l'élément supérieur (s'il s'agit d'un problème avec votre modèle de friteuse à air).
3. Une partie de la garniture bouillonnera, alors préparez votre friteuse à air selon vos besoins. J'ai utilisé un morceau de papier sulfurisé dans le mien, mais cela n'est peut-être pas sans danger pour tous les types de friteuse à air.
4. Préchauffez votre friteuse à air à 325 °F (162 °C).
5. Dans un petit bol, mélanger le tout sauf les pommes et les raisins secs.
6. Placez 1/2 cuillère à soupe de raisins secs au centre de chaque pomme. Il faut mettre les raisins secs entre le crumble et les pommes pour qu'ils ne brûlent pas.
7. Répartissez le crumble entre les 4 moitiés de pomme, en le pressant sur les raisins secs, pour compacter la garniture afin qu'elle ne souffle pas dans la friteuse.
8. Placez-les très délicatement dans la friteuse à air, avec le côté crumble vers le haut.

Frittata de petit-déjeuner à la friteuse à air

Personne(s) : 2 **Préparation : 5 minutes** **Total : 21 min**

Ingrédients :

- 4 œufs gros, fermiers.
- 4 cuillères à soupe de lait ou utilisez de la crème double
- 35 g de fromage Cheddar extra affiné râpé
- 50 g de Feta émiettée
- 1 tomate coupée en quartiers, épépinée et hachée
- 15 g d'épinards hachés
- 1 cuillère à soupe d'herbes fraîches J'ai utilisé du persil et du basilic hachés
- 2 oignons nouveaux hachés
- Sel et poivre
- ½ cuillère à café d'huile d'olive

Préparation :

1. Battez les œufs et le lait ensemble dans un pichet.
2. Ajoutez tous les autres ingrédients (sauf l'huile) et mélangez.
3. Préchauffez la friteuse à 180°C (350F) et tapissez un moule à charnière rond de 20 cm de papier sulfurisé. Huilez légèrement les parois du moule pour éviter que la frittât ne colle.
4. Versez le mélange d'œufs dans le moule et placez-le dans la friteuse à air. Faites cuire pendant 16 minutes, mais commencez à vérifier si c'est cuit après 12 minutes, car tous les modèles de friteuses à air varient.
5. Laisser refroidir 5 minutes avant de passer un couteau sur le pourtour du moule pour le décoller. Sortez la frittât du moule à charnière et coupez-la en tranches.

Bacon et coquetiers pour friteuse à air

Personne(s) : 6 **Préparation : 10 minutes** **Total : 20 min**

Ingrédients :

- 3 tranches de bacon coupées en deux
- 6 gros œufs
- Poivron coupé en dés facultatif
- Sel et poivre facultatif

Préparation :

1. Coupez les tranches de bacon en deux. Tapisser chaque emballage d'une demi-tranche de bacon. Cassez délicatement un œuf à l'intérieur de chaque emballage, en utilisant le bacon comme support pour l'œuf qui coule. Saupoudrer de poivrons coupés en dés, de sel et de poivre, si désiré. Fermez doucement le panier de la friteuse à air, en prenant soin de ne pas renverser l'une des tasses. Cuire à 330°F pendant 10 minutes. Le temps variera en fonction de la façon dont vous aimez vos œufs. Si vous aimez vos œufs trop moyens, commencez par 8 minutes. Au bout de 10 minutes, les jaunes d'œufs seront trop bons. Lorsqu'ils sont cuits à votre goût, retirez délicatement les coquetiers cuits au four.
2. Ils seront très chauds. Saupoudrer d'oignon vert ou de toute garniture de votre choix.

Oranges rôties à la friteuse à air

Personne(s) : 4 **Préparation : 1 min** **Total : 4 min**

Ingrédients :

- 2 oranges
- 2 cuillères à café de miel
- 1 cuillère à café de cannelle

Préparation :

1. Coupez les oranges en deux.
2. Préchauffer une friteuse à air à 200°C / 395°F.
3. Placez les oranges dans la friteuse à air chaud et versez dessus un peu de cannelle et de miel.
4. Faites frire les oranges à l'air libre jusqu'à ce qu'elles soient dorées sur le dessus, environ 3 à 6 minutes. Servez-les immédiatement pendant qu'ils sont encore chauds.

Casserole de petit-déjeuner à la saucisse Air Fryer

Personne(s) : 6 **Préparation : 10 minutes** **Total : 30 min**

Ingrédients :

- 1 livre de pommes de terre rissolées
- 1 lb de saucisses de petit-déjeuner hachées
- 1 poivron vert coupé en dés
- 1 poivron rouge coupé en dés
- 1 poivron jaune coupé en dés
- 1/4 tasse d'oignon doux coupé en dés
- 4 œufs

Préparation :

1. Tapissez le panier de votre friteuse à air avec du papier d'aluminium OU Utilisez une poêle adaptée à votre friteuse à air et suivez les instructions.
2. Placez les pommes de terre rissolées au fond.
3. Garnissez-le uniformément avec la saucisse non cuite, en l'émiettant dans tout le plat.
4. Disposez uniformément les poivrons et les oignons dessus.
5. Faites-le cuire à 360°F pendant 10 minutes.
6. Ouvrez la friteuse et mélangez un peu la cocotte si nécessaire.
7. Cassez chaque œuf dans un bol, puis versez-le directement sur la cocotte.
8. Cuire à 360°F pendant encore 10 minutes. Si vous aimez les pommes de terre rissolées super croustillantes, ajoutez 5 minutes supplémentaires, mais assurez-vous de vérifier d'abord car toutes les machines chauffent différemment.
9. Servir avec du sel et du poivre au goût.

Choux de Bruxelles râpés à la friteuse à air, oignon rouge et hachis de pommes de terre rouges

Personne(s) : 4 **Préparation : 10 minutes** **Total : 26 min**

Ingrédients :

- Choux de Bruxelles, oignon rouge et hachis de pommes de terre rouges
- 2 tasses de choux de Bruxelles
- 1 oignon rouge petit à moyen
- 2 tasses de petites pommes de terre rouges
- 2 cuillères à soupe d'huile d'avocat
- 1/2 cuillères à café de sel
- 1/2 cuillères à café de poivre noir
- Modules complémentaires facultatifs
- 4 œufs en option
- 1 avocat facultatif

Préparation :

1. Préparez les légumes
2. *Cette étape peut être effectuée à l'avance ou ignorée complètement. Lisez les instructions ci-dessous.
3. Placer les pommes de terre dans une marmite moyenne et couvrir d'eau. Salez fortement l'eau, puis portez à ébullition. Baisser le feu et laisser mijoter jusqu'à ce qu'ils soient tendres, environ 15 minutes. Égouttez l'eau et laissez refroidir les pommes de terre, puis coupez-les en deux. Conservez-le couvert au réfrigérateur jusqu'à 5 jours jusqu'à ce que vous soyez prêt à l'utiliser !
4. Lavez et râpez ou tranchez finement les choux de Bruxelles à l'aide d'une mandoline ou d'un couteau bien aiguisé. Coupez l'oignon en tranches de 1/4 de pouce.
5. Faire frire les légumes à l'air libre. Préchauffez votre friteuse à air à 375 degrés F. Posez une feuille de papier sulfurisé sur le panier de la friteuse à air et percez quelques trous avec un couteau ou une fourchette. Ajoutez les pommes de terre en couche uniforme dans le panier. Vaporiser ou arroser de la moitié de l'huile, puis assaisonner légèrement de sel et de poivre.
6. Si vous utilisez des pommes de terre précuites, faites cuire 10 minutes en les retournant une fois à mi-cuisson. Si vous utilisez des pommes de terre crues, faites cuire pendant 22 à 25 minutes, en les retournant toutes les 7 à 8 minutes. Une fois que les pommes de terre commencent à devenir croustillantes, ajoutez les choux de Bruxelles et les oignons dans la friteuse, vaporisez ou arrosez tous les légumes avec le reste de l'huile et laissez cuire encore 6 minutes, en remuant ou en secouant une fois à mi-cuisson. Assaisonner au goût avec plus de sel et de poivre. Répartissez le hachis dans quatre assiettes. Si vous servez un repas complet, ajoutez l'avocat et les œufs ou les protéines de votre choix, et dégustez !

Petits pains à la cannelle à la friteuse à air

Personne(s) : 2 **Préparation : 30 minutes** **Total : 2heures 35minutes**

Ingrédients :

- Pour la pâte :
- ¾ tasse de lait chaud 100-110°F
- 2 ¼ cuillères à café de levure active
- ¼ tasse de sucre cristallisé
- 1 œuf + 1 jaune d'œuf
- ¼ tasse de beurre non salé fondu
- 3 tasses de farine tout usage et un peu plus pour saupoudrer
- ¾ cuillère à café de sel
- Pour le remplissage :
- ⅔ tasse de cassonade légère
- 1 ½ cuillère à soupe de cannelle moulue
- ¼ tasse de beurre non salé à température ambiante
- Pour le glaçage au fromage à la crème
- 4 onces de fromage à la crème à température ambiante
- 4 cuillères à soupe de beurre non salé à température ambiante
- ¾ tasse de sucre glace
- 1 cuillère à café d'extrait de vanille

Préparation :

1. Versez le lait tiède dans un bol à mélanger et ajoutez la levure. Remuer et laisser reposer 5 minutes. Incorporer les œufs, le sucre et le beurre fondu jusqu'à ce que le tout soit bien mélangé. Incorporer la farine et le sel jusqu'à ce que la pâte commence à se former.
2. À l'aide d'un batteur sur socle, fixez un crochet pétrisseur et mélangez à feu moyen jusqu'à ce que la pâte forme une boule et ne colle pas au bol. Ajoutez un peu de farine si elle est trop collante. Si vous utilisez les mains pour pétrir, pétrir la pâte pendant 10 minutes sur une surface farinée jusqu'à ce que la pâte ne colle plus.
3. Placer la boule de pâte dans un bol bien huilé. Couvrir d'une pellicule plastique et d'une serviette chaude. Placez le bol sur le comptoir pendant une heure et demie pour permettre à la pâte de doubler de volume. Séparez la pâte en deux sections. Placez une section de pâte sur une surface farinée et aplatissez-la avec un rouleau à pâtisserie jusqu'à ce que la pâte atteigne environ un pied carré de surface.
4. Frotter du beurre à température ambiante sur la pâte en laissant une légère marge autour de la pâte. Mélangez la cannelle et le sucre pour la garniture dans un petit bol et saupoudrez sur la pâte beurrée. Pressez-le doucement dans la pâte avec vos mains.
5. À l'aide d'un couteau bien aiguisé ou d'un coupe-pizza, coupez la pâte en bandes d'un pouce et demi de large. Roulez les bandes en spirale, chaque bande s'appuyant sur la précédente. Placez la roue de pâte dans le moule à ressort qui s'adapte au panier de la friteuse à air. Couvrir le moule avec un torchon et laisser reposer la pâte pendant 15 minutes. Cuire dans une friteuse à air pendant 20 minutes à 350°F. Pendant ce temps, préparez la deuxième section de pâte dans un autre petit pain à la cannelle que vous ferez cuire une fois celui-ci terminé dans la friteuse.
6. Une fois la cuisson terminée, retirer de la friteuse et laisser refroidir avant de démouler.
7. Dans un bol moyen, battre pour combiner les ingrédients du glaçage jusqu'à consistance lisse. Garnissez le roulé à la cannelle avec le glaçage et dégustez !

CHAPITRE 3

Recettes de déjeuner

FRITES CROUSTILLANTES

Personne(s) : 3 **Préparation : 10 minutes** **Total : 22 min**

Ingrédients :

- 2 pommes de terre Rousset moyennes, lavées
- 1 cuillère à s d'huile d'olive
- ¼ cuillère à café de sel
- ¼ cuillère à café de poudre d'ail (facultatif)
- Pincée de poivre noir, au goût
- Sel de mer en flocons,

Préparation :

1. Préchauffez la friteuse à air à 375 F pendant 5 minutes. Coupez les pommes de terre en longues lanières (en forme de frite), d'environ ¼ de pouce d'épaisseur. (Je garde la peau mais vous pouvez peler la peau si vous préférez). Transférer les tranches de pommes de terre dans un grand bol et ajouter l'huile d'olive, le sel, la poudre d'ail (facultatif) et le poivre. Remuer pour enrober. Placez une seule couche de pommes de terre dans le panier de la friteuse et faites cuire pendant 12 à 13 minutes, jusqu'à ce qu'elles soient croustillantes et dorées. Ne superposez pas les pommes de terre car elles ne cuiront pas uniformément et ne seront pas croustillantes. Je dois généralement le faire en 2 lots pour la taille de ma friteuse à air. Servir immédiatement avec du sel de mer en flocons et un accompagnement de ketchup, de mayonnaise épicée ou d'une autre trempette.

LÉGUMES À LA FRITEUSE À AIR

Personne(s) : 6 **Préparation : 10 minutes** **Total : 20 min**

Ingrédients :

- 2 tasses de fleurons de chou-fleur
- 1 courgette moyenne, tranchée
- 2 tasses d'asperges, extrémités parées et coupées en morceaux de 1,5 pouce
- 1 tasse de champignons shiitake, coupés en deux
- 1 c à s d'ail frais, haché
- 1 c à s d'huile d'olive
- ½ cuillère à café d'assaisonnement italien
- 1 cuillère à café de sauce soja
- 1 cuillère à café de vinaigre balsamique
- ¼ cuillère à café de sel (ou plus au goût)
- ¼ cuillère à café de poivre noir

Préparation :

1. Dans un grand bol à mélanger, ajouter le chou-fleur, les courgettes, les asperges, les champignons shiitake et l'ail. Arroser d'huile d'olive et assaisonner avec l'assaisonnement italien, la sauce soja, le vinaigre balsamique, le sel et le poivre. Mélanger jusqu'à ce que le tout soit bien enrobé. Transférer les légumes assaisonnés dans le panier de la friteuse à air. Faire frire à l'air libre à 375F pendant 15 minutes, en secouant la poêle à mi-cuisson. Pour des légumes plus croustillants, disposez-les en une seule couche et faites cuire par lots.

Boulettes de viande collantes au miel et à l'ail

Personne(s) : 15 **Préparation : 10 minutes** **Total : 30 min**

Ingrédients :

- Pour les boulettes de viande :
- 1 lb de bœuf haché
- ½ tasse de chapelure
- ⅓ tasse d'oignon, finement haché
- 1 cuillère à soupe d'oignons verts finement hachés (et un peu pour la garniture)
- 1 œuf
- 2 cuillères à soupe de sauce soja
- ½ cuillère à soupe de cassonade
- 1 cuillère à café de poudre d'ail
- 1 cuillère à café de sel
- ½ cuillère à café de poivre noir moulu
- Graines de sésame (pour la garniture)
- Pour la sauce miel-ail :
- ¼ tasse de vinaigre de riz
- 2 cuillères à soupe de cassonade
- 2 cuillères à soupe de sauce soja
- 2 cuillères à soupe de miel liquide
- 1 cuillère à soupe d'ail, émincé
- ½ cuillère à soupe de fécule de maïs (ou farine)
- 2 cuillères à soupe d'eau

Préparation :

1. Préchauffer le four à 400 F. Dans un grand bol à mélanger, mélanger le bœuf avec la chapelure, l'oignon, les oignons verts, l'œuf, la sauce soja, la cassonade, la poudre d'ail, le sel et le poivre. Bien mélanger pour obtenir une consistance uniforme.
2. Prenez 2 cuillerées de mélange de bœuf à la fois et roulez-les en boulettes de viande de 1,5 pouce d'épaisseur. Transférez les boulettes de viande dans une grande demi-plaque de cuisson recouverte de papier sulfurisé et enduisez-les légèrement d'un peu d'huile pour les empêcher de coller, si nécessaire. Cuire au four pendant 15 minutes jusqu'à cuisson complète et réserver. La température interne devrait atteindre 160F, comme indiqué sur un thermomètre à viande. Préparez la sauce miel-ail : Dans un bol moyen, ajouter le vinaigre, la cassonade, la sauce soja, le miel, l'ail, la fécule de maïs et l'eau. Bien mélanger jusqu'à ce que la fécule de maïs et le sucre se dissolvent. Dans une casserole peu profonde, incorporer le mélange de sauce et chauffer à feu moyen pendant 3 à 4 minutes. Continuez à remuer jusqu'à épaississement jusqu'à obtenir la consistance désirée. Servir :
3. Ajouter les boulettes de viande dans la casserole et bien mélanger pour bien les enrober. Saupoudrer d'oignons verts et de graines de sésame et servir chaud seul ou sur un bol de riz cuit à la vapeur ou de riz frit.

Poitrine de poulet à la friteuse à air

Personne(s) : 3   **Préparation : 10 minutes**   **Total : 45 min**

Ingrédients :

- 3 poitrines de poulet, sans peau et désossées (environ 1,5 livre)
- ½ cuillère à soupe d'huile végétale
- ½ cuillère à café de sel
- ¼ cuillère à café de poivre noir
- ½ cuillère à café d'assaisonnement italien
- ½ cuillère à café de paprika
- ½ cuillère à café de poudre d'ail

Préparation :

1. Utilisez une serviette en papier pour sécher complètement les poitrines de poulet. Étalez généreusement l'huile uniformément sur tout le poulet. Frotter tous les assaisonnements, y compris le sel, le poivre, l'assaisonnement italien, le paprika et la poudre d'ail, et enrober uniformément le poulet. Vous pouvez également combiner le poulet avec l'assaisonnement dans un grand sac Ziploc et bien agiter pour enrober. Laisser mariner au moins 15 minutes ou réfrigérer toute la nuit. Placez les poitrines de poulet marinées en une seule couche dans le panier de la friteuse à air. Faire frire à l'air libre à 375 F pendant 22 à 25 minutes jusqu'à ce qu'il soit complètement cuit et que la température interne du poulet atteigne 165 F. Vous pouvez vérifier la température interne en collant un thermomètre à viande dans la partie la plus épaisse de la poitrine.
2. Laisser reposer 5 à 10 minutes dans la friteuse avant de servir.

Crevettes mexicaines à la friteuse à air

Personne(s) : 4   **Préparation : 10 minutes**   **Total : 15 min**

Ingrédients :

- 1 lb de crevettes blanches, décortiquées, déveinées et queues enlevées
- 1 c à s d'huile d'olive
- 1 cuillère à café de cumin
- 1 cuillère à café de poudre de chili (facultatif pour un coup de fouet)
- ½ cuillère à café de paprika
- ½ cuillère à café d'ail
- ½ cuillère à café d'origan séché
- ½ cuillère à café de sel
- ¼ cuillère à café de poivre noir
- 1 cuillère à soupe de coriandre fraîche hachée (facultatif, pour la garniture)

Préparation :

1. Dans un bol moyen, ajouter les crevettes, l'huile d'olive, le cumin, la poudre de chili, le paprika, la poudre d'ail, l'origan, le sel et le poivre. Bien mélanger pour bien enrober et laisser mariner 15 minutes (si vous avez le temps).
2. Transférez les crevettes dans le panier de la friteuse à air. Cuire à 350 F pendant 8 à 10 minutes, en secouant le panier une fois à mi-cuisson.
3. Saupoudrer de coriandre et servir.

Brocoli à la friteuse à air

Personne(s) : 3 **Préparation : 6 minutes** **Total : 11 min**

Ingrédients :

- 4 tasses de fleurons de brocoli
- 2 cuillères à soupe d'huile d'olive
- ½ cuillère à café de poudre d'ail
- ¼ cuillère à café d'assaisonnement italien
- ⅛ cuillère à café de sel
- Parmesan râpé (facultatif, pour la garniture)

Préparation :

1. Dans un grand bol à mélanger, mélanger tous les ingrédients. Mélanger jusqu'à ce que le tout soit bien mélangé.
2. Transférez le brocoli assaisonné dans le panier de la friteuse à air. Faites-le cuire à 400 F pendant 6 à 8 minutes, en secouant le panier toutes les 3 minutes, jusqu'à ce qu'il soit doré et croustillant sur les bords.
3. Servir chaud avec du parmesan râpé, si désiré.

Saumon grec

Personne(s) : 3 **Préparation : 10 minutes** **Total : 20 min**

Ingrédients :

- 1 lb de saumon, coupé en filets
- 3 cuillères à soupe d'huile d'olive
- 1 cuillère à soupe de jus de citron fraîchement pressé
- 1 cuillère à soupe d'aneth frais, haché
- 1 cuillère à café d'origan séché
- 1 gousse d'ail, râpée ou hachée
- ½ cuillère à café de sel
- ½ cuillère à café de poivre noir moulu

Préparation :

1. Préchauffer le four à 400 degrés. Séchez les filets de saumon et placez-les côté peau vers le bas sur un quart de plaque à pâtisserie tapissée.
2. Dans un petit bol à mélanger, mélanger l'huile d'olive, le jus de citron, l'aneth, l'origan, l'ail, le sel et le poivre. Badigeonner ou verser la marinade sur le saumon et laisser reposer pendant que le four préchauffe.
3. Cuire au four pendant 15 minutes. Laisser reposer 5 minutes, puis servir avec un peu de jus de citron dessus, si vous le souhaitez.

Pommes de terre grelots à la friteuse à air

Personne(s) : 3 **Préparation : 10 minutes** **Total : 25 min**

Ingrédients :

- 1 lb de pommes de terre grelots, coupées en deux
- 1 c à s d'huile d'olive
- ½ cuillère à soupe de paprika
- 1 c à c de poudre d'ail
- 1 cuillère à café d'assaisonnement italien (ou assaisonnement Old Bay)
- 1 cuillère à café de vinaigre balsamique
- 1 cuillère à café de sauce soja
- 1 cuillère à café de sel
- 1 cuillère à café de poivre noir moulu (ou au goût)

Préparation :

1. Préchauffez la friteuse à air à 375 F pendant 5 minutes.
2. Placer tous les ingrédients dans un grand bol à mélanger. Mélanger pour combiner.
3. Transférez les pommes de terre dans le panier de la friteuse à air et disposez-les en une seule couche ou en les chevauchant légèrement. Faites frire à l'air libre à 375 °F pendant 20 à 22 minutes en secouant le panier à mi-cuisson, jusqu'à ce que les peaux de pommes de terre soient dorées et tendres. Insérez une fourchette pour vérifier la cuisson. Si vous pouvez facilement insérer une fourchette, alors elle est tendre et prête.
4. Laissez refroidir 5 minutes et servez.

Choux de bruxelles croustillants à la friteuse à air

Personne(s) : 4 **Préparation : 5 minutes** **Total : 10 min**

Ingrédients :

- 1 lb de choux de Bruxelles, parés et coupés en deux dans le sens de la longueur (environ 4 tasses)
- 1 cuillère à soupe d'huile d'olive
- ½ cuillère à soupe d'assaisonnement italien
- ½ cuillère à soupe de poudre d'ail
- ⅛ cuillère à café de sel
- ¼ cuillère à café de poivre noir moulu, ou au goût

Préparation :

1. Mélanger tous les ingrédients dans un grand bol, mélanger et enrober uniformément les choux de Bruxelles. Transférer les choux de Bruxelles dans le panier de la friteuse à air.
2. Allumez la friteuse à air à 350 F et faites cuire pendant 12 minutes, jusqu'à ce que les choux de Bruxelles soient bien cuits et dorés sur les bords.

Bouchées de chou-fleur

Personne(s) : 4 **Préparation : 5 minutes** **Total : 30 min**

Ingrédients :

- 3 tasses de petits fleurons de chou-fleur
- 1 c à s d'huile végétale
- ½ cuillère à café de poudre d'ail
- ½ cuillère à café de paprika
- ¼ cuillère à café de cumin mo
- ½ cuillère à café de sel
- ¼ cuillère à café de poivre noir
- 2 gros œufs battus _
- 1 tasse de chapelure Panko
- Pulvérisation d'huile de cuisson

Préparation :

1. Dans un grand bol à mélanger ou un sac Ziploc, ajoutez le chou-fleur, l'huile, la poudre d'ail, le paprika, le cumin, le sel et le poivre. Bien mélanger jusqu'à ce qu'il soit uniformément enrobé.
2. Utilisez une fourchette ou un fouet pour battre les œufs dans un petit bol. Placez la chapelure panko dans un autre petit bol. Trempez les fleurons de chou-fleur dans l'œuf puis enrobez-les du mélange de chapelure. Vous pouvez presser doucement les miettes dans le chou-fleur pour qu'elles adhèrent le plus possible.
3. Transférez le chou-fleur pané dans le panier de la friteuse à air et vaporisez uniformément d'un spray d'huile de cuisson.
4. Cuire à 375F pendant 15 minutes jusqu'à ce qu'ils soient tendres et que la croûte devienne dorée. Servir avec du ketchup ou votre trempette préférée, si vous le souhaitez.

Friteuse à air légumes "sauté"

Personne(s) : 1   **Préparation : 6 minutes**   **Total : 12 min**

Ingrédients :

- 50 grammes de tofu extra ferme, coupé en lanières
- 4 tiges d'asperges, extrémités parées et coupées en deux
- 4 choux de Bruxelles, coupés en deux
- 3 champignons bruns, tranchés
- 2 gousses d'ail émincées
- 1 cuillère à café d'assaisonnement Italiano
- ½ cuillère à café d'huile de sésame (ou d'huile d'olive)
- ¼ cuillère à café de sauce soja
- sel et poivre au goût
- Graines de sésame blanc grillées (pour la garniture)

Préparation :

1. Mélanger tous les ingrédients dans un grand bol à mélanger et mélanger.
2. Transférer dans le panier de la friteuse à air et faire frire à 350 F pendant 7 à 8 minutes, selon la cuisson souhaitée des légumes. Secouez le panier à mi-cuisson.
3. Retirer du panier de la friteuse, saupoudrer de graines de sésame blanches grillées et servir avec un côté de riz cuit à la vapeur.

Asperges à la friteuse à air

Personne(s) : 2 **Préparation : 6 minutes** **Total : 11 min**

Ingrédients :

- ½ lb d'asperges, parées et coupées en deux dans le sens de la longueur (environ 12 morceaux)
- 2 gousses d'ail pressées ou hachées
- ½ cuillère à café d'huile d'olive
- ½ cuillère à café d'assaisonnement Italiano
- Pincée de sel

Préparation :

1. Mélanger tous les ingrédients dans un grand bol et mélanger pour bien enrober les asperges. Transférer dans le panier de la friteuse à air.
2. Allumez la friteuse à air à 350 F et faites cuire pendant 6 minutes, jusqu'à ce que les asperges soient bien cuites.

Courge musquée à la friteuse à air

Personne(s) : 4 **Préparation : 10 minutes** **Total : 25 min**

Ingrédients :

- 4 tasses de courge musquée, coupée en cubes de ½ pouce (environ ½ courge musquée moyenne)
- 2 cuillères à soupe d'huile d'olive
- 1 cuillère à café d'assaisonnement italien
- 1 cuillère à café de poudre d'ail
- ½ cuillère à café de sel
- ¼ cuillère à café de poivre noir moulu
- Graines de citrouille (facultatif, pour servir)

Préparation :

1. Dans un grand bol à mélanger, mélanger tous les ingrédients, y compris la courge musquée, l'huile d'olive, l'assaisonnement italien, la poudre d'ail, le sel et le poivre. Mélanger pour combiner.
2. Transférer dans le panier de la friteuse à air et disposer en une seule couche. Selon la taille de votre friteuse à air, vous devrez le faire en 2 lots. Faire frire à l'air libre à 400 F pendant 12 à 15 minutes jusqu'à ce qu'elles soient tendres et croustillantes.
3. Servir avec une pincée de graines de citrouille sur le dessus.

Poppers jalapeño enveloppés de bacon (friteuse à air)

Personne(s) : 10 **Préparation : 10 minutes** **Total : 30 min**

Ingrédients :

- 5 piments jalapeño, d'environ 3 à 4 pouces de long
- 4 onces de fromage à la crème (½ bloc), ramolli
- ¼ cuillère à café de sel
- ¼ cuillère à café de poudre d'ail
- ¼ cuillère à café de paprika
- ½ tasse de fromage cheddar ou de fromage Monterey Jack, râpé
- 1 cuillère à soupe d'oignons verts, finement hachés
- 10 tranches de bacon

Préparation :

1. Préparez les jalapeños en les coupant en deux dans le sens de la longueur et retirez toutes les graines et membranes. Je recommande de porter des gants pendant la préparation et de ne pas toucher vos yeux ou votre nez jusqu'à ce que vous ayez retiré les gants. Dans un petit bol à mélanger, mélanger le fromage à la crème, le sel, la poudre d'ail, le paprika, le fromage râpé et les oignons verts. Bien mélanger jusqu'à consistance lisse et réserver. Remplissez chaque jalapeño coupé en deux avec 2 cuillères à soupe du mélange de fromage. Enveloppez chacun d'une tranche de bacon.
2. Vous pouvez les faire cuire à la friteuse ou au four : Instructions pour la friteuse à air : Placez uniformément les poppers jalapeño enveloppés dans un panier de friteuse à air. Vous devrez peut-être le faire en 2 lots ou 2 couches, selon la taille de votre friteuse à air. Faites frire à l'air libre à 375 F pendant 12 à 14 minutes jusqu'à ce que le fromage devienne doré et que le bacon devienne croustillant. Instructions de cuisson au four : Placez les poppers jalapeño uniformément sur une grande demi-plaque de cuisson et faites cuire au four préchauffé à 400 F pendant 15 à 20 minutes jusqu'à ce qu'ils soient dorés. Vous pouvez éventuellement faire griller pendant 3 à 5 minutes supplémentaires pour rendre le bacon encore plus croustillant (mais surveillez de près les poppers pour vous assurer qu'ils ne brûlent pas). Laissez refroidir 5 minutes, puis servez.

Filets de poulet à la friteuse à air

Personne(s) : 3 **Préparation : 10 minutes** **Total : 35 min**

Ingrédients :

- Pour le poulet :
- 1 livre de filets ou de poitrines de poulet, coupés en lanières de 1 pouce d'épaisseur
- ¼ tasse de mayonnaise
- 1 cuillère à soupe de moutarde de Dijon
- ½ cuillère à soupe de sauce Worcestershire
- ½ cuillère à café de poudre d'ail
- ½ cuillère à café de paprika
- ¼ cuillère à café de poivre noir moulu
- Pour la panure :
- 1 tasse de chapelure Panko (ou chapelure à l'italienne)
- ¼ cuillère à café de sel
- Pulvérisation d'huile de cuisson

Préparation :

1. Dans un grand bol à mélanger, mélanger le poulet, la mayonnaise, la moutarde, la sauce Worcestershire, la poudre d'ail, le paprika et le poivre noir. Bien mélanger jusqu'à ce qu'il soit uniformément enrobé et laisser reposer au moins 15 minutes.
2. Mélanger uniformément la chapelure et le sel dans une grande assiette peu profonde. Prenez les filets de poulet, une lanière à la fois, et enrobez-les généreusement de chapelure. Vous pouvez presser doucement les miettes dans le poulet pour qu'elles adhèrent le plus possible.
3. Transférez les filets de poulet panés en une seule couche dans le panier de la friteuse à air et vaporisez d'un spray d'huile de cuisson.
4. Cuire à 350F pendant 15 minutes jusqu'à ce qu'il soit complètement cuit et que la panure devienne dorée. La température interne du poulet doit atteindre 165F, comme indiqué sur un thermomètre à viande.
5. Servir avec du ketchup ou votre trempette préférée, si vous le souhaitez. Essayez la sauce Buffalo, la sauce chili douce, la sauce aigre-douce ou la sauce tahini

Cuisses de poulet à la friteuse à air

Personne(s) : 4   **Préparation : 15 minutes**   **Total : 35 minutes**

Ingrédients :

- 2 livres. Cuisses de poulet, avec os et avec la peau
- 1 cuillère à soupe d'huile végétale
- ½ cuillère à soupe de sel
- ½ cuillère à café de poivre noir
- 1 cuillère à café de poudre d'ail
- 1 cuillère à café de paprika
- ½ c à c d'assaisonnement italien
- 1 c à c de sauce Worcestershire ou de sauce soja (facultatif)
- 1 c à c de vinaigre balsamique

Préparation :

1. Placer les cuisses de poulet dans un grand sac ziploc scellable. Ajouter l'huile et tout l'assaisonnement. Fermez le sac et secouez-le bien. Faites sortir l'air du sac et assurez-vous qu'il est bien fermé. Pressez l'assaisonnement autour du poulet pour l'enrober (vous pouvez également le faire mariner dans un bol recouvert d'une pellicule plastique). Placer au réfrigérateur et laisser mariner au moins 1 heure, voire toute la nuit.
2. Lorsque vous êtes prêt à cuisiner, préchauffez la friteuse à air à 375F, environ 5 minutes. Placez les cuisses (côté peau vers le haut) en une seule couche dans le panier de la friteuse à air et faites cuire pendant 25 à 28 minutes jusqu'à ce que la peau devienne croustillante et dorée au niveau de croustillant souhaité. La température interne du poulet doit atteindre 165F, comme indiqué sur un thermomètre à viande.
3. Servir immédiatement avec votre plat d'accompagnement préféré ou des légumes comme de la purée de pommes de terre, des haricots verts à l'ail et à l'ail Air Fryer ou du brocoli Air Fryer .

Falafel

Personne(s) : 20 boules **Préparation : 10 minutes** **Total : 45 min**

Ingrédients :

- 1 + ½ tasse de pois chiches séchés (crus), trempés toute la nuit (pas de pois chiches en conserve)
- 1 petit oignon, haché grossièrement
- 3 gousses d'ail
- ½ tasse de persil frais, haché
- ½ tasse de coriandre fraîche, hachée
- ½ tasse d'aneth frais, haché
- 2 cuillères à café de cumin
- 1 cuillère à café de cardamome (ou assaisonnement italien)
- 1 cuillère à café de sel
- ½ cuillère à café de poivre noir moulu
- 1 cuillère à soupe de farine tout usage (facultatif)
- 1 cuillère à café de bicarbonate de soude
- 3 à 4 tasses d'huile végétale (pour la friture)
- ½ tasse de sauce tahini (pour servir)
- Mode Cuisson Empêche votre écran de s'assombrir

Préparation :

1. Remplissez un grand bol à mélanger d'eau et ajoutez les pois chiches séchés. Faites-les tremper toute la nuit (8 à 10 heures ou plus). Assurez-vous que tous les pois chiches sont complètement immergés dans l'eau tout le temps.
2. Égouttez les pois chiches dans une passoire et transférez-les dans un robot culinaire.
3. Ajouter les oignons, l'ail, le persil, la coriandre, l'aneth, le cumin, la cardamome, le sel et le poivre. Pulser pendant environ 1 minute jusqu'à l'obtention d'une consistance fine.
4. Transférez le mélange de falafel dans un grand bol à mélanger et incorporez la farine (facultatif) et le bicarbonate de soude jusqu'à ce que le tout soit homogène. Si le mélange est trop humide, l'ajout de farine aidera à empêcher les falafels de se désagréger lors de la friture.
5. Couvrir le bol d'une pellicule plastique et réfrigérer au moins 30 minutes. Cela aide le mélange à s'imprégner de toute la saveur.
6. Appliquez un peu d'eau sur vos mains pour éviter de coller et utilisez vos mains pour façonner les falafels en boules de 1 pouce (comme des boulettes de viande). Alternativement, vous pouvez utiliser une cuillère à glace pour former des rondelles égales.
7. Ajouter l'huile dans une marmite d'au moins 2 pouces de profondeur. Chauffer à feu moyen-vif pendant 3-4 minutes jusqu'à ce que l'huile soit brûlante et scintillante.
8. Faites frire les falafels par lots (environ 4 à 5 morceaux à chaque fois) jusqu'à ce qu'ils soient dorés, environ 2 à 3 minutes. Retournez les falafels de temps en temps pour obtenir une croûte encore dorée sur toutes les tailles.
9. Transférer les falafels sur une assiette tapissée de papier absorbant pour égoutter l'excès d'huile et laisser refroidir 5 minutes avant de servir. Servir avec une sauce tahini et une pincée de persil haché.

Les meilleures ailes de poulet frites panées (air fryer)

Personne(s) : 4   **Préparation : 35 minutes**   **Total : 1 heure 35 minutes**

Ingrédients :

- 1 lb d'ailes de poulet (environ 10 morceaux)
- 1 cuillère à café d'huile d'olive
- 1 cuillère à café de sauce soja
- 1 cuillère à café de sucre cristallisé
- 1 cuillère à café de sel
- 1 cuillère à café de poivre noir
- 1 cuillère à café de poivre de Cayenne (facultatif)
- 1 tasse de farine tout usage (ou de chapelure panko)
- 2 œufs, battus
- Huile végétale
- Garniture à l'ail (facultatif)
- 1 cuillère à soupe d'huile d'olive
- ¼ tasse d'ail, haché
- ½ cuillère à soupe d'assaisonnement Italiano
- 1 cuillère à café de sel
- 2 petits piments rouges, tranchés (facultatif)

Préparation :

1. Placer les ailes de poulet dans un sac Ziploc scellable. Ajoutez l'huile d'olive, la sauce soja, le sucre, le sel et le poivre (et le poivre de Cayenne, le cas échéant) dans le sac. Bien agiter pour combiner, chasser l'air du sac et fermer hermétiquement. Pressez la marinade autour du poulet pour bien l'enrober. Placer au réfrigérateur et laisser mariner au moins 1 heure, voire toute la nuit.
2. Ajouter la farine dans un bol peu profond. Ajouter l'œuf battu dans un autre bol peu profond. Rouler les ailes de poulet dans la farine, puis les tremper dans les œufs pour bien les enrober, puis les remettre dans la farine.
3. Faites chauffer ⅛ de pouce d'huile dans une poêle à feu moyen pendant 3 minutes (j'en ai utilisé environ ¼ de tasse dans ma grande poêle). Placez les ailes de poulet enrobées dans la poêle et faites cuire 1 minute de chaque côté jusqu'à ce que la couche de farine devienne brun clair.
4. Retirer du feu et placer les ailes sur une assiette pendant 5 minutes pour qu'elles refroidissent, puis placer dans le panier de la friteuse à air. (Notez que 10 morceaux d'ailes s'intègrent parfaitement dans le panier de la friteuse à air).
5. Cuire à 350 F pendant 20 minutes. Ouvrez et secouez le panier à mi-cuisson pour être sûr qu'ils cuisent uniformément.
6. Préparez la garniture à l'ail (facultatif) : Faites chauffer l'huile d'olive dans une petite poêle à feu moyen. Ajouter l'ail, l'assaisonnement Italiano, le sel et le piment, le cas échéant. Faire sauter pendant 1 à 2 minutes jusqu'à ce que l'ail devienne parfumé. Retirer de la poêle et arroser les ailes de poulet.7

Bouchées de poulet au chili doux

Personne(s) : 4   **Préparation : 25 minutes**   **Total : 55 minutes**

Ingrédients :

- 1 lb de poitrines de poulet, désossées et sans peau
- 1 cuillère à soupe de sel
- 1 cuillère à café de poivre
- 1 cuillère à café de paprika
- ¼ tasse de farine
- 2 œufs, battus
- 2 tasses de chapelure
- Pulvérisation d'huile de cuisson
- ½ tasse de sauce chili douce, maison ou du commerce
- 1 c à s d'oignons verts hachés (pour la garniture)
- 1 c à c de graines de sésame blanches (pour la garniture)
- Pour la sauce chili douce
- ¼ tasse de vinaigre de riz
- 1 c à s de sauce de poisson (ou sauce soja)
- 2 c à s de cassonade
- 2 c à s de sambal oelek (ou sauce chili à l'ail)
- 1 c à c de fécule de maïs (ou farine)
- 2 cuillères à soupe d'eau

Préparation :

1. Préchauffer le four à 375 F. Séchez complètement les poitrines de poulet avec une serviette en papier et coupez-les en cubes de 1 pouce. Placer dans un bol à mélanger moyen et assaisonner avec du sel, du poivre et du paprika. Laisser reposer au moins 5 min. Dans un grand sac ziploc, ajoutez la farine et les cubes de poulet. Fermez le sac et secouez-le bien pour bien l'enrober.
2. Préparez une assiette creuse avec les œufs battus et une autre avec la chapelure. Trempez le poulet, un à la fois, dans la dorure aux œufs et enduisez-le uniformément. Trempez-les ensuite dans la chapelure et enrobez-les entièrement. Vous pouvez presser doucement les miettes dans chaque morceau pour qu'elles adhèrent et qu'elles soient complètement enrobées. La farine collera au poulet, la dorure aux œufs collera à la farine et la chapelure collera à la dorure aux œufs. Disposez le poulet pané sur une grande demi-plaque de cuisson recouverte de papier sulfurisé ou d'un tapis en silicone. Vaporiser le poulet d'un spray d'huile de cuisson. Cela permet de créer une croûte croustillante à l'extérieur pendant la cuisson. Cuire le poulet pendant 25 à 30 minutes jusqu'à ce qu'il soit complètement cuit. La température interne du poulet doit être de 165F.
3. Transférez le poulet cuit dans un grand bol à mélanger et ajoutez la sauce chili douce (ou si vous préparez une sauce chili douce maison, ajoutez le poulet dans la casserole une fois que la sauce a été cuite et épaissie). Mélanger doucement et bien pour enrober uniformément. Saupoudrer de graines de sésame et d'oignons verts.
4. Pour faire une sauce chili douce maison : Pour préparer une sauce chili douce maison (au lieu d'en utiliser du commerce), ajoutez le vinaigre, la sauce de poisson, la cassonade, le sambal oelek, la fécule de maïs et l'eau dans un bol à mélanger moyen. Bien mélanger jusqu'à ce que la fécule de maïs et le sucre se dissolvent.
5. Transférez la sauce dans une casserole peu profonde et faites chauffer à feu moyen pendant 3 à 4 minutes. Remuer jusqu'à épaississement jusqu'à la consistance désirée.

Poulet shawarma

Personne(s) : 6 **Préparation : 15 minutes** **Total 1h30**

Ingrédients :

- Pour le poulet :
- 1 + ½ lb de cuisses ou de poitrines de poulet, sans peau et désossées, tranchées en lanières de ½ pouce d'épaisseur
- 2 cuillères à soupe d'huile d'olive, divisées
- 2 cuillères à café de cumin moulu
- 1 cuillère à café de paprika
- 1 cuillère à café de poudre d'ail
- 1 cuillère à café de poivre de Cayenne (ou au goût)
- 1 cuillère à café de coriandre moulue
- 1 cuillère à café de sel
- ½ cuillère à café de poivre noir moulu

- Pour les wraps shawarma :
- 6 petits pains pita
- 2 tasses de laitue romaine, hachée
- 1 tomate moyenne, coupée en dés
- 2 concombres persans ou mini, coupés en dés
- ¼ de persil frais, finement haché
- Pour la sauce yaourt à l'ail :
- 1 tasse de yaourt grec nature
- 1 cuillère à soupe de jus de citron frais
- ½ cuillère à soupe de moutarde de Dijon (facultatif)
- ½ cuillère à café d'ail, émincé
- ¼ cuillère à café de sel
- ¼ cuillère à café de poivre noir moulu

Préparation :

1. Dans un grand sac Ziploc, mélanger les lanières de poulet avec 1 cuillère à soupe d'huile et tous les assaisonnements. Faites sortir l'air du sac et fermez-le hermétiquement. Presser l'assaisonnement autour des lanières de poulet pour bien les enrober. Laisser mariner 1 heure, voire toute une nuit au réfrigérateur. Vous pouvez également faire mariner le poulet dans un grand bol à mélanger et couvrir.
2. Préchauffer le four à 400 F. Ajouter et étaler le poulet uniformément sur une grande demi-plaque tapissée de papier sulfurisé en une seule couche. Cuire au four pendant 15 à 20 minutes jusqu'à ce qu'ils soient complètement cuits et croustillants. Sortez le moule du four et laissez refroidir 10 minutes.
3. Instructions pour la friteuse à air : Pour faire frire le poulet à l'air libre, étalez le poulet uniformément en une seule couche dans le panier de la friteuse à air et faites cuire à 375 F pendant 10 à 12 minutes jusqu'à ce qu'il soit doré et croustillant. Secouez le panier à mi-cuisson pour dorer uniformément.
4. Servir le poulet dans du pain pita avec de la laitue, des tomates, du concombre et du persil.
5. Dans un bol à mélanger moyen, mélanger tous les ingrédients de la sauce au yaourt à l'ail et remuer jusqu'à consistance lisse. Arrosez le shawarma de poulet et servez. Vous pouvez également ajouter de la sauce tzatziki à la place ou une tartinade d'houmous.

Poitrine de poulet mexicaine

Personne(s) : 4 **Préparation : 15 minutes** **Total 40 min**

Ingrédients :

- ✓ 4 poitrines de poulet, désossées et sans peau (environ 2 livres)
- ✓ 2 cuillères à soupe d'huile d'olive, divisées
- ✓ ½ cuillère à café d'ail, émincé
- ✓ ½ cuillère à café de poudre de chili
- ✓ ½ cuillère à café de cumin moulu
- ✓ ½ cuillère à café de paprika
- ✓ ½ cuillère à café d'origan séché
- ✓ ½ cuillère à café de sel
- ✓ ¼ cuillère à café de poivre noir moulu
- ✓ 1 cuillère à soupe de jus de citron vert fraîchement pressé

Préparation :

1. Dans un grand bol à mélanger, mélanger les poitrines de poulet avec 1 cuillère à soupe d'huile, l'ail et tous les assaisonnements, y compris la poudre de chili, le cumin, le paprika, l'origan, le sel, le poivre et le jus de citron vert. Bien mélanger pour enrober. Laissez mariner au moins 20 minutes ou toute la nuit au réfrigérateur. Vous pouvez également tout combiner dans un grand sac Ziploc et presser l'assaisonnement autour du poulet pour l'enrober. La poitrine de poulet mexicaine est juteuse, tendre et savoureuse. Il est facile de le préparer avec une marinade rapide avant de le cuire sur la cuisinière, à la friteuse ou au four. | avanceofthyme.com
2. Au moment de la cuisson, faites chauffer 1 cuillère à soupe d'huile restante dans une grande poêle à feu moyen-vif jusqu'à ce que l'huile chaude grésille, environ 1 minute. Ajouter les poitrines de poulet et cuire jusqu'à ce qu'elles soient dorées, environ 6 à 8 minutes de chaque côté. La température interne du poulet doit atteindre 165F, comme indiqué sur un thermomètre à viande. Éteignez le feu et couvrez le couvercle. Laissez le poulet reposer 2-3 minutes. La poitrine de poulet mexicaine est juteuse, tendre et savoureuse. Il est facile de le préparer avec une marinade rapide avant de le cuire sur la cuisinière, à la friteuse ou au four. | avanceofthyme.com
3. Instructions pour la friteuse à air : Vous pouvez également cuire les poitrines de poulet dans la friteuse à air à 350F pendant 30 minutes jusqu'à ce que la température interne atteigne 165F comme indiqué sur un thermomètre à viande.
4. Instructions pour le four : Vous pouvez cuire dans un four préchauffé à 375 F pendant 30 à 35 minutes jusqu'à ce que la température interne atteigne 165 F comme indiqué sur un thermomètre à viande.
5. Servir tel quel sur une assiette de riz. Vous pouvez également transférer les poitrines de poulet sur une planche à découper et les trancher ou les couper en petits morceaux pour les utiliser dans des tacos au poulet ou les servir sur une salade.

Galettes de poulet méditerranéennes

Personne(s) : 12 galettes **Préparation : 12 minutes** **Total : 1h**

Ingrédients :

- 3 cuillères à soupe d'huile d'olive, divisées
- 1 oignon moyen, coupé en dés
- 1 cuillère à soupe d'ail, émincé
- 1 tasse de bébés épinards, hachés
- 1 lb de poulet haché
- ½ tasse de chapelure
- ¼ tasse de yaourt grec
- 2 cuillères à soupe d'aneth frais, finement haché
- 1 cuillère à soupe de jus de citron frais (d'un demi-citron)
- 1 cuillère à café d'origan séché
- ½ cuillère à café de paprika
- ½ cuillère à café de cumin moulu
- ½ cuillère à café de sel
- ¼ cuillère à café de poivre noir moulu

Préparation :

1. Dans une grande poêle, faites chauffer 2 cuillères à soupe d'huile d'olive à feu moyen-vif pendant 2 minutes jusqu'à ce qu'elle soit très chaude. Faire revenir les oignons et l'ail jusqu'à ce qu'ils soient tendres et bien dorés, environ 2-3 minutes.
2. Ajouter les épinards et faire revenir pendant 1 minute jusqu'à ce qu'ils soient tendres. Réserver sur une assiette pour refroidir pendant 5 minutes.
3. Dans un grand bol à mélanger, ajouter le poulet haché, le mélange d'oignons et d'épinards sautés, la chapelure, le yaourt grec, l'aneth, le jus de citron, l'origan, le paprika, le cumin, le sel et le poivre. Remuez bien avec une spatule pour mélanger le tout (ou utilisez vos mains pour presser les ingrédients ensemble pour combiner uniformément).
4. Façonnez le mélange de poulet haché en une boule ferme. Cela aide le mélange à se lier pour donner des galettes fermes. Couvrir le bol d'une pellicule plastique et réfrigérer au moins 30 minutes ou toute la nuit.
5. Prenez ½ tasse du mélange de poulet à la fois et façonnez des galettes avec vos mains. Vous devriez obtenir environ 12 galettes.
6. Faites chauffer la cuillère à soupe d'huile d'olive restante dans une poêle en fonte à feu moyen-vif pendant 2 minutes jusqu'à ce qu'elle soit très chaude. Placer les galettes sur la poêle (environ 6 morceaux par lot) et cuire pendant 3 à 5 minutes jusqu'à ce qu'elles soient bien saisies et commencent à dorer les côtés. Retournez les galettes et laissez cuire encore 3 à 5 minutes, jusqu'à ce que la température interne des galettes atteigne 165 F, comme indiqué sur un thermomètre à viande.
7. Servir chaud accompagné de riz pilaf et de légumes sautés, ou servir dans des pains à hamburger.

Boulettes de viande de dinde au chili doux

Personne(s) : 18 **Préparation : 15 minutes** **Total 1h**

Ingrédients :

- **Pour les boulettes de viande :**
- 1 lb de dinde hachée
- ½ tasse d'oignons verts, coupés en dés
- 1 cuillère à café d'ail, émincé
- 1 cuillère à café de gingembre t râpé
- 1 cuillère à soupe de pâte de curry rouge
- 1 cuillère à soupe de sauce de poisson
- ½ tasse de chapelure
- 1 gros œuf battu _
- 1 cuillère à café de sel

- **Pour la sauce chili douce :**
- ¼ tasse de vinaigre blanc (ou vinaigre de riz)
- ¼ tasse d'eau
- 1 cuillère à soupe de sucre
- ½ cuillère à soupe d'ail, émincé
- ½ cuillère à soupe de pâte de piment à l'ail Sambal Oelek ou de poivron rouge broyé (ou au goût)
- ½ cuillère à soupe de fécule de maïs ou de farine tout usage

Préparation :

- **Faire les boulettes de viande**
1. Préchauffer le four à 400 F.
2. Dans un grand bol à mélanger, mélanger la dinde hachée avec les oignons verts, l'ail, le gingembre, la pâte de curry (le cas échéant), la sauce de poisson, la chapelure, l'œuf et le sel. Bien mélanger pour obtenir une consistance uniforme. Réserver au moins 20 minutes ou réfrigérer toute la nuit pour permettre à toutes les saveurs de mieux s'infuser.
3. Prendre 2 cuillères à soupe du mélange de dinde à la fois et rouler en boulettes de viande. Transférez les boulettes de viande sur une demi-plaque de cuisson tapissée de papier sulfurisé et enduisez-les légèrement d'un peu d'huile pour les empêcher de coller, si nécessaire.
4. Cuire au four pendant 18 à 20 minutes jusqu'à ce qu'ils soient complètement cuits et que la température interne atteigne 165F, comme indiqué sur un thermomètre à viande. Mettre de côté.

- **Préparez la sauce chili douce**
5. Dans une casserole peu profonde, fouetter ensemble le vinaigre, l'eau, le sucre, l'ail, la pâte de chili et la fécule de maïs jusqu'à ce que le sucre et la fécule de maïs soient complètement dissous.
6. Continuez à remuer et chauffez le mélange à feu moyen jusqu'à épaississement jusqu'à la consistance désirée, environ 4 à 5 minutes.
7. Ajouter les boulettes de viande cuites au four et bien mélanger pour bien les enrober. Servir immédiatement avec une sauce chili extra douce en accompagnement ou sur du riz cuit à la vapeur et des légumes.

Côtelettes d'agneau easy air fryer avec marinade à l'ail de dijon

Personne(s) : 2 **Préparation : 15 minutes** **Total 32**

Ingrédients :

- 2 cuillères à café de moutarde de Dijon
- 2 cuillères à café d'huile d'olive
- 1 cuillère à café de sauce soja
- 1 cuillère à café d'ail, émincé
- 1 cuillère à café de poudre de cumin
- 1 cuillère à café de poivre de Cayenne
- 1 cuillère à café de mélange d'épices Italiano (facultatif)
- ¼ cuillère à café de sel
- 8 morceaux de côtelettes d'agneau

Préparation :

1. Préparez la marinade en mélangeant la moutarde de Dijon, l'huile d'olive, la sauce soja, l'ail, la poudre de cumin, le poivre de Cayenne, le mélange d'épices Italiano (facultatif) et le sel dans un bol moyen et mélangez bien.
2. Placer les côtelettes d'agneau dans un sac Ziploc et verser la marinade. Chassez l'air du sac et fermez-le hermétiquement. Presser la marinade autour des côtelettes d'agneau pour bien les enrober. Placer au réfrigérateur et laisser mariner au moins 30 minutes, voire toute la nuit.
3. Placez 3 morceaux de côtelettes d'agneau marinées sur une grille au-dessus du panier de friture à air et espacez-les uniformément. Cuire à 350 F pendant 17 minutes, en retournant les côtelettes d'agneau une fois, à mi-cuisson, pour assurer une cuisson uniforme.
4. Une fois terminé, laissez les côtelettes d'agneau dans la friteuse à air chaud pendant encore 5 minutes. Cela garde les côtelettes d'agneau au chaud et garantit qu'elles sont bien cuites tout en restant tendres.
5. Assaisonner avec du sel et du cumin supplémentaires, au goût.

Boulettes de viande suédoises

Personne(s) : 15 boulettes   **Préparation : 10 minutes   Total 30 min**

Ingrédients :

- ❖ **Pour les boulettes de viande :**
  - ✓ 1 lb de bœuf haché
  - ✓ ½ tasse de chapelure
  - ✓ 1 oeuf
  - ✓ ¼ tasse de lait
  - ✓ ⅓ tasse d'oignon, finement haché
  - ✓ ¼ tasse de persil frais, finement haché
  - ✓ 1 cuillère à café de poudre d'ail
  - ✓ ¼ cuillère à café de poudre de quatre-épices moulue
  - ✓ 1 cuillère à café de sel
  - ✓ ½ cuillère à café de poivre noir moulu
- ❖ **Pour la Sauce Crème :**
  - ✓ ¼ tasse de beurre
  - ✓ 2 cuillères à soupe d'huile d'olive
  - ✓ 2 cuillères à soupe de farine tout usage
  - ✓ 2 tasses de bouillon de boeuf
  - ✓ 1 tasse de crème épaisse (ou de crème sure)
  - ✓ 1 cuillère à café de moutarde de Dijon
  - ✓ 1 cuillère à café de sauce Worcestershire
  - ✓ ½ cuillère à café de sel (ou au goût)
  - ✓ ¼ cuillère à café de poivre noir moulu (ou au goût)

Préparation :

1. Dans un grand bol à mélanger, bien mélanger pour combiner le bœuf haché avec la chapelure, l'œuf, le lait, l'oignon, le persil, la poudre d'ail, les épices, le sel et le poivre. Bien mélanger pour obtenir une consistance uniforme.
2. Prendre 2 cuillerées du mélange de bœuf à la fois et rouler en boulettes de viande. Réserver et enduire légèrement d'huile pour les empêcher de coller, si nécessaire.
3. Dans une grande poêle, chauffer le beurre à feu moyen-vif pendant 2 minutes jusqu'à ce que le beurre fondu grésille. Ajouter les boulettes de viande et cuire jusqu'à ce qu'elles soient dorées de tous les côtés, environ 7 à 8 minutes. Assurez-vous de remuer doucement pour éviter que les boulettes de viande ne se désintègrent. Réserver dans une assiette.
4. Dans la même poêle, ajouter l'huile d'olive et faire chauffer à feu moyen-vif pendant une minute. Incorporez la farine, elle devrait commencer à bouillonner et à épaissir. Incorporer le bouillon de bœuf et la crème épaisse. Continuez à remuer pour combiner jusqu'à ce que le mélange soit uniforme et épaissi, environ 1 minute. Incorporer la moutarde de Dijon et la sauce Worcestershire et assaisonner de sel et de poivre.
5. Ajouter les boulettes de viande dans la poêle et bien mélanger pour enrober. Couvrir le couvercle et cuire à feu moyen jusqu'à ce que les boulettes de viande soient bien cuites, environ 5 minutes de plus. Continuez ensuite à remuer la sauce à la crème jusqu'à ce qu'elle épaississe jusqu'à obtenir la consistance désirée, environ 2 minutes.
6. Garnir de persil et servir immédiatement sur un bol de purée de pommes de terre , de pâtes cuites ou de riz .

Tater tots faits maison avec du bacon

Personne(s) : 20 tater tots   Préparation : 10 min   Total 40 min

Ingrédients :

- 2 grosses pommes de terre rousses (1 lb), pelées et coupées en deux
- 4 tranches de bacon, tranchées
- 1 cuillère à soupe de farine tout usage
- ¼ tasse de fromage mozzarella, râpé
- 1 cuillère à café de poudre d'ail
- 1 cuillère à café d'assaisonnement italien
- 1 cuillère à café de sel
- ½ cuillère à café de poivre noir moulu
- 1 cuillère à café de persil frais finement haché (pour la garniture)

Préparation :

1. Préchauffer le four à 400 F (si cuisson).
2. Placer les pommes de terre dans une grande casserole d'eau froide et porter à ébullition à feu moyen-vif. Réduire le feu à doux et laisser mijoter pendant 5 à 6 minutes jusqu'à ce qu'il soit ramolli mais pas complètement cuit. Bien égoutter et laisser refroidir.
3. Pendant ce temps, faites revenir le bacon (pas besoin d'huile de cuisson) dans une grande casserole ou 4 pintes. Faitout à feu moyen-vif jusqu'à ce qu'il soit croustillant, environ 3-4 minutes. Conservez la graisse du bacon dans un bol et coupez-le en petits morceaux
4. Râpez les pommes de terre en fines lanières avec une râpe. Laver l'excédent de fécule de pomme de terre sous l'eau froide et bien égoutter. Essorez l'excès d'eau avec une étamine ou un torchon et placez les pommes de terre râpées dans un grand bol à mélanger.
5. Ajouter les morceaux de bacon, la farine, la mozzarella, la poudre d'ail, l'assaisonnement italien, le sel et le poivre. Mélanger jusqu'à ce que le tout soit bien mélangé. Façonnez le mélange en tâter tots de 1,5 pouce et placez-le sur une grande demi-plaque de cuisson recouverte de papier parchemin.
6. Cuire les tater tots :
7. Cuire au four : Vaporisez un peu d'huile de cuisson sur les tater tots et faites cuire au four préchauffé à 400F pendant 25 minutes jusqu'à ce qu'ils soient dorés, en retournant les tater tots à mi-cuisson. Allumez le gril à puissance élevée pendant 4 à 5 minutes supplémentaires pour obtenir des tater tots dorés très croustillants, si vous le souhaitez. Gardez un œil attentif sur le gril car les choses peuvent brûler rapidement.
8. Frire : Remplissez d'huile d'environ 1 pouce de hauteur dans une casserole peu profonde ou une marmite. Chauffer à feu moyen jusqu'à ce qu'il soit très chaud, environ 3-4 minutes. Ajouter les tater tots et cuire jusqu'à ce qu'ils soient dorés et croustillants de tous les côtés, environ 3-4 minutes.
9. Friture à l'air : Ajoutez les tout-petits en une seule couche dans le panier de la friteuse à air (vous devrez peut-être cuisiner en plusieurs lots). Cuire à 400F pendant 12-15 minutes jusqu'à ce qu'ils soient dorés et croustillants.
10. Servir immédiatement avec du ketchup ou votre trempette préférée.

Côtes levées à la friteuse à air

Personne(s) : 2   **Préparation : 10 minutes**   **Total 35 min**

Ingrédients :

- 1 livre de côtes levées (porc ou bœuf), morceaux de 1,5 pouce
- 1 c à s d'huile végétale
- 1 cuillère à soupe de sauce soja (ou sauce d'huître)
- 1 c à s de vin de Shaoxing
- ½ cuillère à café de sel
- ½ cuillère à café de poivre noir
- ½ c à c de poudre d'ail
- ½ cuillère à café de paprika
- ¼ cuillère à café de poudre de cumin moulu
- ¼ cuillère à café de poivron rouge broyé (facultatif)
- 1 cuillère à café de fécule de maïs

Préparation :

1. Dans un grand bol à mélanger ou un sac Ziploc, mélanger les côtes levées avec tous les ingrédients et bien mélanger pour bien les enrober. Si vous utilisez le sac Ziploc, appuyez sur l'assaisonnement pour bien l'enrober. Laissez les côtes marinées reposer pendant au moins 15 minutes pour qu'elles s'imprègnent de toute leur saveur.
2. Placez les côtes marinées en une seule couche dans le panier de la friteuse à air. Cuire à 350F pendant 13-15 minutes jusqu'à ce qu'ils soient dorés et croustillants. Secouez le panier à mi-cuisson pour cuire les côtes uniformément. (Voir les conseils de recettes pour les instructions de cuisson au four et de friture).
3. Servir immédiatement avec votre trempette préférée, comme de la mayonnaise épicée, de la sauce chili douce, du ketchup ou du ranch.

Choux de bruxelles enrobés de bacon

Personne(s) : 18   **Préparation :10 minutes**   **Total 35 min**

Ingrédients :

- 1 paquet (9 tranches) de tranches de bacon
- 18 choux de Bruxelles
- 2 cuillères à soupe de sirop d'érable
- ½ cuillère à café de poivre noir moulu (ou au goût)

Préparation :

1. Préchauffer le four à 375F.
2. Coupez chaque tranche de bacon en deux sur la largeur (environ 5 pouces de long). Enroulez chaque bande autour de chaque chou de Bruxelles. Fixez chaque chou de Bruxelles enveloppé avec un cure-dent et placez-le sur un quart de plaque à pâtisserie tapissée de papier sulfurisé.
3. Badigeonner les choux de Bruxelles enveloppés de sirop d'érable et saupoudrer de poivre noir au goût. Cuire au four jusqu'à ce qu'il soit croustillant au niveau de croustillant souhaité, environ 25 à 30 minutes. Sers immédiatement.

Bol de riz au steak de bœuf coréen

Personne(s) : 2 grands bols   Préparation : 10 minutes   Total 58 min

Ingrédients :

- ❖ **Steak de Bœuf Mariné :**
- ✓ 1 livre de surlonge de bœuf (ou bifteck de flanc), coupé en lanières de 2 pouces
- ✓ 2 cuillères à soupe de sauce soja
- ✓ 2 cuillères à soupe de cassonade
- ✓ 2 cuillères à café d'huile végétale
- ✓ 1 cuillère à café d'huile de sésame
- ✓ 1 cuillère à café de poivre noir moulu
- ✓ 1 cuillère à café de gingembre moulu
- ✓ 1 cuillère à café d'ail, émincé
- ✓ 1 cuillère à café de fécule de maïs
- ❖ **Accompagnements de légumes :**
- ✓ ½ tasse de fleurons de brocoli
- ✓ ⅓ tasse de carottes, râpées
- ✓ ¼ tasse de ciboulette, hachée
- ✓ ⅓ tasse de germes de soja
- ✓ 1 cuillère à soupe de sauce soja
- ✓ 1 cuillère à soupe de vinaigre de riz (ou vinaigre noir)
- ✓ 1 cuillère à soupe d'eau
- ✓ 1 cuillère à soupe de sucre
- ✓ 1 cuillère à café d'huile de sésame
- ✓ Bol de riz :
- ✓ 1 pomme de terre moyenne, pelée et coupée en cubes de 1 pouce
- ✓ 2 tasses de riz cuit à la vapeur
- ✓ ⅓ tasse de kimchi
- ✓ 1 cuillère à soupe d'oignons verts frais, finement hachés
- ✓ ¼ tasse de concombre, tranché
- ✓ 1 cuillère à café de graines de sésame

Préparation :

1. Faire mariner le bœuf
2. Placez les tranches de bœuf dans un sac zip-loc. Ajouter la sauce soja, l'huile végétale, l'huile de sésame, la cassonade, le gingembre, l'ail, le poivre noir et la fécule de maïs. (La fécule de maïs rend le bœuf plus tendre). Chassez l'air du sac et fermez-le hermétiquement. Presser la marinade autour du bœuf pour l'enrober.
3. Placer au réfrigérateur pour mariner au moins 30 minutes ou toute la nuit.
4. Préparer des plats d'accompagnement de légumes (plats d'accompagnement Banchan à la coréenne)
5. Portez à ébullition une casserole d'eau chaude. Éteignez le feu et ajoutez le brocoli, les carottes, la ciboulette et les germes de soja. Blanchir et cuire une minute. Égouttez les légumes dans une passoire et passez-les sous l'eau froide pour les refroidir. Égoutter l'excès d'eau des légumes et réserver.
6. Dans un bol moyen, mélanger la sauce soja, le vinaigre, le sucre et l'huile de sésame. Remuer pour dissoudre le sucre. Ajoutez les légumes dans le bol et laissez-les reposer pendant 10 à 15 minutes pour absorber la sauce.
7. Préparez les pommes de terre
8. Préparez les pommes de terre uniquement si vous faites sauter le bœuf.
9. Porter une grande casserole d'eau à ébullition à feu moyen-vif. Ajouter les pommes de terre en cubes et cuire 6 à 7 minutes. Ne faites pas trop cuire les pommes de terre car vous ne voulez pas qu'elles soient écrasées ou trop molles car elles seront ajoutées au sauté avec les lanières de steak de bœuf. Égoutter dans une passoire et réserver pour le sauté.
10. Cuire le bœuf et les pommes de terre
11. Vous pouvez soit faire sauter le bœuf et les pommes de terre ensemble, soit les faire cuire dans la friteuse.

12. Pour faire sauter : Ajouter le bœuf mariné et les pommes de terre précuites dans une grande poêle et cuire à feu moyen-vif jusqu'à ce que le bœuf brunisse, environ 7 minutes. Bien mélanger pour cuire uniformément. Ensuite, baissez le feu, couvrez et laissez mijoter pendant 1 minute pour permettre aux saveurs de s'infuser dans les pommes de terre.
13. Pour frire à l'air : Cuire le bœuf et les pommes de terre crues ensemble dans la friteuse à air à 350 F pendant 13 minutes. Secouez le panier de la friteuse à air à mi-cuisson.
14. Transférer le bœuf et les pommes de terre dans une assiette.
15. Assemblez les bols de riz
16. Dans chaque bol, ajoutez une tasse de riz cuit à la vapeur. Garnir le riz de ½ tasse du mélange de bœuf sauté et de pommes de terre, des accompagnements de légumes préparés et du kimchi. Garnir d'oignons verts et de graines de sésame blanches.

Boulettes de viande à la grecque

Personne(s) : 20-25 boulettes   Préparation : 5 min   Total 30 min

Ingrédients :

- 1 livre de bœuf haché maigre
- ¼ tasse de chapelure
- ¼ tasse d'aneth frais, finement haché
- 1 cuillère à soupe d'ail, finement haché
- 1 cuillère à soupe de zeste de citron
- 2 cuillères à soupe de jus de citron fraîchement pressé
- 1 cuillère à café de cumin moulu
- 1 cuillère à café d'origan séché
- ½ cuillère à café de poivre noir moulu (ou au goût)
- ¼ tasse de fromage feta, émietté
- 1 oeuf
- Sauce tzatziki (pour servir)

Préparation :

1. Préchauffer le four à 400 F.
2. Dans un grand bol à mélanger, mélanger le bœuf avec la chapelure, l'aneth, l'ail, le zeste de citron, le jus de citron, le cumin, l'origan, le poivre, le fromage feta et l'œuf. Bien mélanger pour obtenir une consistance uniforme. Réserver 15 minutes ou réfrigérer toute la nuit.
3. Prendre 2 cuillerées du mélange de bœuf à la fois et rouler en boulettes de viande. Transférez les boulettes de viande sur une demi-plaque de cuisson tapissée de papier sulfurisé et enduisez-les légèrement d'un peu d'huile de cuisson pour les empêcher de coller, si nécessaire.
4. Cuire au four pendant 15 minutes jusqu'à cuisson complète. La température interne devrait atteindre 160F, comme indiqué sur un thermomètre à viande.
5. Servir avec un filet de sauce tzitaziki , de l'aneth supplémentaire saupoudré sur le dessus et un côté de pain pita .

Porc aigre-doux

Personne(s) : 4 **Préparation : 10 min** **Total 30 min**

Ingrédients :

- Pour le porc :
- 1 livre de côtelettes de longe de porc ou d'épaule de porc (fesses), coupées en cubes de 1 pouce
- ½ cuillère à café de sel
- 1 cuillère à soupe de vin de Shaoxing (facultatif)
- 1 cuillère à soupe de sauce soja (ou sauce d'huître)
- 1 oeuf, battu
- ¼ tasse de fécule de maïs (ou farine tout usage)
- Pour le sauté :
- 1 cuillère à soupe d'huile végétale
- 1 poivron rouge moyen, coupé en morceaux de 1 pouce
- 1 poivron vert moyen, coupé en morceaux de 1 pouce
- 1 petit oignon, coupé en morceaux de 1 pouce
- 1 tasse d'ananas, frais ou en conserve et coupé en morceaux de 1 pouce
- 1 cuillère à soupe d'oignons verts, finement hachés
- 1 cuillère à café de graines de sésame blanches (pour la garniture)
- Pour la sauce aigre-douce :
- ¼ tasse de ketchup
- 1 cuillère à soupe de sauce soja (ou sauce d'huître)
- ¼ tasse de bouillon de poulet (ou d'eau)
- 1 cuillère à soupe de sucre ou de miel
- 2 cuillères à soupe de vinaigre blanc ou de vinaigre de cidre de pomme
- ½ cuillère à soupe de fécule de maïs
- ¼ cuillère à café de sel

Préparation :

1. Faire mariner le porc. Dans un grand bol à mélanger, ajoutez les cubes de porc, le sel, le vin de Shaoxing (le cas échéant), la sauce soja et l'œuf. Bien mélanger et presser la marinade pour bien l'enrober. Laissez reposer le porc mariné 5 minutes pour qu'il s'imprègne de toute sa saveur.
2. Draguez le porc. Préparez un bol peu profond avec de la fécule de maïs (ou de la farine) et trempez le porc mariné pour l'enrober uniformément de tous les côtés. Réserver dans une assiette.
3. Faites cuire le porc. Vous pouvez faire frire, frire à l'air libre ou cuire le porc.
4. Pour faire frire : Préchauffer l'huile (au moins 2 pouces de profondeur) dans une marmite moyenne à feu moyen-vif pendant 3-4 minutes jusqu'à ce que l'huile scintille. Faites frire le porc pané par lots (2 lots) jusqu'à ce qu'il soit doré, environ 5 à 7 minutes. Retournez le porc de temps en temps pour obtenir une croûte encore dorée de tous les côtés. Transférer le porc sur une assiette tapissée de papier absorbant pour égoutter l'excès d'huile.
5. Pour frire à l'air libre : placez le porc pané en une seule couche dans le panier de la friteuse à air et vaporisez légèrement d'huile en aérosol de cuisson pour l'enrober uniformément. Cuire le porc (en 2 lots) à 350F pendant 10 à 12 minutes jusqu'à ce qu'il soit doré et bien cuit. Secouez le panier à mi-cuisson pour cuire le porc uniformément. Réserver dans une assiette.
6. Pour cuire au four : Placer le porc pané en une seule couche sur une plaque à pâtisserie tapissée de papier sulfurisé et vaporiser légèrement d'huile pour cuisson. Cuire au four

préchauffé à 400F pendant 15 minutes jusqu'à ce qu'ils soient dorés. Réserver sur une assiette après cuisson.

7. Préparez la sauce. Dans un petit bol à mélanger, fouetter ensemble tous les ingrédients de la sauce, y compris le ketchup, la sauce soja (ou la sauce aux huîtres), l'eau (ou le bouillon de poulet), le sucre, le vinaigre, la fécule de maïs et le sel jusqu'à consistance lisse. Mettez de côté.
8. Sauté. Chauffer l'huile dans une grande poêle à feu moyen-vif jusqu'à ce que l'huile chaude grésille, environ 1 minute. Ajouter les poivrons, l'oignon et l'ananas et faire sauter pendant 1 minute.
9. Ajouter la sauce. Incorporer le mélange de sauce et laisser mijoter à feu moyen pendant 3-4 minutes jusqu'à épaississement jusqu'à la consistance désirée, en remuant constamment.
10. Ajouter le porc. Ajouter le porc cuit et bien mélanger pour enrober, environ 1 minute.
11. Servir. Garnir de graines de sésame et d'oignons verts et servir chaud avec un bol de riz cuit à la vapeur ou de riz frit.

Crevettes géantes à la friteuse à air

Personne(s) : 15 **Préparation : 10 min** **Total : 20 min**

Ingrédients :

- 15 grosses crevettes géantes, déveinées, rincées et essorées
- 1 cuillère à soupe d'huile d'olive
- 1 + ½ cuillères à soupe de sauce soja
- 1 cuillère à soupe d'ail, émincé
- ½ cuillère à soupe de sucre
- 1 c à c d'assaisonnement italien
- 1 cuillère à café de poivre noir moulu
- 1 cuillère à café de graines de sésame blanches, pour la garniture
- 2 cuillères à soupe de coriandre, pour la garniture
- ❖ Sauce Mayo Épicée :
- ¼ tasse de mayonnaise
- 1 cuillère à soupe de Sriracha
- 1 cuillère à soupe de jus de citron vert

Préparation :

1. Coupez la carapace de crevette le long du dos avec des ciseaux. Retirez les veines, rincez et séchez avec une serviette en papier. Ajoutez les crevettes dans un grand sac Ziploc (ou un bol à mélanger). Ajouter tous les assaisonnements (huile d'olive, sauce soja, ail, sucre, assaisonnement italien et poivre noir). Fermez le sac et pressez doucement la marinade autour des crevettes pour les enrober. Laisser reposer 20 minutes.
2. Transférez les crevettes marinées dans le panier de la friteuse à air. Ne surchargez pas le panier. Un lot de 10 à 15 crevettes est idéal. Faites frire les crevettes à l'air libre à 350 F pendant 10 minutes, jusqu'à ce que les coquilles soient croustillantes et orange. Secouez le panier à mi-cuisson. Transférer les crevettes dans une assiette, saupoudrer de graines de sésame blanc et de coriandre et servir avec une sauce mayonnaise épicée. Pour préparer la sauce mayonnaise épicée, mélanger la mayonnaise, la sriracha et le jus de citron vert dans un petit bol et bien mélanger avec une cuillère.

Tacos coréens au steak de bœuf

Personne(s) : 2 **Préparation : 5 min** **Total 23 min**

Ingrédients :

- ❖ Steaks de bœuf coréens :
- ✓ 1 livre de surlonge de bœuf (ou bifteck de flanc), coupé en lanières de 2 pouces
- ✓ 2 cuillères à soupe de sauce soja
- ✓ 2 cuillères à café d'huile végétale
- ✓ 1 cuillère à café d'huile de sésame
- ✓ 2 cuillères à soupe de cassonade
- ✓ 1 cuillère à café de gingembre moulu
- ✓ 1 cuillère à café d'ail, émincé
- ✓ 1 cuillère à café de poivre noir moulu
- ✓ 1 cuillère à café de fécule de maïs
- ❖ Sauce Mayo Épicée :
- ✓ ¼ tasse de mayonnaise
- ✓ 1 cuillère à soupe de sauce piquante Sriracha
- ✓ 1 cuillère à café de jus de citron vert fraîchement pressé
- ✓ 2 cuillères à café d'eau
- ❖ Tacos :
- ✓ ¼ tasse d'ananas, haché
- ✓ 6 tortillas tacos moelleuses (6 pouces)
- ✓ ⅓ tasse de chou violet, tranché
- ✓ ⅓ tasse de kimchi, finement haché
- ✓ 1 cuillère à soupe de coriandre fraîche, finement hachée
- ✓ 1 cuillère à café de graines de sésame

Préparation :

1. Faire mariner le bœuf : placer les tranches de bœuf dans un sac zip-loc. Ajouter la sauce soja, l'huile végétale, l'huile de sésame, la cassonade, le gingembre, l'ail, le poivre noir et la fécule de maïs. (La fécule de maïs rend le bœuf plus tendre). Chassez l'air du sac et fermez-le hermétiquement. Presser la marinade autour du bœuf pour l'enrober. Placer au réfrigérateur pour mariner au moins 30 minutes ou toute la nuit.
2. Préparez la sauce mayonnaise épicée : Dans un petit bol, fouettez ensemble la mayonnaise, la Sriracha, le jus de citron vert et l'eau. Bien mélanger pour obtenir une texture onctueuse et réserver.
3. Cuire le bœuf à l'ananas : Vous pouvez soit faire sauter le bœuf et l'ananas ensemble, soit les cuire à la friteuse à air.
4. Pour faire sauter : Ajouter le bœuf mariné et l'ananas dans une grande poêle et cuire à feu moyen-vif jusqu'à ce que le bœuf brunisse, environ 7 minutes. Bien mélanger pour cuire uniformément. Ensuite, baissez le feu, couvrez et laissez mijoter pendant 1 minute pour permettre au jus d'ananas de s'infiltrer dans le bœuf, le rendant encore plus tendre.
5. Pour frire à l'air : Cuire le bœuf et l'ananas ensemble dans la friteuse à air à 350 F pendant 13 minutes. Secouez le panier de la friteuse à air à mi-cuisson. Transférer le bœuf et l'ananas dans une assiette.
6. Chauffer les tortilla moelleuses : Chauffer les tortillas moelleuses selon les instructions sur l'emballage, ou chauffer dans une poêle non graissée à feu moyen pendant 30 secondes de chaque côté. Vous pouvez également le chauffer directement sur un brûleur à gaz pendant quelques secondes pour obtenir des traces de charbon sur les bords.
7. Assembler les tacos : Ajouter ¼ tasse du mélange de bœuf sauté et d'ananas sur chaque tortilla. Garnir de 1 cuillère à soupe de chou violet tranché et de kimchi haché au goût. Saupoudrer de coriandre hachée et de graines de sésame et arroser de sauce mayonnaise épicée au goût.

Boulettes de viande chinoises à tête de lion

Personne(s) : 5 grosses boulettes **Préparation : 10 min** **Total 30 min**

Ingrédients :

- ❖ Pour les boulettes de viande :
- ✓ 1 lb de porc haché
- ✓ ½ tasse de chapelure
- ✓ 2 gros œufs
- ✓ 2 cuillères à soupe de vin de cuisine Shaoxing (ou mirin)
- ✓ ¼ tasse d'oignons verts, finement hachés
- ✓ 2 cuillères à soupe de sauce soja
- ✓ 1 cuillère à café d'huile de sésame
- ✓ ½ cuillère à soupe de cassonade
- ✓ 1 cuillère à café de gingembre frais, râpé
- ✓ 1 cuillère à café d'ail, émincé
- ✓ 1 cuillère à café de sel
- ✓ ½ cuillère à café de poivre noir moulu (ou poivre blanc)
- ❖ Pour la sauce soja sucrée :
- ✓ ¼ tasse de sauce soja
- ✓ ¼ tasse de bouillon de poulet
- ✓ 2 cuillères à soupe de cassonade
- ✓ 1 cuillère à café d'huile de sésame
- ✓ ½ cuillère à soupe de farine (ou de fécule de maïs)

Préparation :

- ❖ **Préparez les boulettes de viande :**

1. Dans un grand bol, mélanger le porc avec la chapelure, les œufs, le vin de cuisine de Shaoxing, les oignons verts, la sauce soja, l'huile de sésame, la cassonade, le gingembre, l'ail, le sel et le poivre. Bien mélanger jusqu'à obtenir une consistance uniforme.
2. Divisez le mélange de porc en 5 morceaux égaux et roulez-les en boulettes de viande avec vos mains. Portez des gants jetables lorsque vous manipulez de la viande pour éviter toute contamination. Faites cuire les boulettes de viande à la friteuse ou au four.
3. Dans la friteuse à air : Placer les boulettes de viande en une seule couche dans la friteuse à air et cuire à 375F pendant 20 minutes, jusqu'à ce que la température interne atteigne 160F lorsqu'elle est mesurée sur un thermomètre à viande. Mettre de côté. Au four : Placer les boulettes de viande dans un quart de plaque à pâtisserie tapissée de papier sulfurisé et cuire dans un four préchauffé à 375 °C pendant 40 minutes, jusqu'à ce que la température interne atteigne 160 F lorsqu'elle est mesurée sur un thermomètre à viande. Mettre de côté.

- ❖ **Préparez la sauce soja sucrée :**

4. Dans un petit bol à mélanger, ajouter la sauce soja, le bouillon de poulet, la cassonade, l'huile de sésame et la farine. Bien mélanger jusqu'à ce que la farine et le sucre se dissolvent.
5. Transférer la sauce dans une casserole peu profonde et chauffer à feu moyen pendant 3 à 4 minutes. Remuer continuellement jusqu'à ce que la consistance désirée soit atteinte.
6. Ajouter les boulettes de viande dans la casserole et bien mélanger pour bien les enrober. Garnir d'oignons verts et servir chaud avec un bol de riz cuit à la vapeur et arroser du reste de sauce de la poêle.

Char siu (porc barbecue chinois)

Personne(s) : 6 **Préparation : 30 minutes** **Total 3 heures 55 minutes**

Ingrédients :

- 1 (3 livres) poitrine de porc ou épaule de porc, désossée
- ⅓ tasse de sauce hoisin
- 2 c à s de miel (ou sucre
- 1 c à s de sauce soja noire
- 1 cuillère à soupe de vin de riz Shaoxing (ou mirin)
- 1 c à s de tofu rouge fermenté
- 1 c à c d'huile de sésame
- 1 c à s d'ail, émincé
- 1 c à c de poudre de 5 épices
- ¼ c à c de poivre blanc ou noir

Préparation :

1. Utilisez une serviette en papier pour sécher complètement la poitrine de porc avant d'ajouter l'assaisonnement. Dans un sac Ziploc, mélanger le porc avec tous les ingrédients (sauce hoisin, miel, sauce soja, vin de Shaoxing, tofu rouge, huile de sésame, ail, poudre de cinq épices et poivre). Chassez l'air du sac et fermez-le hermétiquement. Presser la marinade autour du porc pour l'enrober et placer au réfrigérateur pour mariner pendant au moins 3 heures ou toute la nuit. Plus vous laissez mariner le porc longtemps, meilleure sera sa saveur. Préchauffer le four à 400 F. Disposez le porc mariné sur la grille d'une rôtissoire (ou placez une grille allant au four sur une grande demi-plaque allant au four). Réservez la marinade. Transférer la marinade réservée dans une marmite moyenne ou une casserole peu profonde. Portez-le à feu doux jusqu'à ce qu'il soit réduit de moitié (la consistance doit être similaire à celle du sirop d'érable). Retirer du feu et mettre de côté. Faites cuire le porc pendant 20 minutes puis retournez-le. Remettez la rôtissoire au four et faites cuire encore 20 minutes, jusqu'à ce que les bords commencent à carboniser.
2. Sortez le porc du four et badigeonnez-le uniformément de marinade cuite. Rôtir encore 5 minutes. La marinade supplémentaire ajoute un magnifique glaçage caramélisant sur la viande dû au brunissement du sucre pendant la cuisson. Arrosez avec le reste de la marinade et faites rôtir encore 5 à 7 minutes jusqu'à ce que les bords soient bien carbonisés. Si vous préférez une peau plus croustillante, allumez le gril à puissance élevée et faites griller pendant 2 à 3 minutes supplémentaires.
3. Servir chaud avec un bol de riz vapeur ou de riz frit.

Morue noire à la friteuse avec sauce aux haricots noirs

Personne(s) : 2 steaks **Préparation : 5minutes** **Total 3 heures 32 minutes**

Ingrédients :

- **Morue noire :**
- 1 lb (400 g) de morceau de morue noire, coupé en 2 steaks (½ pouce d'épaisseur)
- 1 cuillère à soupe d'ail émincé (environ 4 gousses d'ail)
- 1 cuillère à café de sauce soja
- 1 cuillère à café de sucre cristallisé
- 1 cuillère à café de sel
- 1 cuillère à café de poivre noir moulu
- Coriandre hachée, pour la garniture
- Tranches de jalapeño, pour garnir (facultatif)
- **Sauce aux Haricots Noirs :**
- ½ cuillère à soupe de haricots noirs fermentés
- 1 cuillère à soupe d'eau
- 1 cuillère à café de sauce maggi (sauce soja aromatisée)
- ½ cuillère à café d'huile de sésame

Préparation :

1. Dans un grand sac ziploc, ajoutez l'ail, la sauce soja, le sucre, le sel et le poivre. Bien agiter pour combiner. Ajoutez les steaks de morue dans le sac ziploc, faites sortir l'air du sac et fermez hermétiquement. Pressez la marinade autour de la morue pour l'enrober. Placer le sac au réfrigérateur et laisser mariner au moins 30 minutes, voire toute la nuit.
2. Retirez la morue marinée du sac et placez-la sur le panier de friture à air, en les espacant uniformément. Cuire à 350 F pendant 17 minutes.
3. Pendant ce temps, préparez la sauce aux haricots noirs. Dans un petit bol, ajoutez les haricots noirs fermentés, l'eau, la sauce maggi et l'huile de sésame. Remuer pour mélanger uniformément
4. Retirez la morue de la friteuse et placez-la dans un plat. Garnir de coriandre et de jalapeños (facultatif). Versez la sauce aux haricots noirs sur le poisson et servez.

Saumon glacé au miel et à l'ail

Personne(s) : 2 steaks **Préparation :6 minutes** **Total 3 heures 32 minutes**

Ingrédients :

- 1 ½ lb de filets de saumon avec la peau, d'environ 1,5 pouce d'épaisseur
- ½ c à c de sel (ou au goût)
- ½ c à c de poivre noir (ou au goût)
- 2 c à s d'huile d'olive
- 2 c à s de sauce soja
- 2 c à s de miel
- ¼ tasse d'eau
- 1 c à c de fécule de maïs
- 1 c à c de jus de citron pressé
- 1 c à s d'ail, finement haché
- 1 c à s d'oignons verts, hachés

Préparation :

1. Assécher les filets de saumon et assaisonner de sel et de poivre. Réserver à température ambiante pendant 10 à 15 minutes. Dans une grande poêle, chauffer l'huile pendant 2 minutes à feu moyen-vif jusqu'à ce que l'huile chaude grésille. Saisir les filets de saumon pendant 5 à 6 minutes de chaque côté (côté peau vers le haut en premier), jusqu'à ce qu'ils soient dorés et complètement cuits. Lorsque le saumon est cuit, la chair deviendra opaque et s'écaillera facilement lorsqu'on y passera la fourchette. Transférer le saumon cuit dans une assiette.
2. Dans un petit bol, fouetter ensemble la sauce soja, le miel, l'eau, la fécule de maïs et le jus de citron. Bien fouetter pour combiner jusqu'à ce que la fécule de maïs se dissolve. Mettre de côté. Dans la même poêle, ajouter l'ail et faire revenir jusqu'à ce qu'il soit parfumé à feu moyen, environ 1 minute. Incorporer le mélange de sauce et cuire 3 à 4 minutes. Continuez à remuer jusqu'à épaississement jusqu'à obtenir la consistance désirée. Remettez le saumon cuit dans la poêle et mélangez bien pour qu'il soit uniformément enrobé. Garnir d'oignons verts et servir chaud avec un bol de riz cuit à la vapeur.

Saumon à l'érable au four

Personne(s) : 4 filets   **Préparation :10 min**   **Total 55 min**

Ingrédients :

- 2 lb de filets de saumon (environ 4 morceaux), coupés en lanières de 3 pouces
- ¼ tasse de sirop d'érable
- 2 c à s de sauce soja
- 1 cuillère à soupe d'huile d'olive
- 2 cuillères à café d'ail, émincé
- 1 cuillère à soupe d'assaisonnement italien
- ½ cuillère à café de poivre noir
- Graines de sésame (, pour servir)

Préparation :

1. Dans un petit bol, fouetter ensemble le sirop d'érable, la sauce soja, l'huile d'olive, l'ail, l'assaisonnement italien et le poivre noir. Placer les filets de saumon dans un récipient moyen et verser le mélange de sirop d'érable dessus pour bien les enrober.
2. Couvrir et placer au réfrigérateur et laisser mariner au moins 30 minutes ou toute la nuit. (Vous pouvez également faire mariner le saumon dans un grand dos ziploc. Ajoutez tous les ingrédients, puis faites sortir l'air du sac et fermez hermétiquement. Appuyez sur la marinade autour du saumon pour l'enrober. Pendant ce temps, préchauffez le four à 400 F. Ensuite, retirez les filets de saumon marinés du récipient et placez-les côté peau vers le bas sur une plaque à pâtisserie tapissée de papier sulfurisé. Gardez la sauce marinade pour badigeonner plus tard. Cuire au four pendant 20 minutes, jusqu'à ce qu'il soit bien cuit et feuilleté. Badigeonnez le saumon de la marinade réservée à mi-cuisson pour plus de saveur. Transférez les filets de saumon dans une assiette et laissez reposer 5 min.
3. Saupoudrez quelques graines de sésame (facultatif) et servez chaud sur du riz cuit à la vapeur ou une purée de pommes de terre crémeuse.

Saumon miso

Personne(s) : 4 **Préparation : 15 minutes** **Total 50 minutes**

Ingrédients :

- 3 cuillères à soupe de pâte miso
- 1 cuillère à soupe de miel
- 1 cuillère à café de sauce soja
- 2 cuillères à café d'huile d'olive
- ½ cuillère à café de poivre noir moulu (ou au goût)
- 4 à 6 filets de saumon (environ 1 lb), coupés en filets de 2 pouces de large

❖ **Pour le glaçage :**
- 1 cuillère à soupe de sauce soja
- 1 cuillère à café de miel
- 1 cuillère à café d'huile de sésame

❖ **Pour servir :**
- Riz à la vapeur
- 1 cuillère à café de graines de sésame (pour la garniture)
- 1 cuillère à café d'oignons verts hachés (pour la garniture)

Préparation :

1. Dans un petit bol à mélanger, mélanger la pâte miso, le miel, la sauce soja, l'huile d'olive et le poivre et bien mélanger avec une cuillère jusqu'à consistance lisse.
2. Dans un grand sac ziploc, ajoutez le saumon et le mélange miso. Chassez l'air du sac et fermez-le hermétiquement. Pressez doucement la marinade autour des filets de saumon pour les enrober. Placer le sac au réfrigérateur et laisser mariner pendant au moins 30 minutes, voire toute la nuit.
3. Préchauffer le four à 375 F.
4. Retirez les filets de saumon marinés du sac et placez-les uniformément espacés sur un quart de plaque à pâtisserie tapissée de papier sulfurisé.
5. Cuire au four pendant 13 à 15 minutes, puis retirer du four et laisser reposer le saumon sur la plaque à pâtisserie à température ambiante pendant 5 minutes. Une fois le saumon cuit, la chair deviendra opaque et s'écaillera facilement lorsqu'on enfoncera une fourchette.
6. Dans un petit bol, mélanger la sauce soja, le miel et l'huile de sésame et badigeonner le saumon du glaçage.
7. Servir avec du riz cuit à la vapeur et garnir de graines de sésame et d'oignons verts.

Châtaignes rôties (trois façons)

Personne(s) : 4   **Préparation :15 min**   **Total 1 heures**

Ingrédients :

- ✓ 1 livre de châtaignes
- ✓ Eau

Préparation :

1. Disposez les châtaignes sur une planche à découper. Utilisez un couteau bien aiguisé ou des ciseaux de cuisine pour faire une fente en forme de X ou en forme de croix sur le côté rond supérieur de chaque châtaigne.
2. Faire tremper les châtaignes dans un bol d'eau pendant au moins 20 minutes ou plus. Cela permet à l'intérieur de la noix de cuire à la vapeur pendant le processus de cuisson (pour éviter qu'elle ne brûle) et de détacher la peau entre la noix et la coque, ce qui rend les coquilles plus faciles à retirer lors de la consommation.
3. Transférez les châtaignes dans une grande casserole d'eau bouillante et faites bouillir pendant 5 minutes.
4. Bien égoutter les châtaignes. Faites-les cuire en les rôtissant au four, en les cuisant sur la cuisinière ou dans la friteuse à air.
5. Pour rôtir au four : Préchauffer le four à 400F. Disposez les châtaignes égouttées en une seule couche sur un quart de plaque allant au four. Cuire au four pendant 25 à 30 minutes jusqu'à ce que les coquilles se fissurent largement au niveau de la marque « X » marquée. Les châtaignes sont cuites lorsqu'elles sentent la noisette.
6. Pour cuire sur la cuisinière : Placez les châtaignes égouttées en une seule couche sur une casserole peu profonde à fond épais ou une marmite moyenne. Fermez le couvercle et faites cuire les châtaignes à feu moyen pendant 10 minutes jusqu'à ce que les coquilles commencent à s'ouvrir. L'eau absorbée par les châtaignes lors du trempage aide à cuire les châtaignes à la vapeur, ce qui permet aux noix de se dilater et d'ouvrir les coquilles. Une fois toutes les coquilles ouvertes, retirez le couvercle. Baissez le feu et poursuivez la cuisson pendant encore 10 à 15 minutes (en remuant constamment pour aider à cuire uniformément) et jusqu'à ce que les châtaignes sentent la noisette.
7. Pour cuire dans la friteuse à air : Ajoutez les châtaignes égouttées dans le panier de la friteuse à air et faites cuire à 375F pendant 25-30 minutes jusqu'à ce qu'elles soient tendres et que les coquilles s'ouvrent. Secouez le panier à mi-cuisson pour les cuire uniformément.
8. Enveloppez les châtaignes cuites dans un torchon et laissez-les reposer 10 minutes. Épluchez-les tièdes à la main.

Rouleaux de printemps végétariens

Personne(s) : 25 **Préparation : 15 min** **Total 55 min**

Ingrédients :

- 2 c à s d'huile végétale
- 1 c à c de gingembre râpé
- 1 c à c d'ail, émincé
- 1 tasse de champignons shiitake (frais ou séchés*), finement hachés
- 3 tasses de chou, râpé
- ½ tasse de carottes, râpées
- 1 c à s d'oignons verts, finement hachés
- 2 c à s de sauce soja
- 1 c à s d'huile de sésame
- ½ c à s de bouillon de légumes en poudre (facultatif)
- ½ c à s de poivre blanc
- 1 c à c de sucre
- 2 c à s de fécule de maïs
- 1 paquet de rouleaux de printemps, frais ou décongelés
- 2 tasses d'huile de cuisson (pour la friture)
- **Sauce :**
  - 2 c à s de vinaigre noir
  - 1 c à c de Sriracha (facultatif)
  - 1 c à c d'oignons verts, tranchés

Préparation :

- Préparez la garniture aux légumes : Faites chauffer l'huile dans une grande poêle à feu moyen-vif pendant 2 minutes. Ajouter le gingembre, l'ail et les champignons. Bien mélanger pendant environ 1 minute jusqu'à ce que ce soit parfumé. Ajouter le chou, les carottes et les oignons verts. Augmentez le feu à vif et faites sauter pendant environ 2 minutes. Ajouter la sauce soja, l'huile de sésame, le bouillon en poudre (facultatif), le poivre blanc et le sucre. Bien mélanger, couvrir et cuire 1 minute. (Notez que le chou contient beaucoup d'eau et que le mélange de légumes commencera à devenir un peu velouté).
1. Retirez le couvercle et baissez le feu à moyen. Ajouter la fécule de maïs et bien mélanger. La fécule de maïs aide à épaissir le mélange. Ajoutez-en un peu plus si nécessaire.
2. Laissez la garniture refroidir complètement avant d'emballer les rouleaux de printemps, environ 10 à 15 minutes.
- **Enveloppez les rouleaux de printemps :**
3. Placez une feuille de rouleau de printemps en diagonale (en forme de losange) sur une surface plane, sèche et propre. Conservez le reste des emballages à l'intérieur de l'emballage pour éviter qu'ils ne se dessèchent. Placez jusqu'à 1 cuillère à soupe et demi de garniture aux légumes sur une ligne horizontale de ½ pouce d'épaisseur, placée à environ ¼ de la hauteur à partir du bas. Laissant environ 2 pouces découverts sur les coins latéraux. Repliez le fond pour qu'il recouvre la garniture. Le coin inférieur doit toucher approximativement le centre de l'emballage. Pliez les deux coins latéraux vers le centre, en repliant le dessus.
4. Roulez fermement l'emballage avec vos doigts jusqu'à ce qu'il reste 1 à 2 pouces sur le dessus. Badigeonnez légèrement le coin restant avec de l'eau (ou plongez votre doigt dans un bol d'eau et appliquez-le sur le coin supérieur). Rouler fermement pour sceller comme un burrito. Assurez-vous que tous les coins sont bien scellés. Placez le bord supérieur vers le bas et couvrez d'un torchon pour éviter qu'ils ne se dessèchent. Répétez les étapes avec les rouleaux de printemps restants. Faire frire les rouleaux de printemps : Ajoutez l'huile de cuisson dans une casserole de taille moyenne et faites chauffer à feu vif pendant 3 minutes

ou jusqu'à ce que l'huile commence à scintiller et à grésiller. L'huile doit avoir une profondeur d'environ ½ pouce pour submerger les rouleaux de printemps. Ajoutez un lot de 4 rouleaux de printemps et laissez cuire 2-3 minutes. Retournez-les plusieurs fois pour que les deux faces soient dorées et cuisent uniformément. Assurez-vous que les rouleaux de printemps sont frits avec un certain espace entre eux. Transférez les rouleaux de printemps sur une grille avec une passoire et laissez-les refroidir au moins 5 minutes avant de servir.
5. Répétez les étapes avec les rouleaux de printemps restants.
    - ✓ **Préparez la trempette au vinaigre :**
6. Dans un petit bol, mélanger le vinaigre noir, la sriracha (le cas échéant) et les oignons verts. Remuer avec une cuillère. Servir avec les rouleaux de printemps, en trempette.

Pop-Tarts à la friteuse à air

Personne(s) : 2   **Préparation : 10 minutes**   **Total : 19min**

Ingrédients :

- ✓ Pâte à tarte préfabriquée
- ✓ Gelée de raisin
- ✓ Glaçage à la vanille
- ✓ Paillettes
- ✓ 1 œuf

Préparation :

5. Étalez la croûte à tarte et découpez des rectangles de 3 pouces. Déposez une cuillère à café de gelée de raisin au centre de la moitié des rectangles. Placez un rectangle sur les rectangles de gelée et pressez les bords avec une fourchette.
6. Lavez chaque rectangle à l'œuf. Placer dans la friteuse à air pendant 5 à 8 minutes à 375. Ceux-ci frient très rapidement alors gardez un œil sur eux ! Retirer de la friteuse à air et couvrir de glaçage. Saupoudrez ! Servez et dégustez !

Chips de pommes

Personne(s) : 4   **Préparation : minutes**   **Total 2 heures 35 minutes**

Ingrédients :

- ✓ 3 pommes de gala

Préparation :

1. Préchauffer le four à 200 F. Tapisser une grande plaque à pâtisserie d'un demi-plateau d'un tapis slipat ou de papier parchemin. À partir du bas des pommes, coupez-les en tranches très fines, d'environ ⅛ d'épaisseur. Utilisez une mandoline ou un couteau pour trancher. Placez-les en une seule couche uniforme sur le plat allant au four tapissé. Vous n'avez pas besoin de laisser d'espace entre eux car ils rétréciront. Pour plus de saveur, vous pouvez saupoudrer un peu de cannelle dessus. Cuire au four 1 heure, puis retourner les tranches de pomme et cuire encore 1h30. Si les pommes ne sont pas assez croustillantes, poursuivez la cuisson en les vérifiant toutes les 10 à 15 minutes.

Boulettes de purée de pommes de terre

Personne(s) : 20 boulettes   Préparation : 15 minutes   Total 40 min

Ingrédients :

- 3 tasses de restes de purée de pommes de terre
- ½ tasse de fromage cheddar, râpé
- ¼ tasse d'oignons verts, finement hachés
- 1 cuillère à café de poudre d'ail
- ½ cuillère à café de paprika
- ½ cuillère à café de sel (ou au goût)
- ¼ cuillère à café de poivre noir moulu (ou au goût)
- 2 tasses de chapelure panko
- Huile végétale (pour la friture)

Préparation :

1. Dans un grand bol à mélanger, ajouter la purée de pommes de terre, le fromage, les oignons verts, la poudre d'ail, le paprika, le sel et le poivre. Bien mélanger jusqu'à consistance lisse.
2. Prenez 2 cuillères à soupe du mélange de pommes de terre à la fois et façonnez des boules à la main, comme pour façonner des boulettes de viande. Alternativement, vous pouvez utiliser une cuillère à biscuits pour façonner des morceaux égaux.
3. Ajouter la chapelure dans un grand bol. Trempez les boulettes de purée de pommes de terre dans la chapelure et pressez doucement la chapelure autour de chaque boule pour bien les enrober.
4. Disposez uniformément les boulettes de purée de pommes de terre enrobées sur une demi-plaque de cuisson tapissée de papier sulfurisé et transférez-les au congélateur. Congeler pendant 15 à 20 minutes pour raffermir. Cela aide les bouchées de purée de pommes de terre à conserver leur forme lors de la friture.
5. Ajoutez 2 pouces d'huile dans une marmite et faites chauffer à feu moyen-vif jusqu'à ce qu'elle soit chaude, environ 3-4 minutes. Ajoutez les boulettes de pommes de terre par lots (environ 4 à 5 morceaux à chaque fois) jusqu'à ce qu'elles soient croustillantes et dorées, environ 1 à 2 minutes. Retournez les boules de temps en temps pour obtenir une croûte bien dorée sur toutes les faces.
6. Transférez les boulettes de pommes de terre dans une assiette recouverte de papier absorbant pour égoutter l'excès d'huile et laissez-les refroidir pendant 5 minutes avant de servir.

CHAPITRE 4 Recettes de brunch

CHAPITRE 4

Recettes de brunch

Petits pains à la cannelle à la friteuse à air

Personne(s) : 12 **Préparation : 25 min** **Total 52 min**

Ingrédients :

- 1 3/4 tasses eau chaude
- 1 1/2 tasses sucre découpé
- 1/4 tasse huile
- 2 cuillères à soupe levure, environ 3 sachets
- 1/2 cuillère à soupe sel
- 2 œufs
- 5 tasses farine
- 1/2 tasse beurre ramolli
- 1 cuillère à soupe cannelle
- Pour le glaçage
- 1/2 tasse beurre ramolli
- 2 cuillères à café vanille
- 4 tasses sucre en poudre
- Lait pour la consistance désirée

Préparation :

1. Mélangez l'eau, 1/2 tasse de sucre, l'huile et la levure dans le bol d'un batteur sur socle et laissez reposer 15 minutes pour que la levure fleurisse.
2. Ajouter le sel, les œufs et la farine. Mélangez 10 minutes à l'aide du crochet pétrisseur. La pâte sera encore un peu humide. Reposez-vous 10 minutes.
3. Démoulez la pâte sur un plan de travail fariné. Abaisser la pâte en un rectangle d'environ 1/4" d'épaisseur. Étaler le beurre ramolli sur les bords de la pâte.
4. Mélangez la tasse de sucre restante et la cannelle dans un bol. Saupoudrez-le uniformément sur le dessus de la pâte.
5. Rouler dans le sens de la longueur en tube et couper en 12 morceaux.
6. Pour faire le glaçage, mélangez le beurre ramolli, la vanille et le sucre glace dans un bol jusqu'à consistance lisse.
7. Pour la cuisson à la friteuse à air
8. Coupez des carrés de papier sulfurisé pour les adapter à l'intérieur de votre friteuse à air. Placer 3-4 brioches à la cannelle sur chaque carré et laisser lever.
9. Cuire un lot à la fois. Placez le papier sulfurisé au fond de la friteuse avec les brioches à la cannelle dessus. Cuire à 350 degrés F pendant 6 minutes. Retournez les rouleaux. Retirez le papier sulfurisé et laissez cuire encore 6 minutes.
10. Pour la cuisson au four
11. Placer les brioches à la cannelle en 4 rangées de 3 dans un plat allant au four de 9"x13". Cuire à 350 degrés F pendant 20 à 25 minutes, jusqu'à ce que le dessus soit doré.
12. Laisser les brioches à la cannelle refroidir sur une grille pendant la cuisson du prochain lot. Garnir de glaçage et déguster.

Pommes de terre rissolées à la friteuse à air (congelées ou à partir de zéro)

Personne(s) : 4   **Préparation : 5 minutes**   **Total 15 min**

Ingredients:

- Pour les pommes de terre rissolées surgelées :
- 4 pommes de terre rissolées surgelées
- Pour les pommes de terre rissolées maison :
- 4 pommes de terre moyennes lavées et râpées
- 1 cuillère à soupe (15 ml) d'huile d'olive
- 1/2 cuillère à café (3 g) de sel
- 1/4 cuillère à café (0,5 g) de poivre noir moulu

Préparation :

1. **Pour les pommes de terre rissolées surgelées :**
2. Placez les pommes de terre rissolées surgelées dans la friteuse à air. Il n'est pas nécessaire de les asperger d'huile. Cuire à 400°F pendant 10 minutes en retournant à mi-cuisson.
3. Pour les pommes de terre rissolées maison : Râpez les pommes de terre avec une râpe ou au robot culinaire. Mettez-les dans une passoire et faites couler de l'eau froide dessus pendant 1 minute. Laissez la passoire s'égoutter pendant quelques minutes. Transférez les pommes de terre râpées sur un torchon propre ou une serviette en papier et essorez-les pour les sécher.
4. Ils doivent être aussi secs que possible pour obtenir des pommes de terre rissolées les plus croustillantes. Ajoutez les pommes de terre râpées dans un bol à mélanger. Ajoutez l'huile, le sel et le poivre. Bien mélanger. 8. Vaporisez le panier de la friteuse à air avec de l'huile et placez les pommes de terre dans le panier, en les pressant pour obtenir une couche plate et uniforme. Faites cuire à 380°F pendant 15 minutes, puis retournez-les du mieux que vous pouvez et tapotez-les. Cuire encore 5 à 10 minutes, jusqu'à ce que le niveau de croustillant souhaité soit atteint.

Frites cottage à la friteuse à air

Personne(s) : 2   **Préparation : 5 minutes**   **Total 17 min**

Ingrédients :

- 3 moyennes pommes de terre rousses tranchées
- 1 cuillère à café huile d'olive
- Sel et poivre au goût

Préparation :

1. Préchauffez la friteuse à air à 400 degrés F (200 degrés C) pendant 5 minutes.
2. Nettoyez et séchez les pommes de terre. Tranchez-les sur environ 1/4" d'épaisseur. Mettez les tranches dans l'eau froide pendant environ 3 minutes pour éliminer l'amidon.
3. Égouttez l'eau et séchez les pommes de terre. Mélangez-les avec l'huile d'olive et le sel.
4. Ajoutez les pommes de terre en une seule couche dans la friteuse à air. Cuire 12 minutes en secouant le panier à mi-cuisson.

Oeufs « durs » à la friteuse à air

Personne(s) : 12   **Préparation : 5 minutes**   **Total 18 min**

Ingrédients :

- 1 douzaine œufs
- Eau froide

Préparation :

1. Placez les œufs dans le panier. Cuire à 250° F (120C) pendant 18 minutes.
2. Transférer les œufs dans un bain d'eau froide jusqu'à refroidissement.

Œuf de friteuse à air dans un trou

Personne(s) : 1   **Préparation : 5 minutes**   **Total 13 min**

Ingrédients :

- 1 c à s beurre ramolli
- 2 œufs
- 2 tranches de pain
- Sel et poivre au goût

Préparation :

1. Préchauffer la friteuse à air à 325° F pendant 3 minutes*. Placez un rond de papier sulfurisé dans le panier de la friteuse à air**. Beurrer les deux côtés du pain. Utilisez un verre à large ouverture ou un emporte-pièce pour percer un trou au centre du pain.
2. Cassez l'œuf au milieu du pain. Cuire à 325° F pendant 6 minutes. Utilisez une spatule pour retourner délicatement le pain et cuire encore 2 minutes ou plus, selon le degré de cuisson souhaité pour le jaune d'œuf. Retirez délicatement le pain de la friteuse à air. Assaisonnez avec du sel et du poivre puis servez.

Pommes au four à la friteuse à air

Personne(s) : 4   **Préparation : 10 min**   **Total 25 min**

Ingrédients :

- 2 pommes coupées en deux et évidées
- 2 cuillères à soupe (28 g) de beurre fondu
- 1/2 tasse (41 g) de flocons d'avoine
- 3 cuillères à café (15 ml) de miel
- 1/2 cuillère à café (1 g) de cannelle moulue

Préparation :

1. Badigeonnez de beurre le dessus des moitiés de pomme. Mélangez le reste du beurre avec les flocons d'avoine, le miel et la cannelle dans un bol. Versez le mélange uniformément sur le dessus des pommes.
2. Cuire au four à 375 °F (180 °C) pendant 13 à 15 minutes. Garnir de sucre à la cannelle supplémentaire, de crème fouettée ou de crème glacée, au choix.

Œufs écossais parfaits à la friteuse à air (durs ou mous)

Personne(s) : 6   Préparation : 28 min   Total 40 min

Ingrédients :

- Coutume américaine - Métrique
- 6 gros œufs
- 1 livre de saucisses de porc régulières Jimmy Dean
- Un aérosol de cuisson antiadhésif ou un brumisateur d'huile d'olive
- Farine assaisonnée (Bol 1)
- ¼ tasse de Wonderra
- ½ cuillère à café de poudre d'ail
- Oeuf battu (Bol 2)
- 1 gros oeuf battu
- Mélange à panure (Bol 3)
- 1 tasse de chapelure Panko
- 1 cuillère à soupe de cassonade
- ½ cuillère à café de poudre de chili

Préparation :

- **Faire bouillir un œuf à la coque parfait**
1. Remplissez une casserole moyenne à moitié d'eau et portez à ébullition à feu moyen-vif.
2. Retirez les œufs froids du réfrigérateur et utilisez une écumoire pour les placer soigneusement dans l'eau bouillante. Ne mettez pas les œufs dans la poêle.
3. Réduire le feu et couvrir la poêle.
4. Laisser mijoter EXACTEMENT 6 minutes. (Pour un œuf plus ferme, faites bouillir jusqu'à 9 minutes.)
5. Pendant que les œufs cuisent, préparez un bain de glace pour les œufs dans un grand bol.
6. Utilisez l'écumoire pour retirer les œufs de l'eau bouillante après le temps imparti.
7. Plongez immédiatement les œufs cuits dans le bain de glace préparé pendant 10 minutes.
8. Le but de cette étape est d'arrêter le processus de cuisson ; essentiel pour obtenir des centres d'œufs écossais crémeux et coulants.

- **Couvrir les œufs durs de saucisses**
9. Divisez la saucisse en 6 portions égales, chacune pesant 2⅓ onces (65 grammes). Utilisez une balance de cuisine pour cette étape si possible.
10. Roulez chaque portion en boule et placez-la au réfrigérateur.
11. Épluchez DOUCEMENT les œufs durs préparés.
12. Rincez chaque œuf, puis utilisez une serviette en papier pour le sécher soigneusement. Mettre de côté.
13. Commencez avec une boule de saucisse FROIDE, directement sortie du réfrigérateur.
14. Placer la boulette de viande au centre d'un carré de papier sulfurisé de 8 x 8.
15. Tapotez doucement la boulette de viande jusqu'à ce que vous obteniez un ovale d'environ ¼ de pouce d'épaisseur et environ 3 œufs de long et 2 œufs de large.
16. Placez le carré de parchemin dans votre paume.
17. Déposez délicatement un œuf à la coque froid et sec sur l'ovale de saucisse, avec les extrémités de l'œuf perpendiculaires aux côtés longs de l'ovale.
18. Retirez délicatement la saucisse du parchemin pendant que vous l'enroulez autour de l'œuf.
19. Continuez jusqu'à ce que la saucisse se détache complètement du parchemin et que l'œuf soit recouvert de saucisse.
20. Suppression des épaisses pointes de saucisses à chaque extrémité.

21. Vérifiez soigneusement l'œuf pour détecter les zones qui pourraient être trop fines ou trop épaisses, et utilisez l'excédent retiré des pointes pour sceller les bords et égaliser les taches fines.
22. Lorsque la saucisse semble être répartie uniformément autour de l'œuf, passez délicatement l'œuf d'une main à l'autre plusieurs fois, en laissant la chaleur de vos paumes lisser un peu la surface extérieure et la légère pression pour égaliser les bosses. Ou des aspérités sur la surface.
23. Si le saucisson est trop collant, mouillez-vous les mains avec de l'eau froide puis séchez-les délicatement. Vous ne voulez pas utiliser de mains « mouillées », mais des mains légèrement humides décourageront la saucisse d'y coller.
24. Répétez jusqu'à ce que tous les œufs soient recouverts de saucisses.

Coquetiers au prosciutto et aux épinards (entiers 30, faible teneur en glucides)

Personne(s) : 6   Préparation : 5 min   Total 2 H17 MIN

Ingrédients :

- 6 tranches de prosciutto
- 6 œufs
- 1/2 tasse de bébés épinards
- 1/4 cuillères à café de poivre, sel facultatif

Préparation :

1. Coquetiers pour friteuse à air
2. Préchauffez votre friteuse à air ou votre four à 375°F (190°C).
3. Vaporiser ou arroser le moule à muffins d'huile. Disposez un morceau de prosciutto à l'intérieur de chaque tasse, en appuyant pour tapisser le fond et les côtés de chaque tasse.
4. Pressez doucement environ 4 à 5 feuilles d'épinards au fond de chaque tasse.
5. Cassez un œuf dans chaque tasse. Saupoudrez d'un peu de poivre et ils sont prêts à passer au four ou à la friteuse.
6. Cuire au four dans la friteuse à air. Transférez délicatement votre moule à muffins ou vos moules à muffins dans la friteuse à air (laissez un peu d'espace entre eux) et fermez. Cuire 10 minutes.
7. Cuire au four : Si vous utilisez des moules à muffins en silicone, placez-les sur une plaque à pâtisserie. Placez le moule à muffins ou la plaque à pâtisserie sur la grille du milieu et faites cuire environ 15 minutes pour un œuf moyennement cuit.
8. Retirez le moule à muffins du four et laissez-le refroidir légèrement jusqu'à ce que vous puissiez le manipuler. Retirez délicatement chaque coquetier du moule à muffins.
9. Servir immédiatement ou laisser refroidir complètement, puis transférer dans un récipient hermétique et conserver au réfrigérateur 3 à 4 jours.

Biscuits à la saucisse à la friteuse à air

Personne(s) : 8   **Préparation : 5 minutes**   **Total 25 min**

Ingrédients :

- 1/2 livre de saucisses pour petit-déjeuner
- 1/2 cuillère à soupe de beurre
- 2 gros œufs
- 1/2 cuillère à café de sel casher
- 1/4 cuillère à café de poivre moulu
- 1/4 tasse de fromage râpé (j'ai utilisé du cheddar)
- 1 boîte de Grands Biscuits

Préparation :

1. Faire revenir les saucisses dans une poêle à feu moyen-vif, en les brisant en miettes pour dorer tous les côtés. Retirer sur une assiette tapissée de papier absorbant pour égoutter.
2. Fouetter les œufs avec le sel et le poivre, cuire dans le beurre à feu moyen jusqu'à ce qu'ils soient tendres. Les œufs continueront à cuire à l'intérieur des biscuits.
3. Préchauffer la friteuse à air à 350° pendant cinq minutes.
4. Retirez les biscuits de la boîte et coupez les couches en deux.
5. Garnir la moitié des biscuits de fromage râpé, d'œufs et de saucisses.
6. Ensuite, recouvrez du reste des biscuits et pincez les coutures pour sceller.
7. Placez les poches de biscuits dans la friteuse à air en espacant les deux.
8. Cuire par lots pendant 5 minutes à 350° ou jusqu'à ce qu'ils soient dorés.

Pain doré à la friteuse à air

Personne(s) : 5   **Préparation : 5 min**   **Total 2 H 17 MIN**

Ingrédients :

- 10 c à c (3 c à s + 1 c à c) Sucre divisé
- 3 1/4 c à c de cannelle divisée
- 3 tranches de pain grillé Texas
- 1 Oeufs
- 1 jaunes d'œufs
- 1/3 tasse de lait
- 1 c à c de sucre
- 1 c à c de cassonade
- 1 c à c de vanille
- 1/4 c à c de cannelle

Préparation :

1. Dans un bol peu profond, fouettez ensemble 3 cuillères à soupe de sucre et 3 cuillères à café de cannelle. Mettre de côté. Coupez chaque tranche de pain en trois.
2. Placer le pain dans la friteuse à air pendant 5 minutes à 350.
3. Placer les œufs, les jaunes d'œufs, le lait, la cassonade, le reste du sucre, la vanille et le reste de la cannelle dans un disque peu profond. Fouetter jusqu'à homogénéité.
4. Tremper le pain dans le mélange aux œufs et laisser tremper quelques secondes. Retourner et tremper l'autre côté. Tremper le pain dans le mélange sucre-cannelle et enrober les deux côtés.
5. Placer dans la friteuse à air et cuire à 350 °C pendant 8 à 10 minutes jusqu'à ce qu'il soit croustillant.

Beignets au chocolat à la friteuse à air

Personne(s) : 6   **Préparation : 15 min**   **Total 2 H 30 MIN**

Ingrédients :

- Beignets
- ½ tasse réchauffé à 100-110°F
- ½ tasse
- 2¼ cuillères à café 1 sachet
- 3 cuillères à soupe fondu
- 1 cuillère à café
- 1¾ tasse
- ¼ tasse
- Glaçage
- 1 tasse + 2 cuillères à soupe
- 2 cuillères à
- ¼ tasse
- Garniture facultative de pépites, de noix ou de miettes d'oreo

Préparation :

1. **Beignets**
2. Ajoutez le lait, 2 cuillères à soupe de sucre et la levure dans un grand bol. Laissez le mélange reposer pendant cinq minutes ou jusqu'à ce que la levure devienne mousseuse. S'il ne mousse pas et ne sent pas fortement la levure, je recommande de le jeter et de recommencer. Ajouter le reste du sucre, le beurre fondu, l'œuf et la vanille et mélanger jusqu'à homogénéité. Mon outil préféré pour faire des pâtes est un fouet à pâte danois, mais si vous n'en avez pas, un fouet ordinaire fonctionnerait également à ce stade.
3. Ajoutez ensuite la farine et le cacao en poudre (si vous utilisez un fouet, utilisez une spatule en caoutchouc ou une cuillère en bois). Mélanger jusqu'à ce que le tout soit combiné.
4. Transférez la pâte sur une surface farinée et pétrissez-la doucement pendant 2 à 3 minutes, ou jusqu'à ce qu'elle forme une pâte molle et légèrement collante. Transférez la pâte dans un bol légèrement huilé et placez-la dans un endroit chaud pour qu'elle lève jusqu'à ce qu'elle double presque de volume – environ 1 heure. Étalez la pâte sur une surface légèrement farinée jusqu'à ce qu'elle atteigne environ ¼-½" d'épaisseur, selon l'épaisseur que vous souhaitez pour vos beignets. Utilisez un emporte-pièce rond (assurez-vous de le fariner au préalable) pour découper les beignets dans la pâte. J'ai utilisé un emporte-pièce de 2,5 pouces et la grande ouverture d'une douille à douille pour découper mes beignets.
5. Placez les beignets sur une plaque à pâtisserie et placez-les dans un endroit chaud pour lever pendant une heure supplémentaire. Transférez délicatement 4 à 6 beignets (selon la taille de votre friteuse à air) dans le panier de la friteuse à air. NE PAS PRÉCHAUFFER NI GRAISSER LA FRITEUSE À AIR ! Cuire à 300°F pendant 7 à 8 minutes, ou jusqu'à ce que les beignets soient tendres à l'intérieur et légèrement croustillants à l'extérieur. Transférer les beignets sur une grille pour qu'ils refroidissent complètement avant de les glacer.
6. **Glaçage**
7. Mélangez le sucre en poudre et le cacao en poudre dans un petit bol. Ajoutez lentement la crème épaisse (1 cuillère à soupe à la fois) et fouettez jusqu'à obtenir la consistance désirée – j'aime un glaçage assez épais (environ la consistance d'un pudding). Trempez les beignets refroidis dans le glaçage et garnissez de pépites, de noix, d'oreos ou même de sel marin feuilleté. Sers immédiatement. Conservez les restes de beignets dans un contenant hermétique à température ambiante jusqu'à 2 jours.

Cuisson du bacon dans une friteuse à air + Trucs et astuces !

Personne(s) : 6   **Préparation : 5 minutes**   **Total 10 min**

Ingrédients :

- ½ à 1 lb de tranches de bacon

Préparation :

1. Préchauffer la friteuse à air à 400 F pendant 5 minutes.
2. Placez 5 morceaux de bacon dans une petite friteuse à air, ou autant de morceaux que VOTRE friteuse à air peut en contenir. Ce n'est pas grave s'ils se chevauchent légèrement, car ils rétréciront. Réglez le temps de cuisson du bacon de la friteuse à air sur 10 minutes. De nombreuses recettes de friteuse à air vous demandent de retourner les aliments à mi-cuisson pour assurer un brunissement uniforme. Nous avons remarqué que dans notre four à friteuse à air Instant Pot, nous n'avions PAS besoin de retourner le bacon, mais dans notre Farberware de style panier, nous devions le retourner.
3. Vérifiez les lardons après 5 minutes de cuisson et réajustez les morceaux si nécessaire. Vous pouvez retourner le bacon à ce stade si vous préférez, mais cela n'est peut-être pas nécessaire et peut dépendre de votre modèle de friteuse à air (ils sont tous un peu différents). La recette du bacon prend environ 10 minutes à cuire, si vous préférez du bacon vraiment croustillant, ajoutez 1 à 2 minutes supplémentaires au temps de cuisson. Du bacon plus épais pourrait prendre un peu plus de temps.

Frittata de petit-déjeuner

Personne(s) : 4   **Préparation : 10 min**   **Total 21 min**

Ingrédients :

- Frittata du petit-déjeuner :
- 4 œufs
- 3 c à s de crème épaisse double crème
- 4 c à s de fromage cheddar râpé
- 4 champignons tranchés
- 3 tomates raisins tomates cerises, coupées en deux
- 4 c à s d'épinards hachés
- 2 cuillères à soupe d'herbes hachées de votre choix
- 1 oignon vert tranché
- Sel au goût

Préparation :

1. Préchauffer la friteuse à air à 350 F / 180 C. Tapisser un moule profond de 7 pouces de papier parchemin, puis huiler le moule et le réserver. Dans un bol, fouettez ensemble les œufs et la crème. Ajoutez le reste des ingrédients dans le bol et mélangez. Versez le mélange de frittata du petit-déjeuner dans le plat allant au four et placez-le dans le panier de la friteuse à air. Cuire pendant 12 à 16 minutes ou jusqu'à ce que les œufs soient pris.
2. Pour vérifier, insérez un cure-dent au centre de la frittata de la friteuse à air. Les œufs sont cuits s'ils ressortent propres.

Pain aux bananes à la friteuse à air

Personne(s) : 8 Préparation : 10 min Total 1 H

Ingrédients :

- 3/4 tasse (96 g) de farine
- 1 cuillère à café de cannelle moulue
- 1/4 cuillère à café de muscade moulue
- 1/2 cuillère à café de sel
- 1/4 cuillère à café de bicarbonate de soude
- 2 bananes mûres de taille moyenne écrasées
- 2 gros œufs légèrement battus
- 1/2 tasse (100 g) de sucre cristallisé
- 2 cuillères à soupe de lait entier
- 1 cuillère à soupe de yaourt nature sans gras
- 2 cuillères à soupe d'huile végétale
- 1 cuillère à café de vanille
- 2 cuillères à soupe de noix hachées grossièrement

Préparation :

1. Tapisser et vaporiser ou huiler légèrement un moule à gâteau rond de 6 pouces.
2. Dans un grand bol, mélanger la farine, la cannelle, la muscade, le bicarbonate de soude et le sel.
3. Dans un autre bol, écrasez la banane (je le fais rapidement dans un mixeur) puis incorporez les œufs, le sucre, le lait, le yaourt, l'huile et l'extrait de vanille.
4. Ajouter les ingrédients humides aux ingrédients secs, en remuant jusqu'à ce qu'ils soient tous justes combinés.
5. Verser la pâte dans le moule préparé et saupoudrer de noix hachées.
6. Préchauffez la friteuse à air à 310F/150C, placez la poêle dans le panier de la friteuse à air et faites cuire au four pendant environ 35 minutes ou jusqu'à ce qu'une brochette insérée au milieu en ressorte propre.
7. Retirez le pain aux bananes de la friteuse et placez-le sur une grille (rillez dans la poêle) pour qu'il refroidisse pendant environ 20 minutes avant de le trancher et de le servir.
8. Instructions pour le four :
9. Préchauffer le four à chaleur tournante 140C / 160C / 320F / gaz 3 et préparer un moule à pain de 2 livres.
10. Ajouter tous les ingrédients dans un bol et mélanger jusqu'à ce que le tout soit bien mélangé.
11. Versez la pâte à pain aux bananes dans le moule et lissez le dessus.
12. Transférer au four préchauffé et cuire au four pendant 1 heure ou jusqu'à ce qu'un cure-dent inséré dans le pain aux bananes en ressorte propre.
13. Transférer sur une grille pour refroidir complètement avant de servir.

Chaussons aux cerises

Personne(s) : 8 **Préparation : 17 min** **Total 31 min**

Ingrédients :

- ✓ Un paquet de pâte feuilletée, 2 feuilles (décongelées)
- ✓ 1 livre de cerises surgelées, dénoyautées, environ 3 tasses (vous pouvez également utiliser des cerises fraîches ou en conserve dans l'eau)
- ✓ 1 cuillère à soupe d'édulcorant zéro calorie Purecane
- ✓ 1 cuillère à soupe de fécule de maïs
- ✓ Éclaboussure d'eau
- ✓ 1 oeuf
- ✓ 2 cuillères à soupe de crème fouettée épaisse
- ✓ ½ tasse de sucre en poudre
- ✓ ¼ cuillère à café d'extrait d'amande

Préparation :

1. Préchauffez votre four ou votre friteuse à air à 350 degrés F.
2. Dans une casserole à feu moyen, mélangez les cerises avec l'édulcorant purecane. Laisser mijoter 10 minutes jusqu'à ce que les cerises commencent à libérer leur jus. Nous avons utilisé des cerises surgelées. Si vous utilisez des cerises fraîches ou des cerises en conserve, cela prendra moins de temps.
3. Dans un petit bol, mélanger la fécule de maïs et l'eau.
4. Ajouter la bouillie de fécule de maïs à la garniture du chausson aux cerises.
5. Laisser mijoter 2 minutes jusqu'à ce que la sauce commence à épaissir. Retirez ensuite du feu pour laisser refroidir.
6. Étalez votre pâte feuilletée et coupez-la en quartiers.
7. À l'aide d'une cuillère, remplissez le centre du carré de pâte feuilletée de garniture. Environ 1 à 2 cuillères à soupe.
8. Repliez la pâte feuilletée en diagonale et scellez les bords avec une fourchette.
9. Brouillez un œuf et badigeonnez le dessus des chaussons avec votre dorure.
10. Vaporisez le fond de votre friteuse à air avec de l'huile et faites cuire les chaussons dans la friteuse à air pendant 12 minutes (ou 25 minutes au four). Une fois qu'ils sont dorés, sortez-les du four pour qu'ils refroidissent.
11. Mélangez la crème épaisse, l'extrait d'amande et le sucre en poudre pour créer un glaçage et versez-en un filet sur vos chaussons aux cerises refroidis.

Burritos de petit-déjeuner croustillants à la friteuse à air

Personne(s) : 8 **Préparation : 40 min** **Total 50 min**

Ingrédients :

- ❖ **Pour les pommes de terre :**
- ✓ 1 livre de pommes de terre Russet ou Yukon Gold , coupées encubes de 1/2 pouce (2 grosses, 3 à 4 petites pommes de terre)
- ✓ 2 cuillères à soupe d'huile d'avocat
- ✓ 1 cuillère à soupe de poudre/amidon d'arrow-root (facultatif pour le croustillant)
- ✓ 2 cuillères à café de paprika
- ✓ 1 cuillère à café de poudre d'ail
- ✓ 1/2 cuillère à café de poudre d'oignon
- ✓ 1 cuillère à café de sel
- ✓ 1/2 cuillère à café de poivre noir
- ❖ **Pour le saucisson haché :**
- ✓ 1 livre de porc haché assaisonné pour le petit-déjeuner
- ✓ 1 boîte (4 onces) de piments verts coupés en dés
- ✓ Pour les oeufs brouillés :
- ✓ 8 gros œufs, battus
- ✓ 2 cuillères à soupe de lait au choix
- ✓ 1/2 cuillère à café de sel et de poivre
- ❖ **Pour les burritos :**
- ✓ Environ 1 tasse de fromage cheddar râpé
- ✓ 7 à 8 tortillas de la taille d'un burrito (10 pouces)
- ✓ Sauce piquante, salsa, crème sure, etc.

Préparation :

1. Préparez les pommes de terre : Préchauffer le four à 425F. Placer les pommes de terre coupées en dés sur une plaque à pâtisserie recouverte d'un moule à pâtisserie en silicone ou de papier sulfurisé. Ajoutez l'huile, la poudre d'arrow-root, le paprika, la poudre d'ail, la poudre d'oignon, le sel et le poivre sur les pommes de terre et utilisez vos mains pour mélanger jusqu'à ce que les pommes de terre soient uniformément enrobées. Mettre au four et cuire au total 30 minutes en remuant les pommes de terre à mi-cuisson. Faites cuire vos autres garnitures pendant que les pommes de terre cuisent au four.
2. Préparez le saucisson haché : faites chauffer une poêle antiadhésive à feu moyen. Ajoutez le porc haché et utilisez une cuillère ou une spatule en bois pour briser la viande en petits morceaux pendant la cuisson. Cuire la viande pendant environ 6 à 7 minutes ou jusqu'à ce qu'elle soit bien cuite, en remuant de temps en temps. Ajouter les piments verts et remuer jusqu'à ce que le tout soit mélangé. Retirer la viande cuite de la poêle et réserver.
3. Préparez les œufs : Réduisez le feu à doux-moyen. Dans un bol moyen, fouetter les œufs avec le lait, le sel et le poivre. Dans la même poêle dans laquelle la viande a été cuite, ajoutez 1 cuillère à soupe de beurre ou de ghee. Une fois fondu, ajoutez les œufs dans la poêle. En gardant le feu doux, continuez à déplacer les œufs avec une spatule jusqu'à ce qu'ils épaississent et soient bien cuits. Éteignez le feu et déplacez les œufs dans un bol.
4. Assemblez des burritos : Préparez une station d'assemblage de burrito avec vos tortillas, des saucisses hachées cuites, des œufs brouillés et du fromage cheddar râpé. Ajoutez *jusqu'à* 1

tasse et demie de garniture à chaque burrito total. J'ai utilisé environ 1/2 tasse de viande, 1/3 tasse de pommes de terre, 1/4 tasse d'œufs brouillés et une grosse pincée de fromage râpé pour chaque burrito. Ne remplissez pas trop les burritos.
5. Envelopper les burritos : Enveloppez-les tortillas et la garniture dans un burrito serré et sécurisé qui contient toute la garniture à l'intérieur (voir les images ci-dessus pour vous aider). Étape 1 : Tirez les côtés de la tortilla sur chaque extrémité de la garniture jusqu'à ce qu'elles soient bien serrées. Étape 2 : À l'aide de vos pouces, tirez le bas de la tortilla vers le haut et par-dessus la garniture, en recouvrant les côtés que vous avez repliés à l'étape 1. Étape 3 : Rentrez le bas de la tortilla que vous avez pliée à l'étape 2 dans le burrito, en rentrant également le côté du haut et du bas de la tortilla. Étape 4 : Pliez le burrito sur la tortilla ouverte restante afin qu'elle recouvre les côtés et le fond rentrés.
6. Frire à l'air libre et servir : placez délicatement 2 burritos dans le panier de la friteuse à air. Faites frire à l'air libre à 350F pendant 6 à 10 minutes ou jusqu'à ce que les burritos soient croustillants et dorés. Servir et déguster avec de la salsa, de la crème sure, de la sauce piquante, etc. Préparation et réchauffage au réfrigérateur : suivez la recette jusqu'à l'étape 5, puis conservez les burritos dans un récipient hermétique au réfrigérateur jusqu'à 4 jours. Faites frire les burritos froids à 325F pendant 14 à 16 minutes ou jusqu'à ce qu'ils soient dorés et croustillants. Préparation et réchauffage au congélateur : suivez la recette jusqu'à l'étape 5, puis laissez les burritos refroidir complètement pendant au moins 30 minutes sur le comptoir. Conservez les burritos dans un contenant hermétique (emballez-les individuellement si vous préférez) au congélateur jusqu'à 3 mois. Faites frire les burritos surgelés à l'air avec un peu d'huile d'avocat en spray à 250F pendant 30 minutes, puis augmentez la température à 350F et faites frire à l'air pendant 2-3 minutes supplémentaires jusqu'à ce qu'ils soient croustillants et dorés.

Bagels (bagels à 2 ingrédients)

Personne(s) : 4   **Préparation : 10 min**   **Total 25 min**

Ingrédients :

- ✓ 1 tasse de farine auto-levante
- ✓ 1 tasse de yaourt grec nature sans gras
- ✓ 1 œuf battu, *dorure à l'œuf facultative
- ✓ 1/4 tasse de graines de sésame, *facultatif

Préparation :

1. Ajouter la farine auto levante et le yaourt grec dans un bol moyen et mélanger avec une cuillère en bois jusqu'à homogénéité. Pétrir la pâte sur une surface généreusement farinée pendant environ 5 minutes. Divisez la pâte en 4 morceaux égaux et formez chaque morceau en une petite corde ; fixez les extrémités ensemble pour former une forme de bagel. Préchauffez votre friteuse à air à 280 degrés. Une fois chauffé, vaporisez le plateau de la friteuse à air avec un spray antiadhésif et placez les bagels sur le plateau. Badigeonner les bagels avec la dorure aux œufs et saupoudrer de graines de sésame si désiré. Cuire au four pendant 15 minutes jusqu'à ce que le dessus soit légèrement doré.
2. Servir chaud tel quel ou griller si vous préférez.

Omelette facile à la friteuse à air

Personne(s) : 2 **Préparation : 10 min** **Total 25 min**

Ingrédients :

- ✓ 2 oeufs
- ✓ 1/4 tasse de lait
- ✓ Pincée de sel
- ✓ Viande et légumes frais, coupés en dés (j'ai utilisé du poivron rouge, des oignons verts, du jambon et des champignons)
- ✓ 1 cuillère à café d'assaisonnement pour petit-déjeuner McCormick Good Morning – Herbes du jardin
- ✓ 1/4 tasse de fromage râpé (j'ai utilisé du cheddar et de la mozzarella)

Préparation :

1. Dans un petit bol, mélanger les œufs et le lait jusqu'à ce que le tout soit bien mélangé.
2. Ajoutez une pincée de sel au mélange d'œufs. Ajoutez vos légumes au mélange d'œufs.
3. Versez le mélange d'œufs dans un moule de 6"x3" bien graissé.
4. Placez la poêle dans le panier de la friteuse à air.
5. Cuire à 350 ° Fahrenheit pendant 8 à 10 minutes.
6. À mi-cuisson, saupoudrez les œufs d'assaisonnement pour petit-déjeuner et saupoudrez le dessus de fromage. Utilisez une fine spatule pour détacher l'omelette des côtés de la poêle et transférez-la dans une assiette.
7. Garnir d'oignons verts supplémentaires, facultatif

Toast parfait à la cannelle

Personne(s) : 6 **Préparation : 5 minutes** **Total 10 min**

Ingrédients :

- ✓ 12 tranches de pain de blé entier, c'est excellent
- ✓ 1 bâton de Beurre à température ambiante
- ✓ 1/2 tasse de sucre blanc
- ✓ 1 1/2 cuillères à café de cannelle moulue
- ✓ 1 1/2 cuillères à café d'extrait de vanille pure
- ✓ 1 pincée de sel casher (petite pincée)
- ✓ 2 pincées de poivre noir fraîchement moulu

Préparation :

1. Écrasez le beurre ramolli avec une fourchette ou le dos d'une cuillère et ajoutez le sucre, la cannelle, la vanille et le sel. (Si vous utilisez le poivre, ajoutez-le maintenant aussi>0
2. Remuer pour bien mélanger. Étalez un six du mélange sur le pain, d'un bout à l'autre, en veillant à recouvrir complètement toute la surface. Placez autant de tranches que possible dans le panier de votre friteuse à air ou sur vos plateaux/grilles de friteuse à air.
3. Cuire à 400 degrés Fahrenheit pendant 5 minutes. Retirer de la friteuse à air et couper en diagonale. Sers immédiatement.

Tartelettes pop à la friteuse à air

Personne(s) : 8   Préparation : 20 min   Total 40 min

Ingrédients :

- Garniture à la compote de baies
- ½ tasse de myrtilles
- ½ tasse de framboises (peut contenir des fraises)
- ½ tasse de myrtilles (peut contenir des mûres)
- ¼ tasse) de sucre
- 1 cuillère à café de fécule de maïs
- Pâtisserie
- 1 feuille de pâte feuilletée (du commerce ou maison)
- Glaçage aux baies
- ½ tasse de sucre en poudre pour confiseurs
- 2 cuillères à soupe de sirop de baies de la compote de baies
- 1 cuillère à soupe de jus de citron
- Pépites au choix

Préparation :

❖ **Garniture aux trois baies**

1. Mettez les baies et le sucre dans une casserole à feu moyen-vif. Portez le mélange à ébullition en remuant et en écrasant les baies. Autoriser Ajouter la fécule de maïs et incorporer. Laisser le mélange bouillonner pendant environ une minute, puis retirer du feu.

❖ **Tartelettes à la Pâte Feuilletée**

2. Etalez la feuille de pâte feuilletée en un grand rectangle. Coupez-le en 8 petits rectangles de taille égale. Placez environ 2 cuillères à soupe de compote de baies sur un côté d'un rectangle.
3. Repliez l'autre moitié de la pâte, incisez avec une fourchette sur les bords et percez quelques trous avec une fourchette dans le dessus de la pâte. Répéter avec le reste des rectangles de pâte feuilletée.
4. Vaporisez le panier de la friteuse à air avec un spray antiadhésif et placez les pâtisseries dans le panier. Assurez-vous qu'il y a de la place autour d'eux pour que l'air circule (vous devrez peut-être cuisiner par lots en fonction de la taille de votre friteuse à air). Cuire à 350°F pendant 10-12 minutes. Retirez les pâtisseries de la friteuse et laissez-les refroidir sur une grille ou une assiette.

❖ **Glaçage aux trois baies**

5. Dans un bol moyen ou une grande tasse à mesurer (j'ai utilisé ma tasse à mesurer pour verser facilement), ajoutez le sucre en poudre, la sauce aux baies de la compote et le jus de citron et fouettez jusqu'à consistance lisse.
6. Versez le glaçage sur les pops tartes cuites et ajoutez des pépites sur le dessus. Apprécier !

Granola à la friteuse à air

Personne(s) : 12 **Préparation : 8 minutes** **Total 15 min**

Ingrédients :

- 3 tasses de flocons d'avoine
- ½ tasse d'amandes effilées
- ¼ tasse de pépites ou de graines de citrouille crues
- ¼ tasse de graines de chia
- ¼ c. sel
- 1 c. cannelle moulue ou épices de citrouille
- ¼ tasse d'huile d'olive
- ¼ tasse de sirop d'érable ou de cassonade
- 1 c. extrait de vanille facultatif
- ½ tasse de baies séchées hachées si grosses (j'ai utilisé des fraises et des canneberges séchées)
- ½ tasse de pépites de chocolat facultatif

Préparation :

1. Mélangez les flocons d'avoine, les noix, les graines, le sel et les épices de citrouille ou la cannelle dans un bol.
2. Ajouter l'huile et le sirop d'érable. Mélangez bien jusqu'à ce que tout soit bien enrobé.
3. Préchauffer la friteuse à air à 350 F ou 175 C pendant 5 minutes. Tapisser un récipient en Borosil ou allant au four de papier sulfurisé.
4. Vous pouvez également utiliser un moule à cake ou un moule en silicone. Étalez le mélange granola en une seule couche et appuyez avec une cuillère.
5. Mélangez le granola et retournez-le toutes les 4 à 5 minutes pour assurer une cuisson homogène.
6. Faire frire à l'air libre pendant 12 à 15 minutes jusqu'à ce qu'ils soient dorés. Vers la fin du temps de friture à l'air libre, vérifiez toutes les minutes pour vous assurer que le granola ne brûle pas.
7. Une fois terminé, sortez le granola du moule à gâteau et laissez-le sur la table jusqu'à ce qu'il soit complètement refroidi.
8. Vous verrez qu'il se colle pour former des grappes de granola.
9. Vous pouvez les diviser en groupes plus petits ou les laisser grands selon ce que vous aimez.
10. Ajoutez les fruits secs et les compléments facultatifs et mélangez bien. Conservez votre granola frit à l'air dans un récipient hermétique.

Pouding au pain aux bleuets - Friteuse à air

Personne(s) : 6   Préparation : 10 min   Total 1heure 10 min

Ingrédients :

- 1 tasse moitié-moitié
- 4 œufs
- ⅓ tasse de sucre + 3 cuillères à soupe pour la finition
- 1 cuillère à café de zeste de citron (environ 1 citron)
- 4 tasses de croissants en cubes, environ 4-5 croissants
- 1 tasse de myrtilles
- 4 oz de fromage à la crème coupé en petits cubes

Préparation :

❖ Préparez la crème anglaise et trempez les croissants

1. Dans un grand bol à mélanger, mélanger moitié-moitié, les œufs, ⅓ tasse de sucre, le zeste de citron et fouetter jusqu'à ce que le tout soit bien mélangé.Ajouter les croissants en cubes, les myrtilles et le fromage à la crème en cubes. Mélangez jusqu'à ce que tout soit combiné et laissez reposer 10 minutes. Cela permet aux croissants de bien s'imprégner de la crème anglaise.Graisser une cocotte allant au four ou un moule à gâteau avec du beurre ou un aérosol de cuisson. Ajouter le mélange à pouding au pain. À l'aide d'une spatule, étalez uniformément le mélange en appuyant doucement. Couvrir le plat de papier d'aluminium. Appuyez sur le bord du plat de cuisson pour que le papier d'aluminium soit bien fermé. Cela l'empêche de se détacher si vous utilisez la friteuse à air.

❖ Faites-le cuire dans la friteuse à air

2. Placez le plat de cuisson couvert dans le panier de la friteuse. Fermez et réglez la friteuse à air à 350°F pendant 50 minutes. Au bout de 50 minutes, sortez le panier. Insérez un couteau pour vérifier si la crème est bien cuite. Si le couteau ressort propre, tant mieux. Si le couteau ressort propre, vous êtes prêt à partir. S'il ressort mouiller et collant, remettez-le pendant environ 5 minutes. Découvrez la poêle et saupoudrez 2-3 cuillères à soupe de sucre sur le pudding cuit. Couvrir la casserole de papier d'aluminium pour éviter que le sucre ne soit emporté par le ventilateur. Régler à 400°F pendant 10 minutes, ou jusqu'à ce que le sucre fonde et forme une fine couche croustillante sur le dessus.

3. Retirez la poêle et laissez reposer 5 minutes avant de servir. Servez-le tiède ou froid. Apprécier !

Avoine au four

Personne(s) : 2 **Préparation : 5 minutes** **Total : 10 min**

Ingrédients :

- 1 tasse (90 g) de flocons d'avoine roulés ou rapides et sans gluten
- ½ tasse (118 ml) de lait entier, écrémé ou végétal (au choix)
- 1 banane mûre
- 1 oeuf
- 1 cuillère à soupe de sirop d'érable
- ½ cuillère à café de levure chimique
- 1 pincée de flocons de sel marin
- 3 cuillères à soupe de beurre de cacahuète divisées
- 2 cuillères à soupe de gelée
- Garnitures de votre choix en option

❖ **Pour le gruau au four aux pépites de chocolat**
- 1 tasse (90 g) de flocons d'avoine roulés ou rapides et sans gluten
- ½ tasse (118 ml) de lait entier, écrémé ou végétal (au choix)
- 1 banane mûre
- 1 œuf
- 1 cuillère à soupe de sirop d'érable
- ½ cuillère à café de levure chimique
- ½ cuillère à café d'extrait de vanille
- 1 pincée de flocons de sel marin
- 4 cuillères à soupe de pépites de chocolat

❖ **Pour les flocons d'avoine à la noix de coco**
- 1 tasse (90 g) de flocons d'avoine, rapides, sans gluten
- ½ tasse (118 ml) de lait entier, écrémé ou végétal (au choix)
- 1 banane mûre
- 1 cuillère à soupe de sirop d'érable
- ½ cuillère à café de levure chimique
- ½ cuillère à café d'extrait de vanille
- 1 pincée de flocons de sel marin
- 2 cuillères à soupe de noix de coco râpée non sucrée
- 3 cuillères à soupe de pépites de chocolat
- 4 tranches de banane

Préparation :

1. **Comment préparer des flocons d'avoine mélangés**
2. Préchauffer le four à 350F / 180C / gaz 4 et huiler légèrement deux ramequins de 8 onces allant au four. Mettez les flocons d'avoine, le lait, la banane, l'œuf, 1 cuillère à soupe de beurre de cacahuète, le sirop d'érable, la levure chimique et le sel dans un mélangeur et mélangez pendant 30 secondes, jusqu'à ce que le tout soit bien mélangé et lisse.
3. Jetez 2 cuillères à soupe de pâte. Versez la moitié de la pâte dans les deux ramequins, puis garnissez chacun d'1 cuillère à soupe de gelée et de 2 cuillères à café de beurre de cacahuète. Versez le reste de la pâte sur chaque ramequin. Cuire au four préchauffé pendant environ 25 minutes ou jusqu'à ce qu'un cure-dent inséré dans les flocons d'avoine en ressorte propre. Laisser refroidir légèrement et servir avec les garnitures désirées.
4. **Pour faire de l'avoine instantanée au four**
5. Préparez la pâte et les ramequins comme ci-dessus, puis couvrez légèrement de papier d'aluminium. Ajoutez 1 tasse (250 ml) d'eau dans l'insert Instant Pot, placez le dessous de plat à l'intérieur et placez les ramequins couverts sur le dessous de plat. Couvrez l'Instant Pot et réglez la valve en position d'étanchéité. Réglez sur cuisson sous pression/cuisson manuelle, haute pression, pendant 16 minutes. Une fois terminé, éteignez l'Instant Pot et laissez se relâcher naturellement la pression (environ 9 à 10 minutes), avant d'ouvrir et de retirer soigneusement les ramequins.

6. **Pour faire de l'avoine cuite à la friteuse à air**
7. Préchauffer la friteuse à air à 350F / 180C. Placez les ramequins dans le panier ou le plateau de la friteuse à air. Cuire au four pendant 18 à 20 minutes ou jusqu'à ce qu'un cure-dent inséré dans les flocons d'avoine en ressorte propre.
8. **Pour faire du gruau au four aux pépites de chocolat**
9. Ajouter tous les ingrédients (sauf les pépites de chocolat) dans un mixeur et mélanger jusqu'à consistance lisse. Répartir la pâte dans les deux ramequins et incorporer la moitié des pépites de chocolat, puis garnir chacun avec le reste de la pâte. Cuire au four préchauffé pendant environ 25 minutes ou jusqu'à ce qu'un cure-dent inséré dans les flocons d'avoine en ressorte propre.
10. **Faire des flocons d'avoine à la noix de coco**
11. Ajouter les flocons d'avoine, le lait, la banane, l'œuf, le sirop d'érable, la levure chimique, la vanille et le sel dans un mélangeur et mélanger jusqu'à consistance lisse.
12. Répartissez la pâte dans les deux ramequins. Mélangez la moitié des pépites de chocolat et de la noix de coco dans les ramequins, puis versez le reste de la pâte. Garnir de tranches de banane.
13. Cuire au four préchauffé pendant environ 25 minutes ou jusqu'à ce qu'un cure-dent inséré dans les flocons d'avoine en ressorte propre.

Pommes de terre pour petit-déjeuner à la friteuse à air

Personne(s) : 6   Préparation : 5 minutes   Total 25 min

Ingrédients :

- 3 pommes de terre Russet , lavées et coupées en bouchées avec la peau.
- 1 cuillère à café de poudre d'ail
- 1 cuillère à café de poudre d'oignon
- 2 cuillères à café de sel marin finement moulu
- 1 cuillère à café de poivre noir fraîchement moulu
- 1 cuillère à soupe d'huile d'olive
- 1/2 poivron rouge, coupé en dés

Preparation :

1. Préchauffer la friteuse à air à 380 degrés F.
2. Lavez et frottez les pommes de terre et coupez-les en petits morceaux avec la peau. Séchez-les avec du papier absorbant et transférez-les dans un grand bol. Ajouter les épices et enrober d'huile d'olive. Ajoutez le poivron et remuez pour bien mélanger.
3. Ajoutez les pommes de terre dans la friteuse à air préchauffée. Cuire pendant 20 minutes ou jusqu'au niveau de croustillant souhaité, en secouant et en retournant les pommes de terre à mi-cuisson pour assurer un brunissement uniforme.
4. Garnir de persil et servir aussitôt.

CHAPITRE 5

Recettes de volaille

Poitrines de poulet avec os

T de prépa 5 min   **T total 30 min**   **4 PORTIONS**

Ingrédients

- ✓ 2 poitrines de poulet avec os (j'ai utilisé des poitrines de poulet fendues)
- ✓ 1/4 tasse de cassonade
- ✓ 1 cuillère à café de paprika
- ✓ 1/2 cuillère à café de poudre d'ail
- ✓ 1/2 cuillère à café d'origan
- ✓ 1/2 cuillère à café de sel
- ✓ Pincée de flocons de piment rouge
- ✓ 1 cuillère à soupe d'huile

Instructions

1. Préchauffez votre friteuse à air à 370 degrés. Retirez le poulet de son emballage et réservez-le.
2. Mélangez la cassonade, le paprika, la poudre d'ail, l'origan, le sel et les flocons de piment rouge dans un bol. Arroser l'huile des deux côtés du poulet et les enrober du mélange de cassonade.
3. Placez les poitrines de poulet fendues dans la friteuse et faites cuire environ 25 à 30 minutes, en retournant le poulet lorsqu'il reste environ 10 minutes. Cuire jusqu'à ce que la partie la plus épaisse atteigne 165 degrés F. Des poitrines de poulet plus épaisses ou plus grosses peuvent prendre quelques minutes de plus. Retirez le poulet de la friteuse à air et dégustez !

Poulet à l'orange à la friteuse à air

T de prépa 5 min   **T total 20 min**   **2 portions**

Ingrédients

- ✓ 1 livre de poitrines de poulet ou de cuisses de poulet désossées et sans peau
- ✓ 2 cuillères à soupe de fécule de maïs ou de fécule de pomme de terre
- ✓ **POUR LA SAUCE À L'ORANGE**
- ✓ 1/2 tasse de jus d'orange
- ✓ 2 cuillères à soupe de cassonade
- ✓ 1 cuillère à soupe de sauce soja
- ✓ 1 cuillère à soupe de vinaigre de vin de riz
- ✓ 1/4 cuillère à café de gingembre moulu (ou 1/2 cuillère à café de gingembre fraîchement râpé)
- ✓ une pincée de flocons de piment rouge
- ✓ le zeste d'une orange
- ✓ 2 cuillères à café de fécule de maïs mélangée à 2 cuillères à café d'eau
- ✓ **FACULTATIF POUR SERVIR**
  - ✓ oignons verts, hachés
  - ✓ graines de sésame

Instructions

1. Préchauffer la friteuse à air à 400 degrés. Mélangez les morceaux de poulet et la fécule de maïs dans un bol et mélangez jusqu'à ce que le poulet soit entièrement enrobé (voir les notes ci-dessus pour ne pas les recouvrir). Cuire le poulet pendant 7 à 9 minutes en secouant le panier à mi-cuisson ou jusqu'à ce que le poulet atteigne juste 165 degrés ou plus à l'intérieur. Pendant ce temps, mélangez le jus d'orange, la cassonade, le vinaigre de vin de riz, la sauce soja, le gingembre, les flocons de piment rouge et le zeste d'orange dans une petite casserole à feu moyen.
2. Portez le mélange à ébullition et laissez mijoter 5 minutes. Mélangez la fécule de maïs et l'eau dans un petit bol et ajoutez-la à la sauce à l'orange. Laisser mijoter encore une minute en remuant puis retirer immédiatement du feu. Retirer le poulet de la friteuse et mélanger avec la sauce.
3. Garnir d'oignons verts et de graines de sésame si vous le souhaitez et déguster immédiatement !

Cuisses de poulet au miel et au soja air fryer

4 portions   T de prépa 5 min   T total 45 min

Ingrédients

- 1,5 lb de cuisses de poulet désossées et sans peau (peut utiliser jusqu'à 3 lb)
- **MARINADE DE SOJA AU MIEL**
- 1/3 tasse de sauce soja
- 1/4 tasse d'huile (j'utilise de l'huile végétale)
- 3 cuillères à soupe de miel
- 1/2 cuillère à café de poudre d'ail
- 1/4 cuillère à café de gingembre moulu
- sel et poivre au goût

Instructions

1. Mélangez la sauce soja*, l'huile, le miel, la poudre d'ail et le gingembre moulu dans un grand bol.
2. Retirez la moitié de la marinade, placez-la dans un petit bol ou un récipient et réservez.
3. Ajouter les cuisses de poulet dans un grand bol de marinade et enrober le poulet.
4. Réfrigérer le poulet mariné pendant au moins 30 minutes ou jusqu'au lendemain.**
5. Préchauffer la friteuse à air à 400 degrés. Ajoutez le poulet mariné dans la friteuse et faites cuire 10 à 15 minutes, jusqu'à ce que sa température interne atteigne 165 degrés. Arrosez le dessus de la sauce réservée supplémentaire après la cuisson. Dégustez immédiatement.

Remarques

- *si vous utilisez une sauce soja faible en sodium, ajoutez une pincée de sel pour rehausser la saveur
- **le poulet peut être préparé sans être mariné, mais il se peut qu'il ne conserve pas toute la saveur du miel et du soja.

Ailes de poulet au miso et à l'ail

Personne(s) : 10 **Préparation : 30 minutes** **Total : 1h30min**

Ingrédients :

- 1 lb d'ailes de poulet moyenne environ 10 ailes
- 2 cuillères à soupe de pâte mi
- 1 cuillère à café d'ail, émincé
- 1 cuillère à café de sauce soja
- 2 cuillères à café d'huile d'olive
- ½ cuillère à café de poivre noir
- 1 cuillère à café de graines de sésame (pour la garniture)

Préparation :

1. Dans un petit bol à mélanger, mélanger la pâte miso, l'ail, la sauce soja, l'huile d'olive et le poivre noir. Bien mélanger avec une cuillère jusqu'à consistance lisse. Dans un grand sac zip-loc., ajoutez les ailes de poulet et le mélange de miso. Faites sortir l'air du sac et fermez-le hermétiquement. Presser la marinade autour des ailes pour les enrober. Placer le sac au réfrigérateur et laisser mariner pendant au moins une heure, voire toute la nuit. Pour cuire les ailes de poulet : Préchauffer le four à 400 F. Retirez les ailes marinées du sac et placez-les sur un quart de plaque à pâtisserie recouverte de papier sulfurisé. Cuire au four 30 minutes en retournant les ailes à mi-cuisson pour assurer une cuisson homogène. Pour faire frire les ailes de poulet à l'air libre : placez les ailes dans le panier de la friteuse à air et faites cuire à 350 F pendant 22 à 25 minutes. Ouvrez et secouez le panier à mi-cuisson pour assurer une cuisson homogène.
2. Laissez les ailes reposer à température ambiante pendant 5 minutes et servez.

Quartiers de cuisses de poulet

2 portions **T de prépa 10 min** **T de cuisson 30 min** **T total 40 min**

Ingrédients

- 2 quartiers de cuisse de poulet
- ½ cuillère à café de paprika
- ½ cuillère à café de sel casher
- ¼ cuillère à café de poivre noir
- ¼ cuillère à café de poudre d'ail
- ¼ cuillère à café de poudre d'oignon
- ¼ cuillère à café de moutarde séchée
- Pincée de flocons de piment rouge écrasés (facultatif)
- 1 cuillère à soupe d'huile d'olive

Instructions

1. Préchauffer la friteuse à air à 400 degrés F. Dans un petit bol, mélanger le paprika, le sel, le poivre, la poudre d'ail, la poudre d'oignon, la moutarde séchée et les flocons de piment rouge.
2. Frotter le poulet sur toutes ses faces avec de l'huile d'olive, puis saupoudrer sur toutes ses faces du mélange d'assaisonnements. Placer le poulet en une seule couche, côté peau vers le haut, dans le panier de la friteuse à air. Cuire 15 minutes. Retournez le poulet et faites cuire encore 12 à 15 minutes, jusqu'à ce que la température interne atteigne 165 degrés F. Retirez le poulet et laissez-le reposer 10 minutes avant de servir.

Poulet grillé à la friteuse à air

3 portions   T de prépa 5 min   T de cuisson 10 min   T total 5 min

Ingrédients

- ✓ 3 poitrines de poulet désossées (j'utilise la poitrine parfaitement portionnée)
- ✓ 1 cuillère à café de poudre d'ail
- ✓ 1 cuillère à café de poudre d'oignon
- ✓ 1/2 cuillère à café de paprika en poudre
- ✓ ¼-½ cuillère à café de poudre de Cayenne (selon la préférence des épices)
- ✓ Sel et poivre au goût

Instructions

1. Préchauffez votre friteuse à air à 360 degrés. Mélangez la poudre d'ail, la poudre d'oignon, la poudre de paprika, la poudre de Cayenne, le sel et le poivre. Assaisonnez les poitrines de poulet de tous les côtés. Placez la poitrine de poulet dans la friteuse et faites cuire pendant 10 minutes, en la retournant à mi-cuisson jusqu'à ce qu'elle atteigne une température interne de 165 degrés.
2. Ces poitrines de poulet sont excellentes seules, hachées dans une salade ou dans un roulé

Ailes désossées à la friteuse à air

2 portions   T de prépa 5 min   T de cuisson 10 min   T total 15 min

Ingrédients

- ✓ 1,5 livre de poitrine de poulet désossée et sans peau, coupée en morceaux de 1 pouce
- ✓ 1 cuillère à café de paprika
- ✓ 1 cuillère à café de poudre d'ail
- ✓ 1 cuillère à café de poudre d'oignon
- ✓ 1/2 cuillère à café de sel
- ✓ Poivre à goûter
- ✓ 1/2 tasse de sauce Buffalo

Instructions

1. Préchauffez votre friteuse à air à 350 degrés. Tapotez légèrement le haut et le bas de vos ailes désossées pour éliminer l'excès d'humidité.
2. Mettez le paprika, la poudre d'ail, la poudre d'oignon, le sel et le poivre dans un bol et mélangez.
3. Vaporisez le panier de votre friteuse à air avec un aérosol de cuisson antiadhésif si votre friteuse à air a tendance à coller. Placez vos ailes dans le panier en laissant de la place autour de chacune d'elles.
4. Saupoudrez le dessus de vos ailes dans la friteuse à air, en réservant la moitié de l'assaisonnement pour plus tard. Cuire les ailes désossées pendant 8 à 10 minutes en retournant ou en secouant légèrement le panier à mi-cuisson et en assaisonnant l'autre face. Le poulet est cuit une fois qu'il atteint 165 degrés. Placez vos ailes de poulet frites désossées dans un bol et versez dessus la sauce Buffalo. Si vous devez faire deux lots, réservez-en ½ pour le prochain lot. Utilisez des pinces pour retourner et couvrir les ailes désossées. Servir avec une vinaigrette au fromage bleu.

Flautas à la friteuse à air

4 portions   T de prépa 15 min   T de cuisson 15 min   T total 30 min

Ingrédients

- ⅓ tasse de salsa
- ⅓ tasse de crème sure
- ¼ tasse de jalapenos marinés hachés
- 1 citron vert, jus
- 3 cuillères à café d'assaisonnement pour tacos
- 1 ½ tasse de poulet cuit et émincé
- 1 tasse de fromage cheddar fort fraîchement râpé
- ½ tasse de fromage Monterey Jack fraîchement râpé
- 10-12 tortillas de maïs

Instructions

1. Ajoutez la salsa, la crème sure, les jalapenos, le jus de citron vert et l'assaisonnement pour tacos dans un grand bol et mélangez. Ajouter le poulet et le fromage et bien mélanger jusqu'à ce que les ingrédients soient bien incorporés.
2. Préchauffez la friteuse à air à 380 degrés F. Enveloppez les tortillas sans serrer dans une serviette en papier humide et passez aux micro-ondes pendant 30 à 40 secondes jusqu'à ce qu'elles soient tendres et souples.
3. Une à une, disposez les tortillas sur une surface plane. Versez 2 cuillères à soupe du mélange de poulet horizontalement sur le tiers inférieur de chaque tortilla, puis roulez bien les tortillas et placez-les sur une assiette, couture vers le bas. Répétez jusqu'à ce que toutes les flautas soient formées.
4. Placez les flautas en une seule couche dans le panier, en travaillant par lots si nécessaire. Vaporisez le dessus avec un spray d'huile de cuisson, puis faites frire à l'air libre pendant 8 à 10 minutes ou jusqu'à ce que les tortillas soient dorées et croustillantes. Répétez le processus jusqu'à ce que toutes les flautas soient cuites.

Filets de poulet surgelés

2 portions   T de cuisson 12 min   T total 12 min

Ingrédients

- 8 filets de poulet surgelés
- Trempette au choix

Instructions

1. 1Préchauffez votre friteuse à air à 360 degrés. Placez les filets de poulet surgelés dans la friteuse à air en une seule couche. Ils peuvent se toucher, mais ne doivent pas être entièrement empilés. Faites-les cuire environ 12 minutes en les retournant à mi-cuisson.
2. Retirez les lanières de poulet de la friteuse à air, puis dégustez-les avec votre trempette préférée.

❖ **Remarques**
- Comment réchauffer des filets de poulet dans la friteuse à air :
- Préchauffez votre friteuse à air à 350 degrés.
- Faites cuire les restes de filets de poulet dans la friteuse à air et laissez cuire environ 4 à 5 minutes, jusqu'à ce qu'ils soient bien chauds.

Escalopes de poulet à la friteuse à air

4 portions T de prépa 10 min T de cuisson 10 min T total 20 min

Ingrédients

- ✓ 4 escalopes de poulet
- ✓ 2 oeufs
- ✓ 1/2 tasse de chapelure italienne
- ✓ 1/2 cuillère à café de paprika
- ✓ 1/4 cuillère à café de poudre d'ail
- ✓ 1/4 cuillère à café de poudre d'oignon
- ✓ 1/8 cuillère à café de poivre de Cayenne (facultatif)
- ✓ Sel et poivre au goût

Instructions

1. Assaisonnez le poulet avec du sel et du poivre. Dans un petit récipient, fouettez les œufs et dans un autre mélangez la chapelure et les assaisonnements. Préchauffez votre friteuse à air à 400 degrés F.
2. Draguez votre escalope de poulet dans les œufs, en la retournant et en la couvrant de chaque côté. Ensuite, secouez l'excédent d'œuf et déposez-le dans la chapelure, en utilisant vos doigts pour recouvrir complètement le poulet. Retournez et faites la même chose de l'autre côté. Secouez tout excès de panure. Continuez ainsi avec les escalopes de poulet restantes.
3. Vaporisez votre friteuse à air et déposez deux escalopes de poulet dans le panier. Cuire 10 à 12 minutes en retournant à mi-cuisson. Vérifiez la température interne pour vous assurer qu'elle est à 165 degrés F. Pour ma friteuse à air, 10 minutes étaient parfaites, mais toutes varient un peu différemment. Servir et déguster.

Ailes de poulet surgelées dans la friteuse à air

2 à 3 portions T de cuisson 30 min T total 30 min

Ingrédients

- ✓ 1 livre d'ailes de poulet surgelées (crues)
- ✓ sel, au goût
- ✓ Poivre à goûter
- ✓ **FACULTATIF**
- ✓ Sauce Buffalo, pour servir

Instructions

1. Préchauffez votre friteuse à air à 400 degrés. Placez les ailes de poulet congelées dans la friteuse à air en une seule couche. Faites cuire les ailes pendant 15 minutes, vaporisez-les d'un peu d'huile, Assaisonnez de sel et de poivre, puis retournez et répétez de l'autre côté. Faites cuire les ailes de poulet pendant 15 à 20 minutes supplémentaires (30 à 35 minutes au total), en secouant à nouveau le panier pendant la cuisson. Les ailes sont cuites lorsqu'elles sont croustillantes et ont atteint 165 degrés. Retirez les ailes de la friteuse à air, ajoutez votre sauce préférée et dégustez !

Filets de poulet à la friteuse à air – sans panure

3 portions   T de prépa 10 min   T de cuisson 15 min   T total 25 min

Ingrédients

- 1 livre de filets de poulet
- 1 ½ c à s d'huile d'olive
- 1 c à s de paprika fumé
- 2 c à café de poudre d'oignon
- 2 c à c de poudre d'ail
- 1 c à c de thym séché
- 1 c à c de sel casher
- 1 c à c de poivre noir
- ½ à 1 c à c de poivre au goût
- ½ c à c d'origan séché
- ½ c à c de basilic séché
- Quartiers de citron, pour servir
  - **FACULTATIF**
- Sauce buffle
- Sauce sriracha au miel

Instructions

1. Préchauffer la friteuse à air à 400 degrés F. Séchez les filets de poulet avec du papier absorbant, puis placez-les dans un grand bol à mélanger. Arrosez d'huile d'olive et mélangez pour bien enrober. Mélangez les assaisonnements dans un petit bol, puis saupoudrez uniformément sur les filets de poulet. Faites frire les filets de poulet à l'air libre pendant 10 à 12 minutes, en les retournant une fois à mi-cuisson, jusqu'à ce qu'ils soient bien cuits et dorés à l'extérieur. Servir avec des quartiers de citron et votre trempette préférée, si désiré.

Ailes à l'ail et au parmesan

4 portions   T de prépa : 5 min   T de cuisson 15 min   T total 20 min

Ingrédients

- 2 lb d'ailes de poulet (fûts et plats)
- 1 c à s d'huile d'olive
- 1 c à s de levure chimique
- ½ c à c de sel casher
- ½ c à c de poudre d'ail
- ½ c à c de poudre d'oignon
- ¼ c à c de paprika
- ¼ c à c de poivre noir
- 5 c à s de beurre, fondu
- 4-5 gousses d'ail, émincées
- ¼ tasse de parmesan râpé
- Persil frais, pour la garniture

Instructions

1. Séchez complètement les ailes avec du papier absorbant et placez-les dans un grand bol. Arrosez-les d'huile d'olive en remuant pour bien les enrober. Dans un petit bol, mélanger la levure chimique, le sel, la poudre d'ail, la poudre d'oignon, le paprika et le poivre. Saupoudrer sur les ailes et mélanger pour bien les enrober. Préchauffez la friteuse à air à 400 degrés F. Ajoutez les ailes en une seule couche (côté peau vers le haut) dans la friteuse à air sans les toucher et faites cuire pendant 15 minutes. Retournez délicatement les ailes et laissez cuire encore 5 à 8 minutes. Répétez le processus de cuisson avec les ailes restantes si nécessaire.
2. Pendant ce temps, faites fondre le beurre dans un bol allant au micro-ondes. Incorporer l'ail émincé et le parmesan. Transférez les ailes entièrement cuites de la friteuse à air dans un grand bol, mélangez-les avec le beurre à l'ail et servez garnies de persil si vous le souhaitez.

Comment faire des poitrines de poulet

Personne(s) : 4   **Préparation : 5 minutes**   **Total : 15 min**

Ingrédients :

- 4 poitrines de poulet et sans peau d'environ 6 onces chacune
- 1 c à c de sel
- ¾ c à c de poudre d'ail
- ¾ c à c de poudre d'oignon
- ½ c à c de persil séché
- ½ c à c de paprika fumé
- Pincée de poivre de Cayenne
- Vaporiser d'huile d'olive ou d'avocat le poulet avec de l'huile

Préparation :

1. Écrasez l'extrémité la plus épaisse de chaque poitrine de poulet pour l'égaliser afin qu'elle cuise plus uniformément. Assécher le poulet avec du papier absorbant. Dans un petit bol, mélanger le sel, la poudre d'ail, la poudre d'oignon, le persil, le paprika et le poivre de Cayenne. Vaporiser le poulet avec de l'huile et frotter pour l'enrober. Assaisonner les deux côtés du poulet avec l'assaisonnement. Placez le poulet dans le panier de la friteuse à air en une seule couche, sans chevauchement. Cuire à 380 °F/193 °C pendant environ 10 minutes, en retournant à mi-cuisson, jusqu'à ce qu'il soit bien cuit et qu'un thermomètre à lecture instantanée inséré au centre de la partie la plus épaisse indique 155 °F/68 °C.
2. Laissez le poulet reposer 5 à 10 minutes pour terminer la cuisson, puis tranchez-le et servez-le.

Une poêle de poulet et de légumes au miel et à l'ail pour la friteuse à air

Personne(s) : 4   **Préparation : 15 min**   **Total : 40 min**

Ingrédients :

- 4+ 1 ½ c à s d'huile d'olive divisée
- 3 c à s de miel
- 3 gousses d'ail émincées
- 1 c à s de sauce soja faible en sodium ou d'aminos de noix de coco
- ⅛ c à c de sel
- ⅛ c à c de poivre noir
- 1 livre de poitrine de poulet ou de filets
- 4 pommes de terre rouges
- 2 tasses de fleurons de brocoli frais hachés

Préparation :

1. Préparez le glaçage et versez-le sur le poulet, puis laissez mariner pendant que vous préparez les légumes. Mettez les légumes dans le panier et ajoutez 1 à 2 cuillères à soupe d'huile. Placer le poulet sur les légumes et verser le reste du glaçage sur le poulet et les légumes. Faire frire à l'air libre à 360 °F/180 °C pendant 14 minutes, en retournant le poulet une fois et en remuant les légumes à mi-cuisson. Retirer le poulet à une température interne de 165 °F/75 °C et mettre le poulet en tente.
2. Faites cuire les légumes pendant encore 5 à 8 minutes à 350°F/175°C jusqu'à ce qu'ils soient cuits à votre goût.

Les cuisses de poulet à la friteuse à air font de parfaits tacos de rue au poulet

Personne(s) : 4   **Préparation : 5 minutes**   **Total : 17 min**

Ingrédients :

- 2 livres de cuisses de poulet désossées et sans peau
- 2 cuillères à café d'huile d'avocat ou autre huile
- 2 cuillères à café de poudre de chili
- 1 cuillère à café de cumin
- 1 cuillère à café de poudre d'ail
- 1 cuillère à café de sel
- ½ cuillère à café de poivre
- Pincée de poivre de Cayenne

Préparation :

1. Dans un petit bol, mélanger la poudre de chili, le cumin, la poudre d'ail, le sel, le poivre et le poivre de Cayenne. Séchez le poulet avec du papier absorbant, frottez-le avec de l'huile et saupoudrez uniformément des deux côtés du mélange d'épices.
2. Placer le poulet dans le panier de la friteuse à air et cuire à 400 °F/204 °C pendant 12 à 16 minutes, ou jusqu'à ce que le poulet atteigne 175 °F/79 °C. Retourner à mi-cuisson, si désiré. Laissez le poulet refroidir légèrement, puis déchiquetez-le ou coupez-le en bouchées. Servir le poulet avec des quartiers de citron vert sur une salade ou dans des tortillas garnies de tacos.

Rouleaux aux œufs au poulet buffalo

8 à 10 portions   **T de prépa 10 min**   **T total 18 min**

Ingrédients

- 3 tasses de poulet émincé
- 2 cuillères à soupe d'assaisonnement grec Cavender's
- 1/2 tasse de sauce Buffalo
- 1 tasse de fromage cheddar, râpé
- 1/2 tasse de yaourt grec
- 8 à 10 feuilles de rouleaux aux œufs

Instructions

1. Préchauffez votre friteuse à air à 350 degrés. Mélangez le poulet râpé, l'assaisonnement grec, la sauce Buffalo, le fromage cheddar et le yaourt grec dans un grand bol. Placez deux grosses cuillères à soupe du mélange au centre d'un emballage de nems. Mouillez les bords de l'emballage et repliez-le. Pliez les coins gauche et droit en les faisant se chevaucher. Pliez le coin inférieur vers le haut pour commencer à fermer le rouleau aux œufs. Pliez et roulez le coin supérieur vers le bas en entourant le rouleau aux œufs. Cuire 5 minutes d'un côté et 3 minutes de l'autre. assurez-vous de vaporiser chaque côté avec le pulvérisateur d'huile EVO. Retirer et laisser refroidir avant de déguster.
2. Trempez dans votre vinaigrette préférée, je recommande le fromage bleu ou le ranch.

Les fajitas au poulet à les plus simples

Personne(s) : 4   Préparation : 5 minutes   Total : 21 min

Ingrédients :

- 1 livre de poulet désossé et sans peau tranché
- 1 sac de 12 onces de poivrons et d'oignons surgelés
- 1 cuillère à soupe d'huile
- 1 sachet d'assaisonnement pour Fajita ou assaisonnement maison Assaisonnement Fajita Maison
- 2 cuillères à café de poudre de chili
- 1 cuillère à café de paprika
- 1 cuillère à café d'origan séché
- 1 cuillère à café de sel
- 1 cuillère à café de sucre
- ½ cuillère à café de cumin
- ½ cuillère à café de poudre d'ail
- ½ cuillère à café de poudre d'oignon
- ¼ cuillère à café de poivre de Cayenne

Préparation :

1. Placer les tranches de poulet et les légumes surgelés dans un bol à mélanger. Verser un filet d'huile sur le tout et remuer pour bien enrober. Versez le mélange dans le panier de la friteuse à air. Saupoudrer l'assaisonnement pour fajita et remuer pour bien enrober.
2. Cuire dans une friteuse à air à 360°F/182°C pendant 8 minutes. Remuer le contenu.
3. Cuire pendant 5 à 8 minutes supplémentaires à 380 °F/193 °C, jusqu'à ce que le poulet soit cuit et atteigne une température interne de 155 °F/68 °C.
4. Servir chaud avec des tortillas ou sur une salade avec vos garnitures de fajita préférées, comme du fromage, de la coriandre, de la crème sure, de l'avocat, du guacamole, etc.

Ailes de poulet rapide et facile

Personne(s) : 4   Préparation : 2 minutes   Total : 42 min

Ingrédients :

- 12 ailes de poulet surgelées
- sel d'ail au goût
- Poivre à goûter
- Sauce barbecue au goût

Préparation :

1. Versez les ailes de poulet congelées dans le panier de la friteuse à air. Ce n'est pas grave s'ils se chevauchent car ils rétréciront à mesure qu'ils cuisent. La quantité que vous pouvez cuisiner en une seule fois dépendra de la taille de votre friteuse à air.
2. Cuire à 350°F/177°C pendant 10 minutes pour décongeler.
3. Assaisonner les deux côtés du poulet avec du sel à l'ail et du poivre.
4. Cuire à 380°F/193°C pendant 25 minutes, en retournant à mi-cuisson.
5. Enrober le poulet de votre sauce barbecue préférée.
6. Cuire à 400°F/204°C pendant 5 minutes. Servir chaud et déguster !

Poitrine de poulet farcie

3 portions **T de prépa 15 min** **T total 30 min**

Ingrédients

- 3 poitrines de poulet sans peau
- Sel et poivre au goût
- 4 onces de fromage à la crème, ramolli
- 1 1/2 tasse d'épinards hachés
- 1/2 tasse de mozzarella
- 1/4 tasse de parmesan
- 3 cuillères à soupe de poivron rouge rôti coupé en dés
- 2 cuillères à soupe de mayonnaise
- 1 1/2 cuillère à café d'ail émincé
- 1 1/2 cuillère à café de paprika
- 1 1/2 cuillère à café de poudre d'ail
- 1 1/2 c à c de poudre d'oignon

Instructions

1. Assaisonnez votre poulet avec du sel et du poivre au goût. Mélangez votre garniture : fromage à la crème, mozzarella, parmesan, mayonnaise, ail, épinards et poivrons rouges rôtis.
2. Mélangez vos assaisonnements : paprika, poudre d'ail et poudre d'oignon. Filetez votre poitrine de poulet dans le sens de la longueur, sans la couper complètement. Ouvrez votre poitrine de poulet et assaisonnez avec ½ à 1 cuillère à café d'assaisonnement. Ensuite, étalez environ ½ tasse du mélange d'épinards et de fromage sur un côté. Pliez votre poitrine de poulet, puis coupez des cure-dents le long de la couture pour essayer de conserver autant d'épinards et de fromage à l'intérieur pendant la cuisson. Saupoudrez le dessus de votre poulet d'assaisonnement supplémentaire.
3. Badigeonnez d'huile d'olive le panier de votre friteuse à air, car il est démontré que le spray antiadhésif accélère l'usure de votre panier. Préchauffez votre friteuse à air à 380 degrés F.
4. Ensuite, déposez deux poitrines à la fois, en cuisant par lots si vous ne pouvez pas contenir les 3. Cuire pendant 15 à 18 minutes jusqu'à ce qu'un thermomètre à viande indique 165 degrés F.

Poulet style Hibachi avec sauce Yum Yu

Personne(s) : 4 **Préparation : 10 min** **Total : 25 min**

Ingrédients :

- **Poulet Hibachi**
- 2 poitrines de poulet crues coupées
- 1 petit oignon coupé en tranches
- 8 oz de champignons coupés en quatre
- 2 petites courgettes coupées
- ½ c à c de gingembre moulu
- ¼ c à c de poivre noir
- 1 c à s de poudre d'ail
- ¼ tasse de sauce soja
- 2 c à s d'huile d'olive
- **Sauce Miam Miam**
- 1 tasse de mayonnaise
- ¼ tasse d'eau
- 1 c à c de concentré de tomate ou de ketchup
- 1 c à s de beurre fondu
- ½ c à c de poudre d'ail
- 1 c à c de sucre
- ¼ c à c de paprika

Préparation :

1. Préchauffer la friteuse à air à 400°F/204°C pendant 5 minutes.
2. Découpez le poulet et les légumes. Mélanger avec 2 cuillères à soupe d'huile d'olive et le mélange d'assaisonnements. Placez le poulet, les légumes et l'assaisonnement dans le panier de la friteuse à air préchauffé. Cuire à 380°F/193°C pendant 12-15 minutes.
3. Remuer à mi-cuisson. Pendant que le poulet cuit, préparez la sauce miam miam.
4. Mélangez tous les ingrédients de la sauce miam miam dans un bol jusqu'à ce que le tout soit bien mélangé. Une fois que le poulet est cuit (atteint une température interne de 165°F/74°C), sortez le poulet et les légumes du panier de la friteuse et dégustez avec la sauce miam miam !

Poulet à l'ananas à la friteuse à air

2 portions   T de prépa 5 min   T de cuisson 10 min   T total 15 min

Ingrédients

- ✓ **POUR LE POULET GRILLÉ**
- ✓ 2 poitrines de poulet crues
- ✓ 1 cuillère à soupe de beurre
- ✓ 1/4 cuillère à café de sel
- ✓ 1/8 cuillère à café de poivre
- ✓ **POUR LA SAUCE À L'ANANAS**
- ✓ 1/2 tasse de jus d'ananas
- ✓ 1/4 tasse de cassonade
- ✓ 1/4 tasse de sauce soja faible en sodium
- ✓ 1 gousse d'ail hachée (1 cuillère à café)
- ✓ 1/8 cuillère à café de gingembre moulu
- ✓ 2 cuillères à café de fécule de maïs
- ✓ 2 cuillères à café d'eau
- ✓ **FACULTATIF**
- ✓ Morceaux d'ananas frais ou en conserve (jus égoutté)

Instructions

1. Préchauffer la friteuse à air à 380 degrés, Ajouter le beurre fondu, le sel et le poivre dans un bol et mélanger. Enduisez les poitrines de poulet de beurre des deux côtés et placez-les dans la friteuse, faites cuire pendant 10 à 15 minutes et retournez à mi-cuisson. Ils sont terminés lorsqu'ils atteignent 165 degrés en interne. Laissez le poulet reposer au moins 5 minutes. Pendant ce temps, commencez à préparer la sauce à l'ananas en mélangeant le jus d'ananas, la cassonade, la sauce soja, l'ail émincé et le gingembre dans une petite casserole à feu moyen et laissez mijoter pendant 5 minutes.
2. Mélangez la fécule de maïs et l'eau dans un autre bol et incorporez-les à la sauce. Laisser mijoter encore 1 minute en remuant puis retirer du feu. Coupez les poitrines de poulet grillées au repos en longues lanières et enrobez entièrement le poulet de sauce ou versez la sauce sur le poulet et servez. Ajoutez des morceaux d'ananas en conserve ou frais si vous le souhaitez.

Pilons de poulet à la friteuse à air

4 portions T de prépa 5 min T total 30 min

Ingrédients

- 5-6 pilons de poulet
- 1/8 tasse d'huile d'olive extra vierge
- 1/2 cuillère à café de poudre d'ail
- 1/4 cuillère à café de paprika
- 1/4 cuillère à café de poudre d'oignon
- 1/4 cuillère à café de sel
- 1/8 cuillère à café de poivre
- 1/2 tasse de sauce BBQ (je préfère Sweet Baby Ray's)

FACULTATIF

Pincée de poivre de Cayenne pour ajouter du piquant

Instructions

1. Préchauffez votre friteuse à air à 400 degrés. Tapoter les pilons de poulet à sec. Mélangez l'huile d'olive, la poudre d'ail, le paprika, la poudre d'oignon, le sel et le poivre et le poivre de Cayenne (le cas échéant). Enduire les pilons de poulet du mélange d'huile et masser les pilons pendant quelques minutes pour aider à conserver la saveur.
2. Ajouter les pilons de poulet à la friteuse en une seule couche et cuire pendant 15 minutes.
3. Retourner le poulet et cuire encore 5 minutes. Badigeonner le poulet de sauce BBQ, le retourner, puis arroser l'autre côté du poulet de sauce BBQ. Cuire jusqu'à ce que le poulet ait une température interne de 165 degrés, environ 3 à 5 minutes supplémentaires. Retirez de la friteuse à air, arrosez de sauce barbecue supplémentaire si vous le souhaitez et dégustez !

Ailes de poulet barbecue à la friteuse à air

2 à 4 portions T de prépa 5 min T de cuisson 25 min T total 30 min

Ingrédients

- 1 ½ lb d'ailes de poulet, ailes et plats séparés, pointes jetées
- 2 cuillères à café de sauce BBQ Stubbs
- ¼ à ½ tasse de sauce barbecue

Instructions

1. Préchauffez votre friteuse à air à 380 degrés F.
2. Séchez les ailes de poulet et enduisez-les uniformément de sauce BBQ.
3. Placez les ailes dans le panier de la friteuse en une seule couche, en laissant de l'espace entre les ailes.
4. Cuire 20 minutes en retournant les ailes à mi-cuisson.
5. Augmentez la température à 400 degrés et laissez cuire encore 3 à 5 minutes.
6. Retirez les ailes de la friteuse à air et mélangez-les dans la sauce barbecue. Remettez dans votre friteuse à air pendant encore 1 à 2 minutes pour réchauffer la sauce, ou servez immédiatement. Retirez les ailes de poulet BBQ de la friteuse à air et dégustez !

Poulet orange de trader Joe

5 portions   T de prépa 2 min   T de cuisson 8 min   T total 10 min

Ingrédients

- 1 paquet de 22 onces de poulet à la mandarine Trader Joe's
- Facultatif (pour servir)
- Riz au jasmin
- Graines de sésame
- Oignons verts, hachés

Instructions

1. Préchauffez votre friteuse à air à 400 degrés. Placez les morceaux de poulet orange Trader Joe's dans le panier, en une seule couche, en laissant peu d'espace entre les nuggets.
2. Faites cuire vos nuggets pendant 8 minutes en secouant le panier au bout de 5 minutes pour les retourner. Pendant que les nuggets cuisent, faites chauffer un bol d'eau aux micro-ondes pendant 1 à 2 minutes, puis placez le sachet de sauce surgelée dans l'eau chaude.
3. Une fois que les nuggets sont cuits à 165 degrés à l'intérieur, transférez-les dans un bol et versez-y un filet de sauce. Utilisez une cuillère pour les mélanger, en vous assurant qu'ils sont tous couverts. Servir sur du riz au jasmin (facultatif) et garnir comme vous le souhaitez.

Poulet farci aux jalapeños enveloppé dans du bacon

6 Portions   T de prépa : 10 min   T de caisson : 25 min   T total : 35 min

Ingredients

- 3 poitrines de poulet désossées et sans peau
- 6 jalapenos
- ¾ tasse (6 onces) de fromage à la crème, température ambiante
- ½ tasse de fromage Monterey Jack râpé
- 1 cuillère à café de cumin moulu
- 6 à 12 lanières de bacon épais

Instructions

1. Couper les poitrines de poulet en deux dans l'épaisseur de la poitrine de poulet. Placer la moitié sous une pellicule plastique et piler finement (jusqu'à ⅛ de pouce d'épaisseur). Saupoudrer de sel et de poivre des deux côtés. Mélanger le fromage à la crème, le fromage Monterey Jack et le cumin. Retirez les tiges des jalapenos. Coupez chaque jalapeno en deux et retirez les graines et les membranes. Farcir la cavité de chaque jalapeno avec le mélange de fromage à la crème. Remettez les moitiés de piment jalapeño ensemble.
2. Placez un jalapeno au milieu de chaque poitrine de poulet et pliez le poulet autour du jalapeno. Enroulez une à deux tranches de bacon autour de chaque paquet de poulet, en les fixant avec des cure-dents. Placer sur le plateau de la friteuse à air.
3. Cuire à la friteuse à 340 degrés pendant 20 à 25 minutes, selon l'épaisseur du poulet, en le retournant à mi-cuisson. Vérifiez la température interne à 165 degrés et augmentez le temps de cuisson si nécessaire. Laisser le poulet reposer 5 minutes avant de servir.

Savoureux poulet et légumes avec marinade balsamique

Personne(s) : 8 **Préparation : 25 min** **Total : 42 min**

Ingrédients :

- **Légumes**
- 2 petites courgettes d'environ 12 oz
- 2 petites courges jaunes de 12 oz
- 1 poivron coupé en bouchées
- 1 tête de brocoli coupée en bouchées
- 1 petit oignon rouge coupé
- 1 ½ lb de poulet coupé en bouchées
- 1 à 2 tasses de tomates cerises
- **Marinade**
- ⅓ tasse de vinaigre balsamique
- 3 cuillères à soupe d'huile d'olive ou d'avocat
- 1-2 cuillères à soupe de miel
- 1 cuillère à café de basilic séché
- ½ cuillère à café d'origan séché
- 1 cuillère à café de gros sel casher
- ½ cuillère à café de poivre

Préparation :

1. Coupez les légumes et le poulet en bouchées et mélangez dans un grand bol.
2. Dans un autre bol, mélanger la marinade
3. Incorporer la marinade aux légumes et au poulet et laisser mariner pendant 15 min à 2 heures.
4. Cuire la moitié du lot à 370°F/187°C pendant 12 min (en remuant une fois à mi-cuisson)
5. Cuire encore 5 minutes à 400°F/204°C ou jusqu'à ce que le poulet atteigne 165°F/74°C et que les légumes aient la tendreté désirée.

Poule de cornouailles

2 à 4 portions **T de prépa 5 min** **T total 50 min**

Ingrédients

- 2 poules de Cornouailles 1,5 livre chacune
- 2 c à s d'huile d'olive
- 2 c à c de sel
- 1 ½ c à c d'assaisonnement italien
- 1 c à c de poudre d'ail
- 1 c à c de paprika
- 1/2 c à c de poivre noir
- 1/2 c à c de zeste de citron (ou 1 c à s de jus de citron)

Instructions

1. Préchauffez votre friteuse à air à 360 degrés. Dans un petit bol, mélanger l'huile et le sel, l'assaisonnement italien, la poudre d'ail, le paprika, le poivre noir et le zeste/jus de citron.
2. Séchez les poules de Cornouailles avec une serviette en papier, puis badigeonnez-les avec le mélange d'assaisonnement sous et sur la peau. Tournez les ailes pour les rentrer sous l'oiseau.
3. Placer la ou les poules dans le panier de la friteuse, poitrine vers le bas, et cuire pendant 35 minutes.
4. Retournez les poules et laissez cuire encore 10 minutes pour que la peau soit croustillante. Vérifiez la température interne : les poules sont cuites à 165 degrés F. Servez et dégustez !

Poulet au parmesan croustillant et délicieux

Personne(s) : 4 **Préparation : 8 minutes** **Total : 20 min**

Ingrédients :

- 4 petites poitrines de poulet ou 8 filets de poulet
- ½ cup Pankow
- ½ tasse de parmesan
- 1 cuillère à café de poudre d'oignon
- 1 cuillère à café de poudre d'ail
- 1 cuillère à café d'assaisonnement italien
- 2 œufs
- ½ tps Salt
- ¼ tps Pepper
- 1 tasse de farine
- Sauce rouge
- Fromage mozzarella frais ou râpé

Préparation :

1. Réalisez votre chaîne de montage pour le poulet au parmesan en ajoutant de la farine dans un bol ou un plat peu profond. Dans une deuxième assiette creuse 2 œufs battus. Dans un troisième plat, mélanger le Pankow, le parmesan, la puissance d'oignon, la puissance d'ail et l'assaisonnement italien.
2. Séchez le poulet, écrasez-le avec un pilon à viande, puis assaisonnez les deux côtés avec du sel et du poivre.
3. Préparez le poulet pour la friteuse : trempez le poulet dans la farine, puis l'œuf, puis le mélange Pankow. Assurez-vous d'avoir les deux côtés.
4. Vaporiser le panier de la friteuse à air avec de l'huile. Placez le poulet dans la friteuse à air (assurez-vous qu'il y a suffisamment d'espace entre le poulet pour que l'air puisse circuler). Vaporiser le dessus du poulet avec de l'huile.
5. Cuire dans une friteuse à air à 350°F/175°C pendant 8 minutes. À mi-cuisson, retournez le poulet.
6. Avec le thermomètre alimentaire à lecture instantanée, assurez-vous que la température interne est d'environ 160-165°F/71,1-73,8°C. Sinon, laissez cuire encore une minute ou deux.
7. Si vous le souhaitez, tapissez le panier de votre friteuse à air avec un papier sulfurisé (facilite le nettoyage)
8. Ajoutez environ 2 cuillères à soupe de sauce rouge et une tranche de fromage mozzarella à chaque poulet.
9. Cuire dans la friteuse à air pendant 3 minutes supplémentaires à 380°F/190°C, ou jusqu'à ce que le fromage soit fondu.

poulet grillé à la moutarde et au miel

Personne(s) : 4   Préparation : 15 min   Total : 23 min

Ingrédients :

- 2 c à s de beurre
- ¼ cup honey
- ¼ tasse de moutarde
- 1 c à s d'huile d'olive
- 2 c à c de jus de citron frais
- sel et poivre
- 4 poitrines de poulet et sans peau de 6 onces
- persil frais pour la garniture

Préparation :

1. Faire fondre le beurre aux micro-ondes ou sur la cuisinière. Incorporer le miel, la moutarde de Dijon, l'huile d'olive et le jus de citron. Assaisonnez avec du sel et du poivre selon votre goût. Transférez environ la moitié du mélange de moutarde au miel dans un autre bol pour plus tard. Écrasez le poulet pour obtenir une épaisseur plus uniforme, environ 1 pouce d'épaisseur. Badigeonner les deux côtés du poulet de glaçage au miel et à la moutarde, puis placer dans le panier de la friteuse à air. Cuire à 380F/190C pendant 11-12 minutes, en retournant à mi-cuisson. Pour de meilleurs résultats :
2. toutes les friteuses à air sont différentes, ainsi que la taille de votre poulet, c'est pourquoi vérifiez le poulet toutes les 3 à 4 minutes de cuisson et ajustez si nécessaire. Retirez le poulet une fois qu'il atteint environ 160F/71C et mettez-le dans du papier d'aluminium pour terminer la cuisson et atteindre une température interne de 165F/74C. Garnir du reste du glaçage et déguster !

Filets de poulet croustillants

4 portions   T de prépa 5 min   T de cuisson 10 min   T total 15 minutes

Ingrédients

- 1 livre de filets de poulet (ou poitrines)
- 2 œufs
- ½ tasse de farine
- ½ tasse de chapelure panko
- ½ c à c de poudre d'oignon
- ½ c à c de poudre d'ail
- ¼ c à c de paprika
- ½ c à c d'assaisonnement italien
- Sel et poivre au goût

Instructions

1. Préchauffer la friteuse à air à 400 degrés. Si vous utilisez des poitrines de poulet, coupez-les en fines lanières de 1 pouce. Préparez la pâte en mettant la farine et les œufs dans des bols séparés. Fouettez les œufs. Remplissez un troisième bol de chapelure panko, de poudre d'oignon, de poudre d'ail, de paprika, d'assaisonnement italien, ainsi que de sel et de poivre au goût. Mélanger pour combiner.
2. Trempez les filets ou les poitrines de poulet dans la farine, puis les œufs et enfin la chapelure.
3. Placer le poulet enrobé dans la friteuse à air. Ne surchargez pas. Cuire pendant 7 à 10 minutes, jusqu'à 165 degrés F dans la partie la plus épaisse. Dégustez immédiatement ou congelez jusqu'à 3 mois.

Le meilleur poulet entier

Personne(s) : 4   **Préparation : 5 minutes**   **Total : 1heure 5minutes**

Ingrédients :

- 4 livres de poulet
- 1 ½ c à c d'huile d'avocat
- 1 c à c de romarin
- 1 c à c d'origan
- 1 c à c de poivre
- ½ c e à c de thym
- ½ c à c de sauge
- ½ c à c de moutarde
- ½ c à c de poudre d'ail
- ½ c à c de poudre d'oignon
- ¼ c à c de basilic
- 1,5 c à c de sel casher

Préparation :

1. Préchauffer la friteuse à air à 400°F/204°C pendant 5 min. Retirez et jetez les abats, puis rincez et séchez le poulet. Huile de massage sur tout le poulet. Frotter le mélange d'assaisonnement sur tout le poulet et attacher les cuisses ensemble si vous le souhaitez.
2. Placer le poulet dans le panier de la friteuse à air, cuire à 350°F/177°C pendant 40 min À l'aide de pinces, retournez la poitrine de poulet vers le haut et faites-la frire à l'air libre à 350 °F/177 °C pendant 25 minutes supplémentaires. Mettez le poulet dans du papier d'aluminium pendant environ 10 minutes avant de le manger.

Taquitos au poulet buffalo

10 portions   T de prépa 20 min   T de cuisson 10 min   T de cuisson 10 min

Ingrédients

- 2 tasses de poulet émincé cuit
- 4 onces de fromage à la crème, ramolli
- ¼ tasse de sauce Buffalo
- ¼ tasse de crème sure
- ½ cuillère à café de poudre d'ail
- Sel et poivre noir, au goût
- 10-12 tortillas de maïs
- 1 tasse de fromage cheddar râpé

Instructions

1. Mélanger le fromage à la crème, la sauce Buffalo, la crème sure, la poudre d'ail, le sel et le poivre au goût dans un bol et mélanger jusqu'à consistance lisse. Ajouter le poulet et plier pour enrober, en assaisonnant comme vous le souhaitez. Préchauffer une friteuse à air à 400F. Enveloppez les tortillas dans une serviette en papier humide et passez-les aux micro-ondes pendant 30 à 60 secondes, jusqu'à ce qu'elles soient chaudes et souples. En travaillant une à la fois, disposez une tortilla sur une surface de travail propre. Saupoudrer 2 à 3 cuillères à soupe de fromage râpé au milieu de chaque tortilla, suivi d'une fine ligne (environ 3 cuillères à soupe) du mélange de poulet sur chacune. Roulez délicatement les tortillas en les serrant fermement, en les fixant avec un cure-dent si nécessaire. Placez les taquitos, couture vers le bas, en une couche uniforme dans le panier de la friteuse à air.
2. Vaporiser légèrement d'un spray d'huile d'olive. Faites frire à l'air libre pendant 5 minutes, retournez soigneusement, puis continuez à frire à l'air libre pendant 3 à 5 minutes, jusqu'à ce qu'elles soient croustillantes à votre goût. Servir avec une vinaigrette ranch ou au fromage bleu, ou une sauce Buffalo supplémentaire.

Recette de taquitos au poulet crémeux au four

Personne(s) : 6 **Préparation : 15 min** **Total : 30 min**

Ingrédients :

- ½ tasse de salsa verte
- ½ cuillère à soupe de jus de citron
- ½ cuillère à café de poudre de chili
- 2/7 cuillère à café de cumin
- 2/7 cuillère à café de poudre d'oignon
- ½ cuillère à café de poudre d'ail ou 2 gousses émincées
- 1 ⅝ cuillères à soupe de coriandre
- 1 cuillère à soupe d'oignons verts tranchés
- 1 ⅝ onces de fromage à la crème ramolli
- 1 tasse de poulet cuit émincé
- ½ tasse de fromage râpé
- 6 à 6 ½ tortillas de farine
- huile d'olive ou aérosol de cuisson
- sel casher

Préparation :

1. Préchauffez votre four à 425°F/218°C. Tapisser une plaque à pâtisserie de papier sulfurisé ou d'un tapis de cuisson en silicone.
2. Dans un grand bol, mélanger la salsa, le jus de citron vert, la poudre de chili, le cumin, la poudre d'oignon et la poudre d'ail. Incorporer la coriandre et les oignons verts. Ajouter le poulet, le fromage à la crème à pâte molle et le fromage râpé ; bien mélanger. (Ce mélange de garniture peut être préparé à l'avance et réfrigéré ou congelé pour une utilisation ultérieure.)
3. (Les tortillas de farine réfrigérées rouleront mieux si elles sont d'abord réchauffées aux micro-ondes.) Versez 2 à 3 cuillères à soupe du mélange de garniture sur le tiers inférieur d'une tortilla. Roulez la tortilla aussi étroitement que possible et placez-la, joint vers le bas, sur la plaque à pâtisserie, sans toucher les autres taquitos. Répétez avec le reste des tortillas jusqu'à ce que le mélange soit parti.
4. Vaporisez légèrement le dessus avec un enduit à cuisson ou badigeonnez d'huile d'olive et saupoudrez de sel casher. (Vous pouvez placer la plaque à pâtisserie au congélateur à ce stade. Une fois les taquitos bien congelés, transférez-les dans un sac de congélation et conservez-les au congélateur.)
5. Cuire au four pendant 15 à 20 minutes, jusqu'à ce qu'ils soient croustillants et que les extrémités soient dorées. (Si vous cuisinez surgelé, faites cuire au four pendant 20 à 25 minutes.)
6. Servir avec de la salsa, de la crème sure, de la vinaigrette Ranch ou du guacamole.
7. **Instructions de cuisson à la friteuse à air :**
8. Après avoir préparé les taquitos, cuire à 380F/190C pendant 5 minutes. J'ai pu en mettre 6 dans le panier de la friteuse à air. Vaporisez légèrement le dessus des taquitos avec de l'huile.
9. Avec le reste du mélange de poulet, conservez-le dans un récipient pour plus tard ou répétez pour faire plus de taquitos.
10. Retournez les taquitos, vaporisez légèrement d'huile et faites cuire encore 2-3 minutes, jusqu'à ce que la tortilla atteigne le croustillant souhaité.

Poulet pop-corn dans la friteuse à air

8 portions   T de cuisson 10 min   T total 10 min

Ingrédients

- ✓ 1 sac de poulet pop-corn Tyson's Any'tisers (1,5 livre)

Instructions

1. Préchauffez votre friteuse à air à 350 degrés. Placez le poulet pop-corn dans la friteuse à air. Faites une seule couche avec un espace entre les nuggets pour obtenir un maximum de croustillant. Cuire à 350 degrés F pendant 10 minutes. Secouez le panier à mi-cuisson.
2. Servir avec votre trempette préférée.

Recette simple de filets de poulet

Personne(s) : 4   Préparation : 35 min   Total : 47 min

Ingrédients :

- ✓ 1,5 lb de filets de poulet environ 12 filets - décongelés
- ✓ ½ tasse de babeurre ou utilisez cette substitution : 1/2 cuillère à soupe de vinaigre blanc + suffisamment de lait pour mesurer 1/2 tasse
- ✓ ½ tasse de chapelure Panko
- ✓ ½ tasse de farine tout usage
- ✓ 1 cuillère à café de paprika
- ✓ ½ cuillère à café de graines de céleri
- ✓ ½ cuillère à café de gingembre
- ✓ ½ cuillère à café de sel
- ✓ ½ cuillère à café de poivre noir
- ✓ ¼ cuillère à café de poudre d'ail
- ✓ ¼ cuillère à café de thym séché
- ✓ ¼ cuillère à café d'origan séché
- ✓ ¼ c à c de levure chimique
- ✓ ⅛ cuillère à café de poivre
- ✓ spray d'avocat ou d'huile d'olive

Préparation :

1. Placez les filets de poulet dans un sac ziplock et versez le babeurre dans le sac. Faites sortir l'air et fermez le sac. Laisser mariner au réfrigérateur 30 minutes
2. Dans un bol peu profond, mélanger la chapelure panko, la farine, la levure chimique et les épices.
3. Retirez les lanières de poulet du babeurre avec une fourchette, secouez l'excès de babeurre et draguez-les dans le mélange de chapelure pour les enrober de tous les côtés.
4. Vaporisez le fond de la poêle de la friteuse à air.
5. Mettez les doigts de poulet dans le panier de la friteuse à air, vaporisez légèrement avec votre spray d'huile préféré, puis faites frire à l'air à 375 °F/191 °C pendant 10 à 12 minutes jusqu'à ce que la température interne atteigne 165 °F/74 °C et que les filets de poulet soient dorés et croustillants. Vous voudrez retourner le poulet environ à mi-cuisson.
6. Si vous préparez vos filets de poulet par lots, gardez simplement le poulet cuit au chaud dans un four à 160 °F/77 °C. Vous pouvez reconstituer le croustillant dans friteuse a air pendant une minute, si nécessaire. Servir avec votre trempette préférée !

Poulet pop-corn croustillant et sain

Personne(s) : 8 **Préparation : 10 min** **Total : 20 min**

Ingrédients :

- 1 lb de poitrines ou de filets de poulet non cuits coupés
- ½-1 tasse de fécule de maïs
- 1 ½ tasse de lait de coco
- 1½ c à c de jus de cornichon
- 4 à 6 tasses de corn flakes finement broyés
- 1 c à c de poudre d'ail
- 1 c à c de poudre d'oignon
- 1 c à c de paprika
- ½ tps Pepper
- ¼ tps Salt optionnel
- Pincée de poivre

Préparation :

1. Mélangez le lait de coco et le jus de cornichon.
2. Dans un sac ziploc, écrasez finement les cornflakes avec toutes les poudres d'assaisonnement.
3. Installez une station avec un bol ou une assiette pour le mélange de fécule de maïs et de cornflakes et un bol pour le mélange de lait de coco.
4. Enduisez d'abord chaque morceau de poulet dans la fécule de maïs, puis trempez-le dans le mélange de noix de coco, puis roulez-le dans les corn flakes.
5. Répétez l'opération pour chaque morceau de poulet et placez-les uniformément dans la friteuse à air. Pas besoin de préchauffer.
6. Cuire à 400 °F/200 °C pendant 8 à 10 minutes ou jusqu'à ce que le poulet soit cuit à 165 °F. Retourner le poulet à mi-cuisson.

Poitrine de poulet congelée

2 portions **T de prépa 5 min** **T de cuisson 20 min** **T total 25 min**

Ingrédients

- 2 poitrines de poulet surgelées, sans peau
- 2 c à s d'huile
- 1/2 c à c de poudre d'ail
- 1/2 c à c de paprika
- 1/2 c à c d'origan séché
- 1/2 c à c de cumin moulu
- 1/4 c à c de sel marin
- 1/8 cuillère à café de poivre
- **FACULTATIF**
- 1/4 c à c de poivre

Instructions

1. Préchauffez votre friteuse à air à 360 degrés. Mélangez l'huile, la poudre d'ail, le paprika, l'origan, le cumin, le sel marin, le poivre et le poivre de Cayenne (le cas échéant) dans un bol.

Badigeonnez les poitrines de poulet congelées avec le mélange d'huile et d'assaisonnement et placez le poulet dans la friteuse à air. Cuire pendant 20 à 25 minutes, en retournant le poulet à mi-cuisson jusqu'à ce qu'il atteigne 165 degrés F. Les poitrines de poulet plus épaisses peuvent prendre un peu plus de temps à cuire. Retirez les poitrines de poulet de la friteuse à air et dégustez !

Le poulet frit à la friteuse à air le plus croustillant

Personne(s) : 4 **Préparation : 2h 30 min** **Total : 3h**

Ingrédients :

- ✓ 1,5 tasse de babeurre ou 1,5 tasse de lait avec 1,5 cuillère à café de jus de citron ou de vinaigre blanc
- ✓ ¼ tasse de sauce piquante
- ✓ 1 cuillère à soupe de paprika fumé
- ✓ 1 cuillère à soupe de poudre d'oignon
- ✓ 1 cuillère à soupe de poudre d'ail
- ✓ 1 cuillère à soupe de sel
- ✓ 1 cuillère à soupe de poivre
- ✓ 2-3 livres 8 pilons
- ✓ 1 ½ cups flour
- ✓ ½ tasse de fécule de maïs si vous n'avez pas de fécule de maïs, utilisez 1/2 tasse de farine
- ✓ 1 cuillère à café de levure chimique
- ✓ Huile d'avocat

Préparation :

1. Mélanger le paprika fumé, la poudre d'oignon, la poudre d'ail, le sel et le poivre dans un petit bol.
2. Préparez la saumure : fouettez ensemble la sauce piquante, le babeurre et la moitié du mélange d'épices.
3. Ajouter les pilons et la saumure dans un sac en plastique. Laissez tremper pendant au moins 1 à 2 heures ou toute la nuit
4. Réaliser la drague : ajouter la farine, la fécule de maïs, la levure chimique et le reste des épices dans un sac plastique et secouer pour bien mélanger le tout.
5. Une fois que le poulet a fini de tremper, ajoutez jusqu'à 3 pilons à la fois dans le sac à drague. Enduisez les pilons en secouant le sachet. Sortez les pilons du sac et disposez-les sur une assiette. Répétez ceci pour tous les pilons
6. Versez le reste du mélange de babeurre du sac de saumure dans un bol et draguez deux fois les pilons dans la saumure puis dans la drague.
7. Laissez reposer les pilons 10 minutes
8. Préchauffer la friteuse à air à 400°F/204°C pendant 5 minutes
9. Vaporisez les pilons d'huile pour aider la drague à adhérer au poulet. Cela rendra également le poulet croustillant.
10. Vaporisez le panier de la friteuse à air avec de l'huile et placez 4 pilons dans le panier.
11. Cuire 15 minutes à 380°F/193°C, en retournant une fois à mi-cuisson

Nuggets de dinosaures dans la friteuse à air

3 à 4 portions   **T de prépa 5 min**   **T de cuisson 5 min**   **T total 10 min**

Ingrédients

- 12 à 16 nuggets Dino (marque au choix)

Instructions

1. Préchauffez votre friteuse à air à 400 degrés F. Placez vos nuggets de dinosaures dans la friteuse à air, en laissant un espace entre chacun pour que l'air chaud circule correctement. Cuire 4 à 5 minutes.
2. Retourner et cuire encore 3 à 4 minutes. Retirez les pépites de dinosaures de la friteuse à air et dégustez !

Recette d'ailes de poulet croustillantes à l'air et au miel et à l'ail

12 ailes   **T de prépa 10 min**   **T de cuisson 35min**   **T total 45min**

Ingrédients

- 24 ailes de poulet/pilons
- 1/2 tasse plus 1 cuillère à soupe de fécule de pomme de terre séparée
- 1 cuillère à café de sel d'ail
- 1/2 tasse de miel
- 1 cuillère à café d'ail finement haché
- 2 cuillères à soupe de shoyu

Instructions

1. Préchauffez la friteuse à air à 375F. Dans un grand bol à mélanger, ajoutez 1/2 tasse de fécule de pomme de terre et le sel d'ail. Fouetter pour combiner. Ajouter les ailes et les pilons dans le bol et mélanger pour enrober. Vaporisez le panier de la friteuse à air avec un spray antiadhésif. Placez le poulet dans la friteuse en une seule couche en laissant un peu d'espace entre chaque morceau.
2. Cuire 20 minutes en retournant à mi-cuisson. Vous pouvez vaporiser le poulet avec un spray antiadhésif s'il y a des taches de farine sèche.
3. Pendant que le poulet cuit, commencez à préparer la sauce. Dans une casserole de taille moyenne, ajoutez le miel, l'ail, le shoyu et 1 cuillère à soupe de fécule de pomme de terre et faites cuire à feu moyen-vif. Cuire jusqu'à épaississement en remuant fréquemment, environ 3 à 5 minutes. Mettre de côté. Une fois les 20 minutes écoulées, augmentez la température de la friteuse à 400F et laissez cuire encore 10 à 15 minutes, en retournant à mi-cuisson.
4. Retirez le poulet de la friteuse et placez-le dans un grand bol à mélanger. Ajoutez la sauce au miel et à l'ail et mélangez, PROFITEZ !

Recette de brochettes de poulet à la friteuse à air

Portions : 4   T de prépa 10 min   T de cuisson 15min   T de marinade 2h

Ingrédients

- ✓ 2 livres (900 g) de cuisses ou de poitrines de poulet sans peau, coupées en bouchées
- ✓ 1/2 tasse (120 ml) de sauce soja Tamari ou ordinaire si elle n'est pas sans gluten
- ✓ 1/4 tasse (60 ml) de lait de coco
- ✓ 3 cuillères à soupe de jus de citron vert
- ✓ 3 cuillères à soupe de sirop d'érable
- ✓ 1 à 2 cuillères à soupe de curry rouge thaïlandais, utilisez une version douce, si vous le préparez pour les familles

Instructions

1. Comment faire des brochettes de poulet dans la friteuse à air. Mélangez la sauce soja tamari, le lait de coco, le jus de citron vert, le miel et la pâte de curry rouge thaïlandaise dans un bol à mélanger ou un sac Ziploc. Ajouter le poulet et laisser mariner au moins 2 heures (jusqu'au lendemain).
2. Faites tremper les brochettes de bambou pendant 30 minutes. Enfiler le poulet mariné sur les brochettes. Préchauffer la friteuse à air à 350F/180C. Cuire pendant 12 à 15 minutes jusqu'à ce qu'ils soient bien cuits, en veillant à les retourner une fois à mi-cuisson. Utilisez un thermomètre à viande pour vous assurer que la température interne du poulet atteint 165F/74C.

Poulet BBQ enveloppé dans du bacon

2 poitrines de poulet   T de prépa 10 minutes   de cuisson 10 min   T total 20 min

Ingrédients

- ✓ 2 poitrines de poulet désossées et sans peau
- ✓ 7 tranches de bacon ; coupé en deux dans le sens de la longueur
- ✓ 1 tasse de sauce barbecue
- ✓ 2 cuillères à soupe de cassonade claire

Instructions

1. Préchauffez la friteuse à air à 400 degrés pendant que vous préparez le poulet.
2. Préparez le poulet en coupant chaque poitrine de poulet en 7 lanières égales, vous obtenez donc 14 morceaux au total. Enveloppez chaque morceau de poulet avec l'une des lanières de bacon. Badigeonner le poulet de sauce barbecue. Saupoudrer de cassonade sur le poulet. Placez le poulet dans le panier de la friteuse à air vaporisé d'un enduit à cuisson antiadhésif.
3. Fermez la plaque et faites cuire au four pendant 5 minutes dans la friteuse à air préchauffée à 400 degrés. Ouvrez la friteuse et retournez les morceaux de poulet. Fermez la friteuse et faites cuire le poulet pendant les 5 minutes restantes ou jusqu'à ce que la température interne du poulet atteigne 165 degrés.

Nuggets de poulet saumurés dans des cornichons

4 portions   T de prépa: 20 min   T de cuisson : 38 min   T totale : 58 min

Ingrédients

- ✓ 4 poitrines de poulet désossées et sans peau
- ✓ 1 ½ tasse de jus de cornichon à l'aneth
- ✓ 3 tasses de chapelure ou Panko
- ✓ 3 cuillères à soupe d'huile d'olive
- ✓ Sel et poivre au goût

Instructions

1. Coupez les poitrines de poulet en morceaux de 2". Ajoutez le jus de cornichon à l'aneth et les morceaux de poulet dans un bol et remuez pour enrober. Laisser la marinade au réfrigérateur pendant 30 à 60 minutes avant la cuisson.
2. Dans un bol allant aux micro-ondes, ajouter la chapelure et l'huile d'olive, bien mélanger. Cuire aux micro-ondes pendant 2-3 minutes, en remuant toutes les 30 secondes jusqu'à ce qu'il soit doré. Enrober les morceaux de poulet de chapelure.
3. Vaporisez le panier de la friteuse à air avec un flacon pulvérisateur sans aérosol. Ajoutez une seule couche de nuggets de poulet et faites cuire à 400 degrés Fahrenheit pendant environ 8 minutes, en les retournant à mi-cuisson. Si la chapelure semble sèche, vaporisez-la d'huile supplémentaire.

Recette de cuisses de poulet

6 à 8 Portion   T de prépa: 5 min   T de cuisson : 20 min   T totale : 25 min

Ingrédients

- ✓ 6 à 8 cuisses de poulet (selon la taille de votre friteuse à air)
- ✓ 2 cuillères à soupe d'huile d'olive
- ✓ 1 cuillère à café de sel
- ✓ 1 cuillère à café de poivre noir
- ✓ 1 cuillère à café de paprika fumé
- ✓ 1 cuillère à café de poudre d'ail
- ✓ 1 cuillère à café de persil séché, facultatif

Instructions

1. Préchauffer la friteuse à air à 400 degrés. Dans un petit bol, mélanger tous les assaisonnements secs. Enrober les cuisses de poulet d'huile d'olive. Saupoudrer le mélange d'assaisonnements secs sur le poulet pour couvrir tous les côtés. Placer le poulet dans le panier de la friteuse et cuire à 400 degrés pendant 10 minutes. Retournez les cuisses de poulet et poursuivez la cuisson pendant 2 à 10 minutes supplémentaires, selon l'épaisseur des cuisses de poulet et la puissance de la friteuse à air.
2. Pour garantir la cuisson, vérifiez les cuisses de poulet pour une température interne de 165 degrés

Poitrine de poulet en croûte de parmesan à la friteuse à air

4 Portion   T de prépa: 10 min   T de cuisson : 15 min   T totale : 25 min

Ingrédients

- environ 4 poitrines de poulet désossées et sans peau
- 1 tasse de yaourt grec nature
- ½ tasse de parmesan râpé
- 1 cuillère à café de poudre d'ail
- 1 ½ cuillère à café de sel d'assaisonnement
- ½ cuillère à café de poivre moulu

Instructions

1. Dans un petit bol, mélanger le yaourt grec, le parmesan, la poudre d'ail, le sel et le poivre. Bien mélanger. À l'aide d'une spatule, d'une cuillère ou d'un couteau à beurre, étalez le mélange de yaourt sur la poitrine de poulet. Assurez-vous que le poulet est enrobé uniformément, en haut et en bas. Ensuite, retirez le panier de la friteuse à air et vaporisez légèrement d'un enduit à cuisson antiadhésif. Sans surcharger le panier, disposer le poulet enrobé en une seule couche et cuire à 380°F pendant 15 minutes en retournant le poulet à mi-cuisson. Selon la taille de votre friteuse à air, vous devrez peut-être travailler par lots. Vérifiez la cuisson. La température interne du poulet doit être d'au moins 165°F.
2. Mesurez-le à la partie la plus épaisse du poulet. Continuez la cuisson jusqu'à ce que le poulet atteigne la température. Si vous cuisinez par lots, réservez le poulet cuit sur une assiette propre pendant que vous poursuivez la cuisson du poulet restant. Apprécier!

Recette pour tendres de poulet nus

8 Portion   T de prépa: 10 min   T de cuisson : 15 min   T totale : 25 min

Ingrédients

- 8 filets de poulet
- 1 cuillère à soupe de poudre d'ail
- 2 cuillères à café de poudre d'oignon
- 2 cuillères à café de paprika
- 2 cuillères à café de poudre de chili
- 2 cuillères à café d'origan
- 1 cuillère à café de sel
- 1/2 cuillère à café de poivre
- 3 cuillères à soupe de jus de citron ver
- 1 cuillère à soupe d'huile d'olive
- Monsieur huile d'olive* selon besoin

Instructions

1. Dans un petit bol, mélanger tous les assaisonnements secs et réserver* Ajoutez le jus de citron vert (ou le jus de citron) et 1 cuillère à soupe d'huile d'olive dans un grand sac ziploc. Mélanger les filets de poulet dans le liquide. Retirez le poulet et jetez le sac. Enrober les deux côtés des filets de poulet du mélange d'assaisonnement. Préchauffer la friteuse à air à 375 pendant 3 minutes. Après préchauffage, vaporisez l'intérieur du plateau de la friteuse à air avec un brumisateur d'huile d'olive. Placer les filets de poulet dans le panier en une seule couche. Ne vous pressez pas. Cuire pendant 12 à 15 minutes à 375, en retournant les filets de poulet à mi-cuisson. Si les tendres sont plus petits, faites cuire pendant 12 minutes et vérifiez la cuisson. Si le jus est clair, c'est cuit. Servir chaud avec une trempette ou votre plat d'accompagnement préféré.

Poulet frit coréen à la friteuse à air

6 Portions   T de prépa: 15 min   T de cuisson : 15 min   T totale : 30 min

Ingrédients

- **Pour le poulet**
- 1 ½ livre de cuisses de poulet désossées et sans peau, coupées en bouchées
- 2 cuillères à soupe de vinaigre de riz
- 1 cuillère à soupe de sauce soja
- 2 cuillères à café de gingembre frais émincé
- ¾ cuillère à café de sel casher
- ½ cuillère à café de poivre noir fraîchement moulu
- 2 gros œufs battus
- 1 tasse de fécule de maïs
- **Pour la sauce**
- 3 cuillères à soupe de ketchup
- 3 cuillères à soupe de gochujang
- 3 cuillères à soupe de miel
- 2 cuillères à soupe de sauce soja
- 1 cuillère à soupe d'huile de sésame
- 2 gousses d'ail émincées
- 4 oignons verts émincés
- Graines de sésame grillées

Instructions

1. Tapisser le panier de la friteuse à air de papier sulfurisé (voir note). Dans un bol moyen, mélanger le poulet, le vinaigre, la sauce soja, le gingembre, le sel et le poivre et bien enrober le poulet. Laisser mariner 15 à 20 minutes. Si vous souhaitez faire mariner le poulet plus longtemps, couvrez-le et réfrigérez-le toute la nuit. Battez les œufs dans un bol peu profond. Mettez la fécule de maïs dans un autre bol peu profond. Trempez les morceaux de poulet d'abord dans l'œuf puis dans la fécule de maïs pour les enrober. Disposez les morceaux de poulet enrobés sur le papier sulfurisé dans la friteuse à air. Une fois que tout le poulet est enrobé et disposé dans la friteuse (vous devrez probablement le faire en 2 lots), vaporisez ou badigeonnez le poulet d'un peu d'huile de cuisson.
2. Faites frire le poulet à l'air libre à 400 °F pendant 8 minutes. Retournez les morceaux de poulet, vaporisez ou badigeonnez d'un peu plus d'huile, puis faites cuire encore 7 minutes à 400 °F. Pendant que le poulet cuit, préparez la sauce. Dans un petit bol, mélanger le ketchup, la pâte de gochujang, le miel, la sauce soja, l'huile de sésame et l'ail jusqu'à ce que le tout soit bien mélangé. Lorsque le poulet a fini de frire à l'air libre, transférez-le dans un bol moyen et mélangez-le avec la sauce. Garnir de graines de sésame et d'oignons verts, si désiré.

Poulet Et Pommes De Terre À La Friteuse À Air

2 Portions   T de prépa: 5 min   T de cuisson : 20 min   T totale : 25 min

Ingrédients

- 2 moyennes pommes de terre coupées en morceaux de 1 pouce
- 2 poitrines de poulet coupées
- 4 clous de girofle ail écrasé – divisé
- 2 cuillères à café paprika fumé divisé
- ½ c à c flocons de piment rouge divisés
- 1 cuillère à café sel divisé
- ¼ cuillère à café poivre noir moulu
- 2 cuillères à soupe huile d'olive divisé

Instructions

1. Préchauffez la friteuse à air à 375°F (190°C). Dans un grand bol à mélanger, mélanger les pommes de terre avec 1 gousse d'ail et la moitié des assaisonnements et de l'huile (paprika fumé, flocons de piment rouge, sel, poivre noir et huile d'olive). Placez les pommes de terre dans le panier de la friteuse à air et faites-les frire à l'air libre pendant 10 minutes en les retournant à mi-cuisson. Pendant ce temps, dans le même bol, mélanger le poulet avec le thym et le reste des ingrédients (ail, paprika fumé, flocons de piment rouge, sel, poivre noir et huile d'olive) jusqu'à ce qu'ils soient bien enrobés. Assaisonnement des morceaux de poitrine de poulet Après 10 minutes de cuisson des pommes de terre, retirez le panier de la friteuse à air et, à l'aide d'une spatule, déplacez les pommes de terre d'un côté. Ajoutez le poulet de l'autre côté et laissez cuire encore 10 minutes en le retournant à mi-cuisson.
2. Ajouter du poulet cru aux pommes de terre dans le panier de la friteuse à air Vérifiez la température interne du poulet, s'il atteint 165°F (75°C), alors il est cuit. Retirer du panier de la friteuse à air. Ou faites cuire jusqu'à ce qu'il atteigne la température sûre. Poulet et pommes de terre à la friteuse à air cuits dans la friteuse à air Garnir de persil haché et servir chaud.

Le meilleur poulet rôti à la maison (sans gluten, paléo, sans allergie)

2 Portions   **T de prépa: 30 min**   **T de cuisson : 1 h**   **T totale : 1h 30 min**

Ingrédients

- 1 3 à 4 lb de poulet entier
- Poivre noir
- Sel
- Paprika
- Paprika fumé
- Poudre d'ail
- Poudre d'oignon
- Thym séché
- Ficelle de cuisson (environ 2 à 3 pieds)

Instructions

1. Placez votre poulet entier sur une surface plane et propre et assaisonnez généreusement d'épices en les frottant sur la peau. Prenez votre ficelle de cuisson et suivez les instructions fournies dans le manuel pour ficeler le poulet. Faites glisser la tige de rôtissoire du cou vers le bas, à travers votre poulet assaisonné et attaché. Fixez les fourchettes de la rôtissoire à chaque extrémité pour maintenir le poulet en place. Insérez la tige de la rôtissoire dans les prises du four à friteuse à air et fermez la porte.
2. Allumez le four et parcourez le menu du four pour activer la fonction prédéfinie de rôtissoire. Appuyez ensuite sur le bouton de la rôtissoire et laissez le cycle de cuisson commencer. Une fois le cycle terminé, vérifiez la température interne du poulet (sortez-le du four pour cela avec des gants de cuisine et des pinces à rôtissoire). S'il a atteint 165°F, il est en baisse, sinon, remettez-le au four et répétez le processus du cycle. Placez le poulet sur une assiette, dévissez les fourchettes, retirez délicatement la tige du rôtissoire et retirez la ficelle de cuisson avant de laisser reposer le poulet et de le découper comme vous le souhaitez.

Pochettes de poulet buffalo au fromage

8 Portions T de prépa: 10 min T de cuisson : 10 min T totale : 20 min

Ingrédients

- ✓ **CROÛTE**
- ✓ 2 tasses de farine auto-levante
- ✓ 2 tasses de yaourt grec sans gras
- ✓ **GARNITURE AU POULET BUFFALO**
- ✓ 1 tasse de poulet Buffalo râpé
- ✓ ½ tasse de fromage mexicain râpé réduit en gras

Instructions

1. Dans un bol moyen, mélanger la farine auto-levant et le yaourt grec pour former une pâte. Divisez en 8 boules. Dans un autre bol moyen, mélanger le poulet Buffalo râpé et le fromage. Bien mélanger. Poulet Buffalo et fromage râpé dans un bol vert Étalez chaque boule de pâte et placez une cuillerée du mélange de poulet et de fromage Buffalo au milieu.
2. Pliez et scellez les bords autour de la garniture. Mélange de poulet Buffalo en pâte Vaporisez la boule d'enduit à cuisson et placez-la dans l'airfryer. pochettes de poulet Buffalo non cuites à l'airfryer Cuire dans un airfryer à 400 degrés pendant 8 à 10 minutes ou jusqu'à ce qu'ils soient dorés. Laisser refroidir 5 minutes avant de déguster.

Cuisses de poulet surgelées

4 à 6 portions T de prépa 5 min T de cuisson 30 min T total 35 min

Ingrédients

- ✓ 1 1/2 à 2 livre de cuisses de poulet surgelées
- ✓ 1 cuillère à soupe d'assaisonnement au poivre citronné McCormick

Instructions

1. Préchauffez votre friteuse à air à 380 degrés F.
2. Placez les cuisses de poulet congelées séparées dans la friteuse et faites cuire pendant 15 minutes jusqu'à ce que le poulet soit tout juste décongelé.
3. Retirez le poulet du panier.
4. Vaporiser chaque cuisse d'huile de cuisson, puis saupoudrer uniformément d'assaisonnement citron-poivre. Remettez le poulet dans le panier et faites cuire encore 12 à 15 minutes, en le retournant une fois à mi-cuisson.
5. Retirez les cuisses de poulet de la friteuse à air et dégustez-les avec vos accompagnements préférés.

CHAPITRE 6 Recettes d'agneau

CHAPITRE 6

Recettes d'agneau

Carré d'agneau à Air-Fryer

Personne(s) : 2 **Préparation : 10 min** **Total : 35 minutes**

Ingrédients :

- 3 (environ 200 g) de pommes de terre baby coliban
- 1 carré d'agneau paré à la française (avec 6 escalopes)
- 2 cuillères à soupe de gelée de menthe sans gluten, et pour servir
- **Salade de cresson**
- 1 orange
- 1/2 botte de cresson, brins cueillis
- 1/2 bulbe de fenouil miniature, rasé
- 2 cuillères à soupe de feuilles de menthe fraîche
- 1 cuillère à soupe d'huile d'olive
- Sélectionnez tous les ingrédients

Préparation :

1. Coupez les pommes de terre en deux. Placer sur une assiette allant au micro-ondes. Couvrir légèrement d'une pellicule plastique et cuire à puissance élevée pendant 4 minutes ou jusqu'à ce qu'ils soient juste tendres. Laisser refroidir légèrement. Écrasez délicatement les pommes de terre pour rendre les bords rugueux. Arroser le tout d'huile d'olive. Disposez le carré d'agneau sur une petite feuille de papier sulfurisé. Badigeonner l'agneau avec la moitié de la gelée de menthe. Transférer le carré d'agneau sur le papier dans un panier de friteuse à air. Ajoutez les pommes de terre au panier. Cuire en badigeonnant l'agneau à mi-cuisson avec le reste de gelée de menthe, à 180°C pendant 18 minutes pour une cuisson mi-saignante ou jusqu'à cuisson à votre goût.
2. Pendant ce temps, pour préparer la salade, épluchez et segmentez l'orange au-dessus d'un bol pour récupérer le jus. Placez l'orange segmentée dans un bol à part avec le cresson, le fenouil et la menthe. Remuer pour enrober. Ajouter l'huile au jus d'orange et assaisonner. Arroser la salade et mélanger. Répartir l'agneau, les pommes de terre et la salade dans les assiettes de service. Assaisonner et servir avec de la gelée de menthe supplémentaire.

Les meilleures côtelettes d'agneau

Personne(s) : 4 **Préparation : 5 min** **Total : 13 minutes**

Ingrédients :

- 2 cuillères à soupe d'huile d'olive
- 1 c à s de vinaigre de vin rouge
- 1 cuillère à café de romarin séché
- ½ cuillère à café d'origan séché
- ½ cuillère à café de sel casher
- ½ cuillère à café de poudre d'ail
- ¼ cuillère à café de poivre noir

Préparation :

1. Mélanger les côtelettes d'agneau, l'huile d'olive, le vinaigre de vin rouge, le romarin, l'origan, le sel, la poudre d'ail et le poivre noir dans un bol. Frotter la marinade sur la viande, couvrir et réfrigérer pendant 1 heure. Préchauffer la friteuse à air à 400 degrés Fahrenheit.
2. Ajouter les côtelettes d'agneau dans le panier de la friteuse et cuire pendant 7 à 9 minutes, en les retournant à mi-cuisson.

Côtelettes d'agneau citronnées Air-Fryer avec fenouil et olives

Personne(s) : 2   **Préparation : 15 min**   **Total : 25 minutes**

Ingrédients :

- 4 cuillères à café de zeste de citron, divisé, plus des quartiers de citron pour servir
- ½ teaspoon Salt
- ¼ cuillère à café de poivre moulu
- 4 Lamb loin chop
- 8 onces de pommes de terre
- 1 bulbe de fenouil, paré (2-3 cuillères à soupe de frondes réservées et hachées), coupé en quartiers, épépiné et tranché
- 1 cuillère à soupe d'huile d'olive
- ¼ tasse d'olives, hachées

Préparation :

1. Enduisez légèrement le panier d'une friteuse à air de 6 à 9 litres d'enduit à cuisson. Préchauffer à 380°F pendant 5 minutes. Mélangez 2 cuillères à café de zeste de citron, du sel et du poivre dans un grand bol. Frotter la moitié du mélange sur les côtelettes d'agneau. Ajouter les pommes de terre, le fenouil tranché et l'huile au reste du mélange de zeste de citron dans le bol; mélanger pour enrober. En travaillant par lots si nécessaire, disposez les côtelettes et les légumes en une seule couche dans le panier préparé. Cuire en retournant une fois, jusqu'à ce qu'un thermomètre à lecture instantanée inséré au centre d'une côtelette enregistre 145 °F, 10 à 12 minutes. Pendant ce temps, mélangez les olives, les feuilles de fenouil réservées et les 2 cuillères à café de zeste de citron restantes dans un bol. Garnir les côtelettes et les légumes du mélange d'olives. Servir avec des quartiers de citron, si désiré.

Côtelettes d'agneau

Personne(s) : 4   **Préparation : 5 min**   **Total : 30 minutes**

Ingrédients :

- 1½ c à c de sel casher
- ½ c à c de poivre noir
- 1 c à c d'origan séché
- 3 c à c d'ail (émincé)
- ¼ tasse d'huile d'olive
- ¼ tasse de vinaigre de vin rouge
- 4 côtelettes d'agneau

Préparation :

1. Dans un petit bol, mélanger l'huile d'olive, le vinaigre de vin rouge, l'ail, l'origan, le sel et le poivre. Placer les côtelettes d'agneau dans un plat ou un sac en plastique et verser la marinade dessus. Couvrir et laisser mariner 2 à 4 heures. Sortir les côtelettes d'agneau du réfrigérateur environ 30 minutes avant la cuisson ; Préchauffer la friteuse à air pendant 5 minutes à 390°
2. Placer les côtelettes d'agneau dans le panier de la friteuse et cuire 8 à 10 minutes en les retournant à mi-cuisson. Une fois terminé, retirez les côtelettes dans une assiette. Couvrir et laisser reposer 5 minutes. Servir. Assaisonner de sel et de poivre au besoin.

Gigot d'agneau à la friteuse à air

Personne(s) : 4 **Préparation : 5 min** **Total : 1heure 5min**

Ingrédients :

Gadgets de cuisine :
- ✓ Four à friteuse à air

Ingrédients du gigot d'agneau à la friteuse à air :
- ✓ 1,4 kg Gigot d'Agneau
- ✓ Pommes de terre rôties à la friteuse à air
- ✓ Sel poivre

Préparation :

1. Assaisonnez votre gigot d'agneau avec du sel et du poivre et placez-le sur l'étagère supérieure de votre four à friteuse à air.
2. Cuire 20 minutes à 180c/360f. Pendant la cuisson préparez vos pommes de terre rôties.
3. Lorsqu'il émet un bip, retirez un peu du jus qui est tombé de votre gigot d'agneau sur vos pommes de terre rôties, mélangez-les et ajoutez vos pommes de terre rôties sur la 2ème grille.
4. Cuire encore 40 minutes à la même température avant de servir.

Côtelettes d'agneau à la friteuse à air

Personne(s) : 4 **Préparation : 5 min** **Total : 1heure 17 minutes**

Ingrédients :

- ✓ 1 cuillère à café de poudre d'ail
- ✓ 1 cuillère à café de poudre d'oignon
- ✓ 1 cuillère à soupe de jus de citron fraîchement pressé
- ✓ 2 cuillères à soupe d'huile d'olive
- ✓ ¼ cuillère à café de poivre de Cayenne
- ✓ ½ cuillère à soupe de romarin
- ✓ ½ cuillère à café de paprika
- ✓ ½ à ¾ cuillère à café de chaque sel et poivre ou ajouter au goût
- ✓ 4 côtelettes d'agneau parti d'épaule

Préparation :

1. Ajoutez tous les ingrédients ensemble sauf l'agneau.
2. Séchez les morceaux d'agneau avec une serviette en papier et placez-les dans un grand bol. Versez l'assaisonnement mélangé sur l'agneau et mélangez bien jusqu'à ce que chaque morceau soit bien enrobé d'assaisonnement.
3. Laisser mariner au réfrigérateur pendant au moins une heure ou laisser toute la nuit au réfrigérateur. Disposez l'agneau dans le panier de la friteuse à air en une seule couche. Placez le panier dans la friteuse à air et faites frire à 400F pendant 8 à 12 minutes en le retournant à mi-chemin.
4. Servir immédiatement avec votre plat d'accompagnement préféré ou une trempette comme du ketchup ou de la sauce moutarde !

Carré d'agneau à la friteuse à air

Personne(s) : 2 **Préparation : 5 min** **Total : 25 minutes**

Ingrédients :

- Carré d'agneau de 14 oz à la française
- 1 cuillère à soupe d'huile d'olive
- 1 cuillère à café de romarin frais ou séché
- 1 cuillère à café de thym frais ou séché
- ½ cuillère à café de sel
- ½ cuillère à café de poivre noir

Préparation :

1. Préchauffer la friteuse à air à 360°F / 180°C. Mélangez l'huile d'olive avec le romarin, le thym, le sel et le poivre dans une grande assiette.
2. Séchez le carré d'agneau et pressez-le dans le mélange d'huile d'herbes, retournez-le et frottez le mélange d'herbes pour que l'agneau soit bien enrobé.
3. Placez le carré d'agneau dans le panier de la friteuse à air et faites frire à l'air libre pendant 15 à 20 minutes pour un agneau à point. Vérifiez la température avec un thermomètre à viande pour vous assurer qu'elle est cuite à votre goût (moyen-saignant devrait être 145°F / 63°C).
4. **Faites cuire à intervalles supplémentaires de 3 minutes si vous préférez que ce soit plus bien cuit.**
5. Retirez le carré d'agneau de la friteuse, couvrez-le de papier d'aluminium et laissez reposer au moins cinq minutes avant de servir.

Carré d'agneau pour friteuse à air

Personne(s) : 2 **Préparation : 3 min** **Total : 20 minutes**

Ingrédients :

- 2 carrés d'agneau
- 2 cuillères à soupe de romarin séché
- 3 cuillères à soupe d'huile d'olive
- 1 cuillère à soupe de thym séché
- 1½ cuillère à café d'ail séché
- 1 cuillère à café d'oignon séché
- Sel
- Poivre

Préparation :

1. Prenez un petit bol à mélanger et ajoutez l'huile d'olive, le romarin, le thym, l'ail, le sel et le poivre. Remuer pour combiner. Retirez l'excédent de gras des carrés d'agneau. Badigeonner l'agneau du mélange d'huile et d'herbes
2. Préchauffez la friteuse à air à 375 °F/190 °C pendant 5 minutes avant de mettre le carré d'agneau dans la friteuse à air à l'aide de la lèchefrite. Vous pouvez tapisser le panier de la friteuse à air de papier sulfurisé et placer l'agneau dessus Placez d'abord le côté viande vers le bas dans la lèchefrite et retournez-le à mi-cuisson pour que la viande et la graisse deviennent croustillantes. Cuire le carré d'agneau pendant 12 minutes, puis mesurer la température interne du carré d'agneau à l'aide d'un thermomètre (voir notes de recette)
3. Retirez l'agneau de la friteuse à air. Enveloppez le carré d'agneau dans du papier aluminium pour que la viande se détende. Laisser reposer 5 à 10 minutes avant de servir

Recette de gigot d'agneau à la friteuse à air

Personne(s) : 10   Préparation : 10 min   Total : 1 heure 10 min

Ingrédients :

- 3,5 lb de gigot d'agneau désossé
- Mélange d'épices
- 2 cuillères à café de sel marin finement moulu
- 1 cuillère à café de poivre noir
- 1 cuillère à café de romarin séché
- ½ cuillère à café de poudre d'ail
- ½ cuillère à café de poudre d'oignon

Préparation :

1. Mélangez le mélange d'épices dans un petit bol.
2. 2 cuillères à café de sel marin finement moulu,1 cuillère à café de poivre noir,1 cuillère à café de romarin séché, ½ cuillère à café de poudre d'ail, ½ cuillère à café de poudre d'oignon
3. Gardez le filet sur le gigot d'agneau. Vaporisez l'agneau avec un peu d'huile d'olive et frottez le mélange d'épices sur tout l'agneau. Envelopper dans une pellicule plastique et réfrigérer pendant au moins 2 heures et jusqu'à 2 jours. C'est facultatif, mais à mon avis, cela améliore la saveur de la viande.
4. 3,5 lb de gigot d'agneau désossé
5. Avant de faire frire à l'air libre, sortez l'agneau du réfrigérateur au moins 30 minutes avant la cuisson pour lui permettre de revenir à température ambiante. La durée maximale de sortie du réfrigérateur doit être inférieure à 2 heures avant la cuisson.
6. Placez l'agneau, côté gras vers le haut, sur une grille ou dans le panier de votre friteuse à air. Si l'agneau est trop haut, vous pouvez le faire frire directement dans la marmite de votre friteuse à air.
7. Frire à l'air libre à 400 °F/200 °C pendant 15 minutes. Réduisez la température à 325 °F/160 °C et continuez à frire à l'air libre pendant encore 30 minutes sans ouvrir la friteuse à air.
8. Après les 45 minutes totales de friture à l'air libre, prenez une température interne à plusieurs endroits. Utilisez le tableau dans la section notes pour connaître la température souhaitée en fonction de la façon dont vous souhaitez la cuire. Gardez à l'esprit que la température de l'agneau va augmenter de 10 à 15 degrés au repos, alors assurez-vous de le sortir au moins 10 degrés en dessous de votre température cible.
9. Si l'agneau nécessite plus de 45 minutes de cuisson totale, retournez-le pour que le fond soit plus doré si vous le souhaitez.
10. Retirez l'agneau et laissez-le reposer 10 à 15 minutes. Trancher finement dans le sens du grain. Servez et dégustez !

Côtelettes d'agneau à la friteuse

Personne(s) : 8 **Préparation : 1 min** **Total : 8 minutes**

Ingrédients

- 8 Petites côtelettes d'agneau avec os
- 1/2 cuillère à café de sel
- 1/4 cuillère à café de poivre
- 2 cuillères à soupe d'huile d'olive
- 1 cuillère à soupe de beurre
- 3 gousses d'ail émincées
- 2 cuillères à soupe de persil haché

Préparation :

1. Préchauffez la friteuse à air à 190C/370F. Graisser le panier de la friteuse à air.
2. Séchez chaque côtelette d'agneau et coupez l'excès de graisse ou de tendon.
3. Ajouter les côtelettes dans un grand bol à mélanger. Dans un petit bol, fouetter ensemble l'huile d'olive, le beurre, l'ail et le romarin frais. Mélanger les côtelettes en veillant à ce que chacune soit bien enrobée du mélange.
4. Ajoutez les côtelettes en une seule couche dans le panier. Friteuse à air pendant 3 à 4 minutes, retournez et laissez cuire encore 3 à 4 minutes.
5. Laissez la viande reposer deux minutes avant de servir.

Recette de carré d'agneau

Personne(s) : 4 **Préparation : 5 min** **Total : 15 minutes**

Ingrédients :

- 1 lb de carré d'agneau (454 grammes)
- 1 cuillère à soupe d'huile d'olive
- 1 cuillère à café de romarin séché
- ½ cuillère à café de thym séché
- ½ cuillère à café de poudre d'ail
- sel et poivre au goût

Préparation :

1. Laissez le carré d'agneau reposer à température ambiante pendant 30 minutes avant de commencer la recette. Cela l'aidera à cuire plus uniformément.
2. Frotter les deux côtés de la viande avec de l'huile d'olive.
3. Mélangez ensemble le romarin, le thym, la poudre d'ail, le sel et le poivre noir. Saupoudrer l'assaisonnement des deux côtés de l'agneau.
4. Placez le carré d'agneau dans la friteuse, côté gras vers le haut. Faire frire à l'air libre pendant 8 minutes à 375°F (190°C). Retournez ensuite l'agneau et faites-le frire à l'air libre à 375°F (190°C) pendant 7 minutes supplémentaires.
5. Utilisez un thermomètre à viande pour vérifier le milieu de la partie la plus épaisse de l'agneau. La cuisson moyenne est de 130-135°F, c'est ainsi que je préfère mon agneau. Ajoutez un temps de cuisson supplémentaire si nécessaire. (La température interne minimale sécuritaire pour l'agneau est de 145 °F (63 °C).) Après la friture à l'air libre, laissez l'agneau reposer pendant 10 minutes. Mettez-le dans du papier d'aluminium pour garder la viande au chaud. Cette période de repos permet aux jus de se redistribuer dans toute la viande. Pour servir, trancher entre les côtes et déguster.
6.

Côtelettes d'agneau

Personne(s) : 2   **Préparation : 3 min**   **Total : 38 minutes**

Ingrédients :

- 2 côtelettes d'agneau moyennes
- 100 ml de jus de citron Facultatif

Préparation :

1. Préchauffez la friteuse à air à 175 °C ou 350 °F, ce qui prend généralement environ 3 minutes selon la friteuse à air. Placez les côtelettes d'agneau dans le panier de la friteuse à air. Cuire 25 minutes. Une fois cuite, laissez reposer la viande pendant 10 minutes.

Recette d'agneau épicé à la friteuse à air

Personne(s) : 4   **Préparation : 10 min**   **Total : 50 minutes**

Ingrédients :

- 1 Livre D'épaule Ou De Gigot D'agneau, Tranché Finement
- 1 Cuillère À Soupe De Cumin
- 1 c à s de Grains De Poivre Du Sichuan
- 1 C À S De Graines De Fenouil
- 1 Cuillère À Soupe De Vin De Shaoxing (Vin De Riz Chinois)
- 1 Cuillère À Soupe De Gingembre Moulu
- 1 Cuillère À Soupe D'ail Moulu
- 1 C à S De Graines De Sésame Blanches
- 2-3 Piments Rouges Séchés, Écrasés
- 1 Cuillère À Café De Graines De Cumin
- 1 C à C De Sel au goût
- Coriandre Fraîche, Hachée (Pour La Garniture)

Préparation :

1. Prenez quelques instants pour préchauffer votre friteuse à air à 400°F (200°C) avant de continuer.
2. Dans un bol, mélanger le cumin moulu, les grains de poivre du Sichuan, les graines de fenouil, les piments rouges écrasés, le gingembre moulu, l'ail moulu, le mélange d'épices moulues, le sel, le vin de Shaoxing et les graines de sésame blanc. Bien mélanger pour créer une marinade.
3. Ajoutez l'agneau tranché finement à la marinade et mélangez pour enrober uniformément la viande. Laissez l'agneau mariner pendant environ 15 à 20 minutes, permettant aux saveurs de se fondre et de s'infuser.
4. Après avoir mariné l'agneau, disposez les tranches en une seule couche dans le panier de la friteuse à air. Si votre friteuse à air a une capacité limitée, vous devrez peut-être cuire l'agneau par lots.
5. Réglez la friteuse à air sur 400°F (200°C) et faites cuire l'agneau pendant 8 à 10 minutes, en n'oubliant pas de retourner les tranches à mi-cuisson. Cette méthode garantit une cuisson uniforme et permet d'obtenir un extérieur croustillant et délicieux.
6. Une fois que l'agneau atteint le niveau de cuisson souhaité et développe un extérieur agréablement doré, retirez-le délicatement de la friteuse à air.

Carré d'agneau à la friteuse à air avec aïoli à l'ail rôti

Personne(s) : 4 **Préparation : 10 min** **Total : 35 minutes**

Ingrédients :

- **Carré d'agneau :**
- Un carré d'agneau de 8 côtes, français (1 1/4 à 1 1/2 livre)
- 3 cuillères à soupe d'huile d'olive
- Sel casher et poivre noir fraîchement
- 1/2 tasse de parmesan râpé
- 1/3 tasse de chapelure panko
- 1 grosse gousse d'ail, râpée
- 1 cuillère à café de thym frais finement haché
- 1 c à c de romarin frais haché
- Spray de cuisson antiadhésif, pour l'agneau
- **Aïoli:**
- 6 grosses gousses d'ail (non pelées)
- 2 cuillères à soupe d'huile d'olive
- 1/2 tasse de mayonnaise
- 1 cuillère à café de zeste de citron et 2 cuillères à café de jus de citron frais
- 1 1/2 cuillères à café de sauce Worcestershire
- Sel casher et poivre noir

Préparation :

1. Pour le carré d'agneau : Laissez le carré d'agneau reposer à température ambiante pendant 30 minutes avant la cuisson.
2. Frottez l'agneau des deux côtés avec 1 cuillère à soupe d'huile d'olive, puis assaisonnez avec 2 cuillères à café de sel et plusieurs grains de poivre. Réserver sur une grande assiette.
3. Mélangez le parmesan, le panko, les 2 cuillères à soupe d'huile d'olive restantes, l'ail râpé, le thym et le romarin dans un grand bol peu profond ou une assiette à tarte. Ajouter l'agneau et presser fermement le mélange de parmesan sur la viande en une couche uniforme.
4. Pour l'aïoli : Placez les gousses d'ail non pelées sur un morceau de papier aluminium, puis ajoutez l'huile d'olive, une pincée de sel et quelques grains de poivre. Pliez les côtés du papier d'aluminium vers le haut et scellez-le dans un sachet.
5. Préchauffez une friteuse à air de 6 litres à 375 degrés F. Placez l'agneau dans le panier, côté gras vers le haut et placez la pochette d'ail à côté. Vaporiser le dessus de l'agneau d'un enduit à cuisson. Faites frire l'agneau à l'air libre jusqu'à ce que la croûte soit croustillante et bien dorée et que la viande ait la cuisson désirée, environ 18 minutes pour une cuisson mi-saignante, 20 minutes pour une cuisson moyenne et 22 minutes pour une cuisson mi-saignante. (L'ail peut cuire en même temps que l'agneau.) Transférez l'agneau sur une planche à découper, couvrez sans serrer de papier d'aluminium et laissez reposer 10 minutes.
6. Pendant ce temps, ouvrez délicatement le sachet en aluminium. Pressez les tendres gousses d'ail dans un bol moyen et écrasez-les avec l'huile d'olive du sachet jusqu'à consistance lisse. Incorporer la mayonnaise, le zeste et le jus de citron et le Worcestershire. Assaisonnez avec du sel et du poivre. Mettre de côté.
7. Une fois l'agneau reposé, coupez-le entre les os en côtelettes individuelles et servez chaud avec l'aïoli.

Carré d'agneau à la friteuse à air

Personne(s) : 6   **Préparation : 5 min**   **Total : 25 minutes**

Ingrédients :

- 2 livres (907 g) de carré d'agneau
- 2 cuillères à soupe d'huile d'olive
- ½ cuillère à café de poivre noir moulu
- 1 cuillère à café de thym séché
- 1 cuillère à café de basilic séché
- ½ cuillère à café de coriandre moulue
- ½ teaspoon Salt
- 2 cuillères à soupe de pistaches ou d'amandes finement hachées

Préparation :

1. Mélangez le sel, le poivre, le thym, le basilic et la coriandre dans un petit bol.
2. Badigeonner l'agneau d'huile d'olive et frotter avec le mélange d'épices jusqu'à ce qu'il soit bien enrobé de tous les côtés et saupoudrer de chapelure de noix.
3. Placez l'agneau dans le panier de la friteuse et faites-le rôtir à 360 degrés F / 180 degrés
4. C pendant 7 minutes d'un côté. Retournez le carré d'agneau de l'autre côté et laissez cuire encore 7 minutes ou jusqu'à ce que l'agneau atteigne environ 6 à 10 degrés en dessous du niveau de cuisson souhaité lorsqu'il est vérifié avec un thermomètre à viande numérique. Retirez l'agneau du panier de la friteuse à air. Enveloppez-le dans du papier aluminium et laissez reposer 10 minutes. Pendant ce temps, la température à l'intérieur du morceau de viande augmentera encore de 6 à 10 degrés F, les jus seront distribués et la viande deviendra plus juteuse.
5. Déballez l'agneau et coupez-le en fines tranches, servez-le avec les légumes et la sauce.

Côtelettes d'agneau à la friteuse à air

Personne(s) : 4   **Préparation : 5 min**   **Total : 30 minutes**

Ingrédients :

- 2 c à s d'huile d'olive
- 2 cuillères à café de romarin frais haché environ 3 brins
- 1 cuillère à café de thym frais haché environ 2 brins
- 1 c à c d'ail 2-3 gousses
- ½ cuillère à café de sel casher
- ½ cuillère à café de poivre noir
- 1 ½ livre de côtelettes d'agneau

Préparation :

1. Mélangez l'huile d'olive avec le romarin haché, le thym haché, l'ail émincé, le sel casher et le poivre noir. Frotter le mélange d'huile d'olive et d'épices sur les côtelettes d'agneau, en les enrobant de tous les côtés. Laissez l'agneau mariner dans les épices à température ambiante pendant 15 minutes. Préchauffer la friteuse à air à 380°F (190°C). Disposez les côtelettes d'agneau en une seule couche dans le panier de votre friteuse à air, en laissant un peu d'espace entre chacune. Vous devrez peut-être cuire l'agneau par lots, en fonction de la taille de votre friteuse à air. Cuire 10 à 12 minutes en retournant à mi-cuisson.
2. Retirez les côtelettes d'agneau de la friteuse et laissez-les reposer 5 minutes avant de servir.

Rôti d'épaule d'agneau à la friteuse

Personne(s) : 4   **Préparation : 5 min**   **Total : 45 minutes**

Ingrédients :

- 1 épaule d'agneau pesant environ 2 livres
- 2 cuillères à soupe d'huile végétale, d'avocat ou de tournesol
- 1 cuillère à café de romarin séché
- 1 c à c de poudre d'oignon
- pincée de sel et de poivre

Préparation :

1. Placer l'épaule d'agneau dans un bol et couvrir d'huile, d'épices et d'herbes. Massez les épices et les herbes dans chaque partie de l'agneau. Préchauffer la friteuse à air pendant 5 minutes à 340°F (170°C). Placez l'épaule d'agneau dans le panier de la friteuse à air pendant 40 minutes, en les secouant et en les tournant toutes les 15 minutes environ.
2. Ouvrez la friteuse à air et vérifiez si l'agneau a une température interne de 145 °F (62 °C), et faites-le chauffer encore quelques minutes si vous le souhaitez. Servir chaud.

Escalopes d'agneau à la friteuse à air

Personne(s) : 6   **Préparation : 10 min**   **Total : 22 minutes**

Ingrédients :

- 4 côtelettes d'agneau
- 1 cuillère à soupe d'huile d'olive
- 1 cuillère à café de romarin séché
- 1 cuillère à café de thym séché
- 1 cuillère à café de poudre d'ail
- Sel et poivre noir, au goût

Préparation :

1. Préchauffez votre friteuse à air à 400°F (200°C) pendant quelques minutes pendant que vous préparez les escalopes d'agneau.
2. Dans un petit bol, mélanger l'huile d'olive, le romarin séché, le thym séché, la poudre d'ail, le sel et le poivre noir.
3. Badigeonner le mélange d'huile d'olive assaisonnée sur les deux côtés de chaque escalope d'agneau, en veillant à ce qu'ils soient uniformément enrobés.
4. Placez les escalopes d'agneau en une seule couche dans le panier de la friteuse à air, en vous assurant qu'elles ne sont pas surpeuplées. Vous devrez peut-être les faire cuire par lots si votre friteuse à air est petite.
5. Faites cuire les escalopes d'agneau dans la friteuse à air préchauffée à 400 °F (200 °C) pendant 4 à 6 minutes de chaque côté pour une cuisson mi-saignante à moyenne, ou ajustez le temps en fonction du niveau de cuisson souhaité.
6. Utilisez un thermomètre à viande pour vérifier la température interne. Visez 130 °F (54 °C) pour une cuisson mi-saignante, 140 °F (60 °C) pour une cuisson moyenne ou 150 °F (66 °C) pour une cuisson moyenne.
7. Retirez les escalopes d'agneau de la friteuse et laissez-les reposer quelques minutes. Cela permet aux jus de se redistribuer et de garder la viande tendre.
8. Servez vos escalopes d'agneau à la friteuse avec vos plats d'accompagnement préférés, comme des légumes rôtis, du couscous ou une salade fraîche.

CHAPITRE 7 Recettes de porc

CHAPITRE 7

Recettes de proc

Côtelettes de porc épaisses

Personne(s) : 2   **Préparation : 5 min**   **Total : 13 minutes**

Ingrédients :

- 2 steaks de porc environ 6 onces – 2 1/2" d'épaisseur
- 2 cuillères à café (4 g) de paprika
- 1 c à c (4 g) de cassonade
- 1/2 c à c (1,5 g) de poudre d'ail
- 1/2 cuillère à café (1 g) de poudre d'oignon
- 1/2 cuillère à café (3 g) de sel
- 1/4 cuillère à café (0,5 g) de poivre
- 1 cuillère à café (5 ml) d'huile d'olive

Préparation :

1. Séchez les côtelettes de porc avec une serviette en papier. Dans un petit bol, mélanger les assaisonnements pour obtenir un mélange sec. Frotter les côtelettes de porc avec de l'huile d'olive, puis assaisonner avec tout le mélange sec. Placez le porc dans le panier de la friteuse à air. Cuire à 400°F (204°C) pendant 12 minutes en retournant à mi-cuisson. La température interne du porc doit indiquer 140°F sur un thermomètre numérique.
2. Retirez le porc de la friteuse et laissez-le reposer 5 minutes avant de servir.

Brochettes de poitrine de porc

Personne(s) : 4   **Préparation : 10 min**   **Total : 28 minutes**

Ingrédients :

- 1 livre (450 g) de poitrine de porc en cubes
- 1 courgette tranchée
- 1 oignon coupé en quartiers
- 1 cuillère à soupe (15 ml) d'huile d'olive extra vierge
- 1 cuillère à soupe (15 ml) de sauce soja
- 1 cuillère à soupe (15 ml) de sauce chili douce thaïlandaise
- 2 cuillères à café (dix ml) de miel
- 1/2 cuillère à café (2,5 ml) de sauce de poisson
- 1/2 cuillère à café (2 g) d'huile de
- Un peu de sel et de poivre noir moulu

Préparation :

1. Enfilez la poitrine de porc, les courgettes et les oignons sur des brochettes en bois de 6 pouces. Assaisonnez avec du sel et du poivre. Dans un petit bol, mélanger l'huile d'olive, la sauce soja, la sauce chili douce thaïlandaise, le miel, la sauce de poisson et l'huile de chili. Vaporisez le panier de la friteuse à air avec de l'huile de cuisson. Placez les brochettes de porc dans le panier de la friteuse et vaporisez-les d'huile de cuisson. Cuire à 380°F pendant 6 minutes. Ouvrez le panier et arrosez les brochettes de sauce. Retournez-les et arrosez l'autre côté. Poursuivez la cuisson 6 minutes. Badigeonnez et retournez les brochettes. Poursuivez la cuisson jusqu'à ce que la température interne du porc atteigne 200 °F, environ 15 à 18 minutes.

Rôti de porc à la friteuse

Personne(s) : 6 **Préparation : 5 min** **Total : 55 minutes**

Ingrédients :

- 2 livres (1 kg) de rôti de porc
- 1 cuillère à soupe (15 ml) d'huile d'olive
- 1 cuillère à café (6 g) de sel
- 1 cuillère à café (2 g) de poivre
- 1 cuillère à café (2 g) de paprika

Préparation :

1. Sortez le rôti de porc du réfrigérateur 30 minutes avant la cuisson. Enduire le rôti d'huile d'olive. Mélanger les assaisonnements dans un bol et saupoudrer uniformément sur le rôti. Placer le rôti dans la friteuse à air et cuire à 360° F pendant 40 minutes (ou environ 20 minutes par livre). Vérifiez la température de la viande après 35 minutes de cuisson. La température doit être de 145° F. Si elle n'a pas atteint cette température, poursuivez la cuisson par incréments de 3 minutes jusqu'à ce que ce soit terminé.
2. Retirer le rôti de la friteuse et couvrir de papier d'aluminium pour qu'il repose 10 minutes avant de servir. Cela augmentera la température à 150° F, ou moyenne.

Côtelettes de porc (sans panure)

Personne(s) : 2 **Préparation : 5 min** **Total : 15 minutes**

Ingrédients :

- 2 côtelettes de porc d'au moins 1" d'épaisseur, avec ou sans os
- Vaporiser de l'huile de cuisson
- 1 cuillère à café (2 g) de paprika espagnol ou fumé
- 1/2 cuillère à café (3 g) de sel
- 1/4 cuillère à café (1 g) de cassonade
- 1/4 cuillère à café (0,5 g) de poudre d'oignon
- 1/4 cuillère à café (0,75 g) de poudre d'ail
- 1/4 cuillère à café (0,5 g) de poivre noir moulu

Préparation :

1. Mélangez les épices ensemble dans un bol. Séchez le porc et frottez généreusement l'assaisonnement de chaque côté.
2. Placez les côtelettes de porc dans le panier de la friteuse, de préférence sans les chevaucher.
3. Vaporiser légèrement d'huile. Si vous n'avez pas d'huile en spray, enduisez d'abord le porc d'huile, puis saupoudrez d'assaisonnement.
4. Cuire à 375°F pendant 10 minutes en retournant à mi-cuisson.
5. Le temps de cuisson varie en fonction de l'épaisseur des côtelettes. La viande doit atteindre un minimum de 145 degrés F. Utilisez un thermomètre à viande pour vous assurer que la viande a atteint la température souhaitée.

Filet de porc à la friteuse à air

Personne(s) : 4 **Préparation : 5 min** **Total : 25 minutes**

Ingrédients :

- 2 livres filet de porc
- 1 cuillère à café cassonade
- 1 cuillère à café paprika espagnol ou fumé
- 1 cuillère à café sel
- 1/2 cuillère à café poivre noir moulu
- 1/2 cuillère à café poudre de chili doux à piquante
- 1/2 cuillère à café poudre d'oignon

Préparation :

1. Sortez le filet de porc du réfrigérateur 15 minutes avant la cuisson.
2. Mélangez les épices dans un bol. Enduisez tout le filet d'assaisonnement.
3. Placez le filet dans le panier de la friteuse à air. Vaporiser légèrement d'enduit à cuisson.
4. Cuire à 380°F pendant 20 minutes en retournant et en vaporisant à nouveau à mi-cuisson.
5. Vérifiez que la viande a atteint 145°F. Retirez le filet du panier et laissez-le reposer 5 minutes avant de le trancher.

Côtelettes de porc avec os à la friteuse à air

Personne(s) : 2 **Préparation : 5 min** **Total : 20 minutes**

Ingrédients :

- 2 côtelettes de porc avec os
- Vaporiser de l'huile de cuisson
- 1 c à c (2 g) de paprika ou fumé
- 1/2 cuillère à café (3 g) de sel
- 1/4 cuillère à café (1 g) de cassonade
- 1/4 cuillère à café (0,5 g) de poudre d'oignon
- 1/4 cuillère à café (0,8 g) de poudre d'ail
- 1/4 cuillère à café (0,5 g) de poivre noir moulu

Préparation :

1. Mélangez les épices ensemble dans un bol. Séchez le porc et frottez généreusement l'assaisonnement de chaque côté. Placez le porc dans le panier de la friteuse, de préférence sans le chevaucher. Vaporiser légèrement d'huile. Si vous n'avez pas d'huile en spray, enduisez d'abord le porc d'huile, puis saupoudrez d'assaisonnement.
2. Cuire à 380 °F (193 °C) pendant 15 à 20 minutes, en retournant à mi-cuisson.
3. Le temps de cuisson varie en fonction de l'épaisseur des côtelettes. La viande doit atteindre une température interne minimale de 145 °F (63 °C). Utilisez un thermomètre à viande pour vous assurer que la viande a atteint cette température – ou plus pour une viande plus bien cuite – avant de la retirer. Poursuivez la cuisson jusqu'à ce que la température souhaitée soit atteinte.

Poitrine de porc à la friteuse à air parfaitement croustillante

Personne(s) : 6   **Préparation : 5 min**   **Total : 1h 35min**

Ingrédients :

- 1 1/2 livre (680 g) de poitrine de porc, assurez-vous qu'elle rentre dans le panier de votre friteuse
- 1 cuillère à café (6 g) de sel
- 1 cuillère à café (2 g) de paprika
- 1/2 cuillère à café (1 g) de cumin
- 1/2 cuillère à café (2 g) de cassonade
- 1/4 cuillère à café (0,5 g) de poivre
- 1/4 c à c (1,5 g) de sel d'ail
- 1 cuillère à soupe (15 ml) de vinaigre blanc
- 1 cuillère à soupe (15 ml) d'huile d'olive

Préparation :

1. Posez la poitrine de porc côté peau vers le bas sur une planche à découper. Coupez environ 1/2" de profondeur dans la viande dans les deux sens, en formant des carrés de 2" x 2" (ne coupez pas jusqu'à la peau).
2. Mélangez les épices dans un bol. Saupoudrez les épices sur la viande, en veillant à bien mettre du piquant dans les rainures de la viande.
3. Coupez un morceau de papier d'aluminium de 18 pouces. Pliez-le en deux. Repliez les quatre coins pour faire une boîte. Placez la poitrine de porc, côté viande vers le bas, dans la boîte. Badigeonner le dessus de la poitrine de porc de vinaigre blanc.
4. Placez la boîte en aluminium dans le panier de la friteuse à air. Cuire à 200°F (93°C) pendant 30 minutes. Cela devrait assécher suffisamment la peau pour qu'elle devienne croustillante pendant la cuisson. Saupoudrer la peau de sel et badigeonner d'huile d'olive pour aider à rendre la peau croustillante. Cuire à 375°F (191°C) pendant 50 minutes. Vérifiez le porc plusieurs fois vers la fin de la cuisson pour vous assurer que la peau ne brûle pas. S'il fait trop sombre, placez un morceau de papier d'aluminium sur le dessus pour protéger la peau des brûlures. Une fois terminé, retirez-le de la friteuse et laissez reposer 5 à 10 minutes. Retournez la poitrine de porc sur la planche à découper et coupez des tranches le long des lignes que vous avez déjà coupées.

Côtelettes de porc farcies

Personne(s) : 4   **Préparation : 5 min**   **Total : 27 minutes**

Ingrédients :

- 4 côtelettes de porc 6 oz chacune
- 1 cuillère à café (2 g) de paprika
- 1/2 cuillère à café (3 g) de sel d'ail
- 1/2 cuillère à café (1 g) d'assaisonnement italien
- (1 g) de poivre noir moulu
- 1/2 c à s (7,4 ml) d'huile de cuisson
- 4 tasses (120 g) d'épinards frais
- 48g de champigns blancs hachés
- 1 clou de girofle ail émincé
- 1/4 tasse (56,8 g) de fromage à la crème ramolli
- 2 c à s (30 ml) de mayonnaise
- 1/4 cuillère à café (1,5 g) de sel

Préparation :

1. Utilisez un couteau bien aiguisé pour découper une poche dans chaque morceau de porc, en prenant soin de ne pas couper complètement.
2. Mélangez le paprika, le sel d'ail, l'assaisonnement italien et le poivre noir dans un petit bol. Saupoudrer tous les côtés du porc avec l'assaisonnement. Mettre de côté.
3. Versez l'huile de cuisson dans une poêle allant au four à feu moyen. Ajouter les épinards et les champignons et cuire jusqu'à ce que les épinards soient fanés, environ 3 minutes. Ajouter l'ail et cuire encore 1 minute. Retirer du feu. Incorporer le fromage à la crème, la mayonnaise et le sel.
4. Versez des quantités égales de garniture dans chaque morceau de porc. Scellez les bords du porc avec des cure-dents pour garder la garniture. Placer dans le panier de la friteuse à air.
5. Cuire à 385° F pendant 15 minutes ou jusqu'à ce que la viande atteigne une température interne de 145° F. Retirez-la de la friteuse à air et laissez-la reposer pendant 3 minutes. Cela permettra à la garniture de se raffermir un peu afin qu'elle ne déborde pas lorsque vous retirez les cure-dents. Servez-le avec votre plat d'accompagnement préféré.

Brochettes de porc à la friteuse à air

Personne(s) : 2 **Préparation : 10 min** **Total : 18 minutes**

Ingrédients :

- 1 livre (450 g) de longe de porc coupée en cubes
- 1 poivron jaune coupé en carrés
- 1 poivron rouge coupé en carrés
- 1 oignon coupé en quartiers
- 2 cuillères à soupe (30 ml) d'huile d'olive extra vierge
- 2 cuillères à café (4 g) d'assaisonnement italien ou d'un mélange d'origan, de thym et de sauge
- 1/2 cuillère à café (3 g) de sel
- 1/4 cuillère à café (0,5 g) de poivre noir moulu

Préparation :

1. Enfilez le porc, le poivron et les oignons sur des brochettes en bois de 6 pouces. Assaisonnez avec du sel et du poivre.
2. Dans un petit bol, mélanger l'huile d'olive, l'assaisonnement, le sel et le poivre.
3. Placez les brochettes de porc dans le panier de la friteuse à air. Cuire à 380°F pendant 5 minutes. Ouvrez le panier et arrosez les brochettes avec l'assaisonnement à l'huile d'olive. Retournez-les et arrosez l'autre côté. Poursuivez la cuisson 5 minutes en arrosant encore une fois pendant la cuisson.

Boulettes de viande à la friteuse à air

Personne(s) : 4 **Préparation : 5 min** **Total : 13 minutes**

Ingrédients :

- 1/2 livre (227 g) de bœuf haché maigre
- 1/2 livre (227 g) de porc haché maigre
- 1/4 tasse (30 g) de chapelure assaisonnée
- 1 œuf
- 2 cuillères à soupe (10 g) de parmesan râpé
- 1 cuillère à soupe (5 g) d'assaisonnement italien
- 1 clou de girofle ail émincé
- 1/4 tasse (40 g) d'oignon coupé en dés
- 1/2 cuillère à café (3 g) de sel
- 1/4 cuillère à café (0,5 g) de poivre noir moulu

Préparation :

1. Mélanger tous les ingrédients dans un bol à mélanger. Mélanger jusqu'à ce que le tout soit homogène. Former 12 boulettes de viande de taille égale.
2. Placez les boulettes de viande, espacées pour qu'elles ne se touchent pas, dans le panier de la friteuse à air.
3. Cuire à 380° F pendant 8 minutes en secouant le panier à mi-cuisson pour assurer un brunissement uniforme.
4. Transférer les boulettes de viande dans une assiette et laisser reposer 5 minutes avant de servir.

Lanières de poitrine de porc croustillantes à la friteuse à air

Personne(s) : 4 **Préparation : 5 min** **Total : 17 minutes**

Ingrédients :

- 1 1/2 livre (680 g) de lanières de poitrine de porc
- 1 cuillère à soupe (15 ml) d'huile d'olive
- 1 cuillère à café (6 g) de sel
- 1 cuillère à café (2 g) de paprika
- 1/2 c à café (2 g) de cassonade
- 1/4 cuillère à café (0,5 g) de poivre
- 1/4 cuillère à café (1,5 g) de sel d'ail

Préparation :

1. Séchez les lanières de poitrine de porc. Badigeonner ou vaporiser de l'huile d'olive.
2. Mélangez les épices dans un bol. Saupoudrer l'assaisonnement des deux côtés des lanières.
3. Placez les bandes dans le panier de la friteuse à air. Essayez de ne pas les superposer. Cuire à 400° F pendant 12 à 15 minutes, en retournant une ou deux fois pour assurer une cuisson uniforme.
4. Le temps de cuisson varie en fonction de l'épaisseur des lanières. Cuire à une température interne de 190 °F.

Bouchées de poitrine de porc à la friteuse à air

Personne(s) : 6 **Préparation : 5 min** **Total : 18 minutes**

Ingrédients :

- 1 livre poitrine de porc coupée en morceaux de 1", sans peau
- 1 cuillère à soupe frotter à sec ou saler et poivrer

Préparation :

1. Couper la poitrine de porc en morceaux de 1". Saupoudrer de mélange sec.
2. Placez les bouchées de poitrine de porc dans le panier de la friteuse à air, en laissant de la place à l'air pour circuler.
3. Cuire à 400 °F pendant 11 à 13 minutes en secouant le panier à mi-cuisson pour assurer une cuisson uniforme.
4. Retirez les bouchées de la friteuse et dégustez-les avec de la sauce, si vous le souhaitez.

Steak de porc à la friteuse

Personne(s) : 2 **Préparation : 5 min** **Total : 13 minutes**

Ingrédients :

- 2 steaks de porc env. 6 onces – 1 1/2" d'épaisseur
- 2 cuillères à café (4 g) de paprika
- 1 cuillère à café (4 g) de cassonade
- 1/2 cuillère à café (1,5 g) de poudre d'ail
- 1/2 cuillère à café (1 g) de poudre d'oignon
- 1/2 cuillère à café (3 g) de sel
- 1/4 cuillère à café (0,5 g) de poivre noir moulu
- 1 cuillère à café (5 ml) d'huile d'olive

Préparation :

1. Séchez les steaks de porc avec une serviette en papier.
2. Dans un petit bol, mélanger les assaisonnements pour obtenir un mélange sec.
3. Frottez les steaks de porc avec de l'huile d'olive, puis assaisonnez avec tout le mélange sec.
4. Placez les steaks de porc dans le panier de la friteuse à air.
5. Cuire à 400°F (204°C) pendant 8 à 10 minutes, en retournant à mi-cuisson. La température interne du porc doit indiquer 140°F sur un thermomètre numérique.
6. Retirez le porc de la friteuse et laissez-le reposer 5 minutes avant de servir.

Côtelettes de porc

Personne(s) : 2   **Préparation : 5 min**   **Total : 20 minutes**

Ingrédients :

- 2 côtelettes de porc avec os
- Vaporiser de l'huile de cuisson
- 1 cuillère à café paprika espagnol ou fumé
- 1/2 cuillère à café sel
- 1/4 cuillère à café cassonade
- 1/4 cuillère à café poudre d'oignon
- 1/4 cuillère à café poudre d'ail
- 1/4 cuillère à café poivre noir

Préparation :

1. Mélangez les épices ensemble dans un bol. Séchez le porc et frottez généreusement l'assaisonnement de chaque côté. Placez le porc dans le panier de la friteuse, de préférence sans le chevaucher. Vaporiser légèrement d'huile. Si vous n'avez pas d'huile en spray, enduisez d'abord le porc d'huile, puis saupoudrez d'assaisonnement.
2. Cuire à 380°F pendant 15-20 minutes en retournant à mi-cuisson.
3. Le temps de cuisson varie en fonction de l'épaisseur des côtelettes. La viande doit atteindre une température interne minimale de 145 degrés. Utilisez un thermomètre à viande pour vous assurer que la viande a atteint cette température – ou plus pour une viande plus bien cuite – avant de la retirer. Poursuivez la cuisson jusqu'à ce que la température souhaitée soit atteinte.

Boulettes de porc à la friteuse à air

Personne(s) : 12   **Préparation : 10 min**   **Total : 25 minutes**

Ingrédients :

- 1 livre de porc haché (450g)
- 1 oeuf
- 3 c à s de chapelure nature
- ½ cuillère à café de poudre d'ail
- ¼ cuillère à café de sel
- ¼ cuillère à café de poivre noir
- 1 c à s de sauce Worcestershire
- 2 cuillères à soupe de moutarde
- Huile (canola, végétale, avocat, etc.)

Préparation :

1. Préchauffer la friteuse à air à 380F / 190c.
2. Ajouter tous les ingrédients dans un grand bol, à l'exception de l'huile.
3. Utilisez vos mains pour mélanger le tout jusqu'à ce que les ingrédients soient bien incorporés. Attention à ne pas trop mélanger. Roulez le mélange de porc en boules, légèrement plus grosses que des balles de golf.
4. Soit versez un peu d'huile sur vos mains et lissez chaque boulette de viande pour l'enrober, soit vaporisez l'huile dans le panier de la friteuse à air, placez les boulettes de viande dedans puis vaporisez-les légèrement à nouveau. Placez les boulettes de viande en une seule couche dans le panier de la friteuse à air et faites cuire à 380F / 190c pendant 15 minutes. A mi-cuisson, déplacez un peu les boulettes de viande pour qu'elles ne collent pas. Une fois cuits, les extérieurs doivent être dorés et croustillants.

Filet de porc Air Fryer avec sauce barbecue aux canneberges

Personne(s) : 6   **Préparation : 10 min**   **Total : 47 minutes**

Ingrédients :

- 2 lb de filet de porc
- 1 (14, oz) de sauce aux canneberges et aux baies entières en conserve
- ½ tasse de sauce barbecue J'ai utilisé une sauce barbecue à base de caryer et de cassonade
- 1 cuillère à café de poudre de chili
- 2 cuillères à café de poudre d'ail
- 1 cuillère à café de sel casher
- ¾ cuillère à café de poivre noir moulu.
- 1 tasse de jus de canneberge
- 2 brins de romarin d'environ 5 pouces

Préparation :

1. Fouetter ensemble la sauce aux canneberges, la sauce barbecue, la poudre de chili, l'ail, le sel, le poivre et le jus de canneberge dans un bol moyen.
2. Retirez 2 tasses de sauce mélangée et réservez.
3. Placez le porc dans un sac ziplock et versez délicatement le reste de la sauce du bol moyen sur le porc. Ajoutez les brins de romarin. Libérez tout l'air emprisonné et fermez le sac. Massez doucement le sac pour permettre à la marinade de coller au porc.
4. Réfrigérer jusqu'à 4 heures ou toute la nuit.
5. Pendant ce temps, placez les 2 tasses de sauce mélangée plus tôt dans une casserole antiadhésive de taille moyenne. Porter à ébullition à feu moyen, réduire le feu et laisser mijoter à couvert pendant 17 minutes en remuant fréquemment. Retirer du feu et transférer dans un bol.
6. Réserver ¼ tasse pour arroser le filet de porc.
7. Préchauffer la friteuse à air à 400°F. Laissez-le chauffer pendant 5 minutes.
8. Vaporisez la plaque inférieure de la friteuse à air avec un enduit à cuisson (si nécessaire)
9. Pendant ce temps, retirez le filet de porc du sac. Déposer à plat sur une plaque à pâtisserie ou une plaque. Séchez avec une serviette en papier pour éliminer toute humidité.
10. À l'aide d'une pince de cuisine, placez le filet dans le panier de la friteuse à air préchauffé. Cuire pendant 20 à 22 minutes, en retournant une fois entre les cuissons ou jusqu'à ce qu'un thermomètre alimentaire indique 145 °F (si vous n'avez pas de thermomètre, coupez une tranche, il ne devrait pas y avoir de rose au centre de la viande).
11. Badigeonnez le filet d'un peu de sauce barbecue toutes les 10 minutes.
12. Retirer du feu et laisser reposer sur une grille de refroidissement pendant environ 5 minutes avant de découper.

Côtelettes de porc faciles à frire

Personne(s) : 4　　**Préparation : 5 min**　　**Total : 20 minutes**

Ingrédients :

- 4 côtelettes de porc avec os
- 1 sachet d'assaisonnement pour shake and bake
- Huile d'olive

Préparation :

1. Commencez par rincer les côtelettes de porc et séchez-les avec une serviette en papier. Ensuite, placez-les dans un sac contenant le mélange Shake 'n Bake, en vous assurant qu'ils sont bien enrobés en secouant le sac. Une fois les côtelettes de porc enrobées, transférez-les délicatement dans la friteuse et enduisez-les d'une petite quantité d'huile d'olive.
2. Réglez la friteuse à air à 400 degrés F et faites cuire les côtelettes de porc pendant 6 minutes. Retournez les côtelettes de porc et badigeonnez-les ou vaporisez-les d'huile. Continuez la cuisson pendant 6 à 8 minutes supplémentaires jusqu'à ce que la température interne atteigne 145 degrés F. Une fois cuites, laissez les côtelettes de porc reposer pendant 3 à 5 minutes avant de servir. Bon appétit !

Fajitas de filet de porc à la friteuse à air

Personne(s) : 4　　**Préparation : 10 min**　　**Total : 20 minutes**

Ingrédients :

- 1 ½ livre (680 g) de filet de porc
- Aérosol de cuisson
- 3 poivrons tranchés en lanières
- 2 oignons tranchés
- 1 cuillère à soupe + 1 cuillère à café d'assaisonnement pour fajita

Préparation :

1. Préchauffez la friteuse à air à 400F / 204C.
2. À l'aide de papier absorbant, séchez le filet de porc, puis vaporisez-le légèrement d'enduit à cuisson. Frotter le porc avec le mélange d'assaisonnements pour fajita, en laissant 1 cuillère à café pour les légumes.
3. Vaporiser la grille et le plateau de la friteuse à air avec un enduit à cuisson.
4. Cuire le filet de porc pendant 8 à 10 minutes. Retourner et cuire encore 8 à 10 minutes. Vérifiez la cuisson interne.
5. Retirer et placer sur une assiette, couvrir de papier d'aluminium et laisser reposer 10 minutes. Pendant que le porc repose, vaporisez les légumes d'enduit à cuisson et enduisez-les du reste du mélange d'assaisonnement.
6. Ajoutez les légumes dans le panier de la friteuse et faites cuire pendant 5 à 8 minutes, selon la taille des légumes.
7. Trancher le filet de porc, mélanger avec les légumes et servir.

Friteuse à air Char Siu

Personne(s) : 8 **Préparation : 5 min** **Total : 10h 45min**

Ingrédients :

- 2 livres de mégot de porc ou toute coupe de porc à plus forte teneur en matières grasses, comme une épaule de porc désossée ou une poitrine de porc
- 2 cuillères à soupe de vin de Shaoxing
- 1 cuillère à soupe de sauce aux huîtres
- 1 cuillère à soupe de sauce soja légère
- 1 cuillère à soupe de sauce soja noire
- 1 cuillère à soupe de sucre blanc ou de cassonade
- 2 cuillères à soupe de miel brut pour le badigeonnage
- 2 cuillères à soupe d'ail émincé
- ½ tasse de tofu rouge fermenté ou de colorant alimentaire rouge, facultatif
- ½ cuillère à café de poudre de cinq épices chinoises (facultatif)
- sel et poivre blanc au goût

Préparation :

1. Dans un grand bol, mélanger toute la sauce et transférer dans un sac ziplock ou tout autre récipient hermétique à conserver au réfrigérateur toute la nuit. Vous pouvez sauter cette étape si vous n'avez pas le temps, mais cela fera une grande différence au niveau de la saveur. Je vous suggère fortement de faire mariner la viande toute la nuit pour un meilleur résultat.
2. Mettez la crosse de porc marinée dans le panier de la friteuse à air. Utilisez des doublures pour un nettoyage facile. Réglez la friteuse à air à 350 degrés et badigeonnez la sauce marinade toutes les 10 minutes pendant 40 minutes ou jusqu'à ce que la température interne atteigne 175 degrés. Cuire jusqu'à ce qu'il soit doré ; utilisez des pinces pour retourner le porc chaque fois que vous badigeonnez la sauce afin que les deux côtés soient bien cuits de manière égale. Ajoutez 5 minutes supplémentaires si vous m'aimez ou si vous préférez une texture brûlée-croustillante !
3. Veuillez éteindre immédiatement la friteuse à air et transférer le char siu dans une assiette.
4. Laissez le char siu refroidir pendant 10 minutes avant de le couper. Tranchez-le et badigeonnez-le d'un peu plus de miel pour une retouche rapide et une texture de glaçage collante.
5. Servir le char siu avec du riz blanc cuit à la vapeur et divers accompagnements verts. Apprécier !

Comment frire des médaillons de porc

Personne(s) : 4   **Préparation : 2 min**   **Total : 16 minutes**

Ingrédients :

- 4 médaillons de porc
- 1 cuillère à café d'huile - – voir notes
- ½ cuillère à café d'assaisonnement - –

Préparation :

1. Si votre friteuse à air nécessite un préchauffage, démarrez ce réglage maintenant.
2. Séchez soigneusement 4 médaillons de porc. Arroser de 1 cuillère à café d'huile et ½ cuillère à café d'assaisonnement et mélanger pour bien enrober le porc.

Os du cou de la friteuse à air

Personne(s) : 2   **Préparation : 5 min**   **Total : 35 minutes**

Ingrédients :

- 1 lb d'os de cou de porc
- 1 cuillère à café de poudre d'ail
- 1 cuillère à café de paprika
- ½ cuillère à café de sel
- 1 cuillère à café de fumée liquide
- 1 cuillère à café de poudre d'oignon
- 1 cuillère à soupe d'huile d'olive
- ½ tasse de sauce barbecue

Préparation :

1. Mélangez tous les ingrédients (utilisez la moitié de la sauce barbecue) dans un grand sac à fermeture éclair. Laissez mariner 30 minutes (ou toute la nuit si vous le pouvez).
2. Placer dans la friteuse à air. Cuire à 350 degrés pendant 20 minutes. Badigeonner le porc des restes de sauce barbecue et cuire encore 5 minutes.

burgers de porc et de pommes

Personne(s) : 4   **Préparation : 8 min**   **Total : 31 minutes**

Ingrédients :

- 500 g de porc haché/porc haché
- 2 pommes moyennes
- 100 g de fromage râpé
- 5 pommes de terre moyennes
- ½ cuillère à soupe d'huile d'olive extra vierge
- 1 cuillère à café de purée d'ail
- 1 cuillère à soupe de thym
- 1 cuillère à soupe d'herbes mélangées
- 1 cuillère à café de thym
- Sel poivre

Préparation :

1. Placez le porc haché dans un bol. Épluchez et râpez la pomme et ajoutez-la dans le bol, ainsi que tous les autres assaisonnements à l'exception de la cuillère à café de thym. Ajouter le fromage râpé.

Air Fryer Schnitzel avec chou aigre-doux

Personne(s) : 4 **Préparation : 15 min** **Total : 30 minutes**

Ingrédients :

- 2 oeufs
- 3 cuillères à soupe. Moutarde brune épicée
- ¾ tasse de farine tout usage
- 1 ½ tasse de chapelure panko nature
- 1 à 1 ¼ lb de viande désossée comme une poitrine de poulet sans peau ou du porc très finement tranché et/ou pilé finement
- 1 cuillère à soupe. Huile d'olive au goût léger et plus pour le brossage
- ½ tête de gros chou violet tranché finement (ou sous 1 sac (16 oz) de chou râpé ou de mélange de salade de chou, si désiré)
- 1 tasse de carottes râpées
- 1 pomme Granny Smith de taille moyenne à grosse tranchée
- ¼ tasse de vinaigre de cidre de pomme
- 2 cuillères à soupe. Miel
- 1 c. graines de carvi
- Tranches de citron et persil pour servir

Préparation :

1. 1. Préchauffez la friteuse à air à 360 degrés F pendant au moins 5 minutes. Fouetter les œufs et la moutarde dans un bol. Mettez la farine et le panko dans deux bols séparés. Tremper la viande dans la farine, puis le mélange d'œufs, puis le panko. Badigeonner la viande d'huile d'olive et assaisonner de sel et de poivre. Cuire à la friteuse pendant 5 à 6 minutes, retourner la viande, puis cuire encore 5 à 6 minutes.

2. 2. Faites chauffer 1 cuillère à soupe. Huile d'olive dans une poêle à feu moyen-vif. Ajouter le chou, les carottes râpées et les pommes, assaisonner de sel et de poivre. Faire sauter jusqu'à ce qu'ils soient tendres et que les pommes en aient caramélisées. Fouetter ensemble le vinaigre de cidre de pomme, le miel et les graines de carvi. Versez le mélange de vinaigre dans la poêle pour déglacer. Mélanger, puis servir avec du schnitzel, des quartiers de citron et du persil.

CHAPITRE 8

Recettes de bœuf

Rôti de bœuf juteux et légumes

Personne(s) : 4 **Préparation : 40 min** **Total : 1h 22min**

Ingrédients :

- Rôti de 3 livres ou moins Voir note
- 1,5 livre de pommes de terre Yukon Gold
- 1 oignon jaune coupé en 1/8ème
- 12 oz de mini-carottes ou 3 carottes entières
- Huile de votre choix
- Sel et poivre au goût
- 2 brins de romarin frais
- Thym frais

Préparation :

1. Sortez la viande de l'emballage, séchez-la et tempérez-la pendant 30 minutes.
2. Pendant que la viande se tempère, préparez vos épices/assaisonnements. J'ai fait du romarin frais et du thym. Vous pouvez utiliser des épices sèches ou toute autre épice de votre choix.
3. Une fois la viande tempérée, retirez tout excès de graisse. Frottez ensuite un peu d'huile sur votre viande. Vous n'en avez pas besoin de beaucoup ici, juste assez pour couvrir légèrement l'extérieur. L'huile aidera l'extérieur à brunir et les épices à adhérer à la viande.
4. Salez généreusement la viande et frottez-la. Faites-en un peu plus que ce que vous jugez nécessaire.
5. Assaisonnez la viande avec des épices et du poivre. Puis frottez-le.
6. Laissez votre viande reposer pendant que la friteuse à air préchauffe à 400°F/200°C pendant 5 minutes.
7. Placer la viande dans le panier de la friteuse à air. Rentrez les petites extrémités du rôti sur lui-même pour qu'il cuise uniformément. Cuire à 400°F/200°C pendant 10 à 12 min.
8. Pendant que la viande cuit, préparez les légumes.
9. Pour les pommes de terre : laver, sécher et couper en cubes égaux. Environ 1 pouce d'épaisseur, mais vous pouvez les rendre aussi grands ou aussi petits que vous le souhaitez. Vaporisez directement d'huile et de sel sur votre planche à découper ou mélangez-la dans un bol avec de l'huile et du sel.
10. Pour les carottes : Si vous utilisez des carottes entières, coupez-les en bouchées égales. Lavez et séchez. Pour les oignons : coupés en huitièmes. Mélanger avec les carottes et vaporiser d'huile, saler et mélanger.
11. Une fois le rôti terminé, retournez le rôti, puis recouvrez-le de pommes de terre, d'oignons et de carottes. Cuire 20 minutes à 360°F/180°C.
12. À mi-cuisson (10 minutes), vérifiez-le rôti avec un thermomètre alimentaire à lecture instantanée. Vous voulez que le rôti s'inscrive à 145°F/62°C. Sortez le rôti du panier de la friteuse, remuez les légumes, retournez le rôti et terminez la cuisson pendant les 10 dernières minutes.
13. Si votre viande n'a pas atteint 145°F/62°C après 20 minutes, remuez les légumes, retournez le rôti et faites cuire encore 5 minutes à 360°F/180°C.
14. Répétez la dernière étape jusqu'à ce que le rôti atteigne 145°F/62°C.
15. Une fois le rôti bien cuit, placez-le dans du papier d'aluminium pendant 10 minutes.

Sandwich ciabatta au bœuf ouvert (recette de friteuse à air)

Personne(s) : 4   **Préparation : 5 min**   **Total : 13 minutes**

Ingrédients :

- 4 à 8 petits pains ciabatta ou tout autre pain artisanal
- 1 contenant de pâte à tartiner aux artichauts J'ai utilisé un contenant d'artichauts et de parmesan aux épinards La Terra Fina de 32 onces, vous n'avez pas besoin d'utiliser le contenant entier.
- 1 paquet de bœuf et de porc râpé J'ai utilisé un paquet de 36 onces, vous n'avez pas besoin d'utiliser le paquet entier. Cette recette fonctionne également très bien si vous avez des restes de viande que vous souhaitez utiliser.
- 8 à 16 tranches de parmesan ou au goût

Préparation :

1. Coupez les rouleaux ciabatta en deux dans le sens de la longueur.
2. Étalez une généreuse quantité de trempette aux épinards et aux artichauts sur chaque moitié du pain, autant que vous le souhaitez.
3. Garnir chaque pain de bœuf ou de porc râpé.
4. Faire frire à l'air libre à 400 °F pendant 6 minutes.
5. Garnir de parmesan et faire frire à l'air libre pendant 1 à 2 minutes supplémentaires pour faire fondre le fromage.

Recettes de bœuf à la friteuse à air

Personne(s) : 4   **Préparation : 5 min**   **Total : 23 minutes**

Ingrédients :

- 2 steaks frais ou surgelés, 3/4 de pouce est le meilleur
- 1 pincée de sel et de poivre
- Huile d'olive

Préparation :

1. Préchauffer la friteuse à air à 360 degrés F pendant 5 minutes.
2. Frotter l'extérieur de la viande avec de l'huile d'olive et saupoudrer des assaisonnements de votre choix. Disposez-les dans un panier sans les chevaucher.
3. Cuire 15 à 18 minutes selon le degré de cuisson souhaité, en les retournant à mi-cuisson. Lorsque vous atteignez la température interne idéale à votre goût, retirez-la et laissez-la reposer 5 minutes avant de la trancher.

Bouchées de steak et champignons

Personne(s) : 3 **Préparation : 10 min** **Total : 28 minutes**

Ingrédients :

- 1 lb (454 g) de steaks, coupés en cubes de 1/2 po (entrecôte, surlonge, tri-tip
- 8 onces. (227 g) de champignons (nettoyés, lavés et coupés en 2
- 2 cuillères à soupe (30 ml) de beurre fondu (ou d'huile d'olive)
- 1 cuillère à café (5 ml) de sauce Worcestershire
- 1/2 cuillère à café de poudre d'ail,
- sel en flocons, au goût
- poivre noir frais concassé, au goût
- Persil haché, garniture
- Beurre fondu, pour la finition –
- Flocons de piment, pour la finition

Préparation :

1. Rincez et séchez soigneusement les cubes de steak. Mélangez les cubes de steak et les champignons. Enrober de beurre fondu puis assaisonner avec la sauce Worcestershire, la poudre d'ail facultative et un généreux assaisonnement de sel et de poivre.
2. Préchauffez la friteuse à air à 400°F/205°C pendant 4 minutes.
3. Étalez le steak et les champignons en une couche uniforme dans le panier de la friteuse à air. Ne surchargez pas le panier/plateau. Cuire par lots si nécessaire.
4. Faire frire à l'air libre à 400°F/205°C pendant 6 à 8 minutes. Secouez et retournez le steak et les champignons. Vérifiez si le steak est bien cuit.
5. Si vous voulez que le steak soit plus cuit, ajoutez 3 à 5 minutes supplémentaires de temps de cuisson, ou jusqu'à ce qu'il soit cuit selon vos préférences (le temps dépend de votre cuisson préférée, de l'épaisseur du steak et de la taille de la friteuse à air).
6. Garnir de persil et arroser de beurre fondu en option et/ou de flocons de piment en option. Assaisonner avec du sel et du poivre supplémentaires si vous le souhaitez. Servir chaud.

Bœuf séché à la friteuse Teriyaki

Personne(s) : 6 **Préparation : 10 min** **Total : 1 jour j 2heures 10 min**

Ingrédients :

- 1 steak de surlonge
- 3 cuillères à soupe de sauce soja
- 1 c à s d'huile de sésame
- 1 cuillère à soupe d'ail émincé
- 1 c à c de gingembre moulu
- 1 cuillère à café de graines de sésame
- ½ c à c de flocons de piment

Préparation :

1. Coupez la surlonge à contre-courant en lanières très fines. Mélangez ensuite le reste des ingrédients dans un bol et mélangez avec le steak.
2. Faire mariner le steak pendant 24h (ou au moins toute la nuit), en mélangeant/retournant plusieurs fois pour être sûr que le tout soit bien enrobé.
3. Réglez la friteuse à air sur « réglage déshydratation » à 180 degrés et laissez cuire pendant 2 heures, en retournant environ toutes les 30 minutes.

Bœuf et brocoli à la friteuse à air

Personne(s) : 2 à 4   Préparation : 10 min   Total : 30 minutes

Ingrédients :

SAUCE
- 1/2 c. bouillon de poulet faible en sodium
- 3 cuillères à soupe. sauce soja à teneur réduite en sodium
- 2 cuillères à soupe. cassonade claire emballée
- 1 cuillère à soupe. fécule de maïs
- 1 c. Vin de Shaoxing ou sherry sec
- 1 c. huile de sésame grillé
- Poivre noir fraîchement moulu

STEAK ET BROCOLI
- 1 livre. bifteck de flanc ou de jupe, coupé à contre-courant de 1/8", puis coupé en morceaux de 1" à 2"
- 2 gousses d'ail, hachées finement
- 1 cuillère à soupe. sauce soja à teneur réduite en sodium
- 2 c. fécule de maïs
- 2 c. gingembre frais pelé finement haché
- 2 c. Vin de Shaoxing ou sherry sec
- 12 onces. Petits fleurons de brocoli (à partir d'environ 2 têtes)
- 2 cuillères à soupe. Huile végétale
- Oignons verts émincés, graines de sésame grillées et riz cuit à la vapeur ou gluant, pour servir

Préparation :

❖ **SAUCE**

1. Dans un bol moyen résistant à la chaleur, fouetter le bouillon, la sauce soja, la cassonade, la fécule de maïs et le vin. Cuire aux micro-ondes à puissance élevée, en remuant à mi-cuisson, jusqu'à ce que la sauce épaississe, environ 2 minutes. Incorporer l'huile ; assaisonner avec quelques grains de poivre noir.

❖ **STEAK ET BROCOLI**

2. Dans un autre bol moyen, mélanger le steak avec l'ail, la sauce soja, la fécule de maïs, le gingembre et le vin. Laissez reposer 5 minutes. Ajouter le brocoli et l'huile et mélanger.
3. Disposez la moitié du mélange de steak et de brocoli en une seule couche dans un panier de friteuse à air. Cuire à 400° jusqu'à ce que le steak soit bien cuit et que le brocoli soit tendre et doré par endroits, 8 à 10 minutes. Grattez le mélange de steak et de brocoli cuit dans un bol avec la sauce.
4. Répéter avec le reste du mélange de steak et de brocoli, puis mélanger pour bien enrober de sauce.
5. Saupoudrer d'oignons verts et de graines de sésame. Servir sur du riz.

Bœuf croustillant et brocoli à la friteuse à air

Personne(s) : 4   **Préparation : 20 min**   **Total : 30 minutes**

Ingrédients :

- 1 lb de steak de surlonge de bœuf désossé, coupé en morceaux de 1 pouce
- 3 tasses de petits fleurons de brocoli
- 1 tasse de lanières de poivron rouge en bouchées
- 4 oignons verts, tranchés (parties blanches et vertes séparées)
- 1 cuillère à soupe d'huile végétale
- Aérosol de cuisson
- 1/3 tasse de sauce soja avec moins de sodium
- 3 cuillères à soupe de vinaigre de riz
- 2 cuillères à soupe de miel
- 1 cuillère à soupe de gingembre frais
- 3 gousses d'ail, émincées
- 1 cuillère à café d'huile de sésame grillé
- 1/4 cuillère à café de poivron rouge broyé
- 1 cuillère à café de fécule de maïs
- 2 tasses de riz blanc cuit chaud
- Graines de sésame grillées, pour la garniture

Préparation :

1. Préchauffer la friteuse à air à 400 degrés F (200 degrés C).
2. Mélanger le bœuf, le brocoli, le poivron, les parties blanches des oignons verts et l'huile végétale dans un grand bol. Enduire le panier de la friteuse à air d'enduit à cuisson. Disposer le mélange de viande dans le panier.
3. Cuire environ 5 minutes. Remuer et poursuivre la cuisson jusqu'à ce que la viande ait atteint la cuisson désirée, par exemple 145 degrés F (62 degrés C) pour une cuisson moyenne, 6 à 8 minutes. Retirer le mélange de viande et laisser reposer environ 5 minutes.
4. Pendant ce temps, pour la sauce, mélanger la sauce soja, le vinaigre, le miel, le gingembre, l'ail, l'huile de sésame et le poivron rouge broyé dans une petite casserole. Porter à ébullition, réduire le feu et laisser mijoter à découvert jusqu'à ce que le liquide soit réduit à 1/2 tasse, environ 10 minutes. Fouetter ensemble la fécule de maïs et 1 cuillère à soupe d'eau dans un petit bol. Incorporer à la sauce et cuire, en remuant constamment, jusqu'à épaississement, environ 1 minute.
5. Mélanger le bœuf et les légumes avec la sauce dans un plat de service. Garnir du reste des oignons verts. Servir avec du riz et garnir de graines de sésame.

Bœuf mongol à la friteuse à air

Personne(s) : 4 **Préparation : 20 min** **Total : 40 minutes**

Ingrédients :

- **VIANDE**
- 1 livre de bifteck de flanc
- 1/4 tasse de fécule de maïs
- Spray d'huile de cuisson au choix Pépins de raisin, etc.
- **SAUCE**
- 2 cuillères à café d'huile végétale
- 1/2 cuillère à café de gingembre
- 1 cuillère à soupe d'ail haché
- 1/2 tasse de sauce soja ou de sauce soja sans gluten
- 1/2 tasse d'eau
- 3/4 tasse de cassonade emballée
- **SUPPLÉMENTS**
- Riz cuit
- Haricots verts
- Oignons verts

Préparation :

1. Tranchez finement le steak en longs morceaux, puis enduisez-le de fécule de maïs.
2. Placez-le dans la friteuse à air, une fois dans la friteuse à air, enduisez-le d'une couche d'huile de pépins de raisin en aérosol. Cuire à 390* pendant 5 minutes de chaque côté. (Remarque : je fais cuire cela pendant 10 minutes de chaque côté ; cependant, sur la base des critiques, je l'ai changé à 5 minutes de chaque côté. Commencez par 5 minutes et augmentez si nécessaire.)
3. Pendant la cuisson du steak, réchauffez tous les ingrédients de la sauce dans une casserole de taille moyenne à feu moyen-vif. Fouetter les ingrédients ensemble jusqu'à ébullition douce. Une fois le steak et la sauce cuits, placez le steak dans un bol avec la sauce et laissez-le tremper pendant environ 5 à 10 minutes.
4. Au moment de servir, utilisez des pinces pour retirer le steak et laissez l'excédent de sauce s'égoutter. Placer le steak sur le riz cuit et les haricots verts, garnir de sauce supplémentaire si vous préférez.

Bouchées de steak juteux

Personne(s) : 3 **Préparation : 7 min** **Total : 19 minutes**

Ingrédients :

- 2 lb de steak de surlonge coupé en 1½ pouce sur 1 pouce
- 2 cuillères à soupe d'huile
- 1½ cuillère à café de poivre noir moulu
- 1½ cuillère à café de sel
- 1½ cuillère à café de sauce soja

Préparation :

1. Couper le steak en morceaux de 1½ pouce sur 1 pouce. Fouetter ensemble l'huile, le poivre, le sel et la sauce soja. Ajouter le steak dans le bol et mélanger avec la sauce jusqu'à ce qu'il soit enrobé. Préchauffer la friteuse à air. Cuire à la friteuse à air à 400°F pendant 7 à 12 minutes. 7 minutes = plus saignant / 12 minutes = moyen-bien
2. Servir comme plat principal avec du riz cuit à la vapeur, des légumes ou des nouilles.

Rôti de bœuf à la friteuse à air

Personne(s) : 4 **Préparation : 5 min** **Total : 1heure 10 min**

Ingrédients :

- **Assaisonnement**
- 2 cuillères à café de gros sel
- 1 cuillère à café de poivre noir fraîchement moulu
- ½ cuillère à café de thym séché
- ½ cuillère à café de granulés d'ail
- ½ cuillère à café de romarin séché
- ½ cuillère à café de moutarde en poudre ou de cassonade
- **Pour le rôti de bœuf**
- 2 ½ lb (1,2 kg) de rôti de bœuf, vérifiez qu'il rentre dans votre friteuse à air
- 3 cuillères à soupe d'huile d'olive

Préparation :

1. Sortez votre rôti de bœuf du réfrigérateur et séchez-le. Laissez-le revenir à température ambiante pendant 30 minutes. Assurez-vous de vérifier si votre joint rentre dans la friteuse à air. Vous pouvez toujours couper un joint plus gros en deux.
2. Pendant ce temps, préchauffez la friteuse à air (400°F/200°C) pendant 10 minutes. Mélangez tous les ingrédients de l'assaisonnement et badigeonnez le bœuf d'huile d'olive. Presser le mélange d'assaisonnements sur tout le bœuf.
3. Utilisez une doublure dans le panier de la friteuse à air (facultatif) et placez le bœuf dessus. Rôtir pendant 10 à 15 minutes. Cuire le bœuf à haute température créera une belle croûte à l'extérieur, scellant tous les délicieux jus à l'intérieur de la même manière que saisir le bœuf dans une poêle avant de le rôtir au four.
4. Retirez le panier de la friteuse à air et retournez le bœuf. Réduisez la température à 350°F / 180°C et laissez cuire encore 30 minutes.
5. Commencez à vérifier la température interne du bœuf avec un thermomètre à lecture instantanée en insérant la sonde dans la partie centrale la plus épaisse. Utilisez le tableau dans les notes de recette comme guide pour le cuire à votre goût, en ajoutant cinq minutes de cuisson jusqu'à ce que la température souhaitée soit atteinte. N'oubliez pas que la température du joint continuera d'augmenter légèrement pendant qu'il repose, alors tenez-en compte. Je vise généralement un vin mi-saignant (130-134°F / 55-57°C).
6. Une fois que le bœuf est cuit à votre goût, placez-le sur une assiette chaude et couvrez-le légèrement de papier d'aluminium. Laissez-le reposer pendant 20 à 30 minutes avant de le trancher à contre-courant et de le servir avec vos plats d'accompagnement préférés.

Rôti de bœuf à la friteuse à air

Personne(s) : 6 **Préparation : 10 min** **Total : 1 jour j 2heures 10 min**

Ingrédients :

- 2 lb de rôti de bœuf
- 2 cuillères à café de poudre d'ail
- 2 cuillères à café de poudre d'oignon
- 2 cuillères à café de persil
- 2 cuillères à café de thym
- 2 cuillères à café d'origan
- 2 cuillères à café de sel casher
- 1 cuillère à café de poivre noir
- 1 cuillère à soupe d'huile d'olive

Préparation :

1. Préchauffez la friteuse à air à 390F/189C pendant 15 minutes. Mélanger les assaisonnements dans un petit bol. Séchez le rôti avec du papier absorbant, enduisez-le d'huile, puis frottez-le avec le mélange d'assaisonnement.
2. Placez le rôti dans le panier de la friteuse. Cuire 15 minutes, puis retourner délicatement le rôti. Réduisez la température à 360 degrés F et faites cuire pendant 20 minutes (pour le bœuf saignant) ou plus de 30 minutes (pour un bœuf mi- saignant à bien cuit), ou jusqu'à ce qu'un thermomètre à viande atteigne le degré de cuisson souhaité.
3. Retirez le rôti de la friteuse à air et placez-le sur une planche à découper. Couvrez-le de papier d'aluminium et laissez-le reposer 15 minutes avant de le trancher et de le servir.

Sauté de ramen au bœuf

Personne(s) : 4 **Préparation : 15 min** **Total : 25 minutes**

Ingrédients :

- 1 lb de bœuf haché extra maigre
- 3 c à s de crème au beurre de cacahuète
- 3 c à s de sauce Hoisin
- ½ c à s de sauce Sri racha
- 1 cuillère à soupe de sauce soja
- ⅛ cuillère à café de gingembre
- 1 cuillère à café d'ail émincé
- 3 paquets de nouilles Ramen , d'assaisonnement
- Sel au goût
- Poivre noir au goût

Préparation :

1. Préchauffer la friteuse à air pendant 5 minutes à 380 °F . Faites cuire les ramen selon les instructions sur l'emballage. Ajoutez le bœuf haché dans le panier de la friteuse à air. Si vous disposez d'un plateau amovible, retirez-le (voir notes). Faites frire à l'air libre à 380F pendant 4 à 5 minutes, remuez à mi-cuisson pour briser la viande et la laisser cuire uniformément. Ajouter les ingrédients de la sauce à la viande. Remuer pour combiner le tout. Réglez la friteuse à air à 380 °F pendant 3 à 6 minutes, ou jusqu'à ce que la viande soit bien cuite et parfumée au goût. Remuez la viande à mi-cuisson pour continuer à la briser. Ajoutez environ 3 à 4 cuillères à soupe d'eau de ramen à la viande. Faites frire à l'air libre pendant 1 à 2 minutes supplémentaires.
2. Retirer et déguster avec des nouilles ramen.

CHAPITRE 9

Recettes de frites légères

FRITES À FRITEUSE À AIR

Personne(s) : 4 **Préparation : 10 min** **Total : 1 heure 25 min**

Ingrédients :

- 3 grosses pommes de terre rousses
- 2-3 cuillères à soupe d'huile d'olive
- Sel de mer et poivre, au goût

Préparation :

1. A l'aide d'une mandoline, coupez les pommes de terre en frites. Je ne m'inquiète pas trop de la taille des frites que je prépare : certaines sont plus grosses et d'autres plus petites. C'est très bien ! Ensuite, placez vos patates dans un bon bain d'eau fraîche. Plongez complètement les frites dans l'eau. Laissez les frites reposer une heure. Cela aide à éliminer l'excès d'amidon et aidera les frites à devenir plus croustillantes au four. Préchauffer la friteuse à air à 375 degrés.
2. Au bout d'une heure, égouttez l'eau et séchez les frites avec une serviette en papier.
3. Mélanger avec quelques cuillères à soupe d'huile d'olive, du sel et du poivre.
4. Ajoutez les frites au fond du panier de la friteuse à air, en vous assurant qu'elles sont toutes au même niveau (ne les empilez pas les unes sur les autres.)
5. Cuire 15 à 20 minutes, jusqu'à ce qu'ils soient croustillants et dorés.
6. Placer sur une plaque à pâtisserie recouverte de papier absorbant et une grille de refroidissement dessus. Placer au four chaud (réglé à la température minimale, pas plus de 250 degrés) et laisser reposer pendant que les autres lots de frites cuisent.
7. Servir chaud et déguster.

Quartiers de pommes de terre

Personne(s) : 5 **Préparation : 5 min** **Total : 20 minutes**

Ingrédients :

- 4 pommes de terre rousses moyennes
- 1 cuillère à soupe d'ail et de persil sel (ajuster au goût)
- 1/4 cuillère à café de paprika fumé
- 1/2 cuillère à soupe d'huile d'olive

Préparation :

1. Coupez les pommes de terre en 6 à 8 quartiers et faites-les tremper dans l'eau froide pendant 15 minutes dans un grand bol. Utiliser une serviette en papier pour sécher les pommes de terre. Assaisonner les quartiers de pommes de terre avec du sel, du paprika et de l'huile. Remuer pour s'assurer que chaque coin est uniformément enrobé.
2. Vaporiser le panier d'huile. Placer les quartiers assaisonnés dans un panier de friteuse à air. Faire frire à l'air libre à 400°F pendant environ 15 minutes. À mi-cuisson, mélangez les pommes de terre pour que l'autre côté soit croustillant.
3. Servez immédiatement les quartiers de pommes de terre.

Frites de courgettes à la friteuse à air

Personne(s) : 6 **Préparation : 20 min** **Total : 40 minutes**

Ingrédients :

- 1,5 lb de courgettes (5-6 courgettes moyennes, lavées)
- 2 œufs(s) (gros, légèrement battus)
- 1 tasse de chapelure (chapelure italienne assaisonnée)
- 1/2 tasse de parmesan (ou 6 à 8 croustilles nature, voir note 2.)
- 1/2 cuillère à café de citron (zeste)
- 1 cuillère à café de poudre d'ail
- 1/2 cuillère à café de poivre noir
- 1/2 cuillère à café de sel

Préparation :

1. **Préparez les ingrédients pour les frites de courgettes :** Parez et coupez les courgettes en deux dans le sens de la longueur, puis en deux à partir du centre dans le sens de la longueur.
2. Coupez chaque quadrant en 4 morceaux dans le sens de la longueur. Mettre de côté. Dans un bol moyen, ajoutez les œufs, mélangez le sel, la poudre d'ail, le poivre noir et le zeste de citron. Bien mélanger. Dans une petite plaque à pâtisserie ou une assiette à rebords, mélanger la chapelure assaisonnée (voir note 1) avec du fromage ou des croustilles (le cas échéant). Mettre de côté.
Pain de courgettes pour faire des frites : Ajouter les tranches de courgettes aux mélanges d'œufs. Mélanger avec une pince pour bien enrober les œufs. Transférer les frites enrobées d'œufs, une à la fois, dans la chapelure, rouler et presser doucement pour recouvrir de chapelure. Réserver dans une assiette ou sur le côté vide de la plaque à pâtisserie.
3. Répétez jusqu'à ce que tous les bâtonnets de courgettes soient panés.
4. **Préchauffer la friteuse à air :** Insérez la grille de la friteuse à air dans la friteuse à air.
5. Préchauffer la friteuse à air à 390 degrés Fahrenheit au réglage Air Fry pendant 3 minutes.
6. **Frites de courgettes Air Fry :** Une fois préchauffées, éteignez et ouvrez la friteuse. Disposez les courgettes préparées sur la grille de la friteuse en 4 à 5 couches, en croisant chaque couche pour mieux faire circuler l'air chaud. Réglez la friteuse à air pour faire frire à l'air pendant 8 minutes à 390 degrés Fahrenheit. Gardez un œil sur les 2 dernières minutes.
7. **Notes complémentaires :** Les frites deviennent croustillantes en 8 à 10 minutes.
8. **Répéter et servir :** Transférer les frites de courgettes chaudes dans un plat de service. Répétez l'étape 4 pour le lot 2. Servez encore chaud !

Frites frites à l'air

Personne(s) : 3 **Préparation : 20 min** **Total : 40 minutes**

Ingrédients :

- 3 pommes de terre coupées en frites
- 2½ c à s d'huile d'avocat 20 ml
- 1 pincée de sel au goût
- Métrique - Coutume américaine

Préparation :

1. Lavez soigneusement les pommes de terre. Coupez les frites à la taille souhaitée et placez-les dans un bol d'eau froide (au moins pendant le hachage). Voir notes*. Égouttez

les pommes de terre, séchez-les soigneusement et utilisez une serviette en papier pour éliminer toute humidité supplémentaire une fois les pommes de terre coupées. Voir la vidéo. Enrober uniformément les frites non cuites dans l'huile d'avocat en utilisant vos mains pour mélanger. Placez en une seule couche dans le plateau de votre friteuse à air et faites cuire 10 minutes à puissance élevée. Retourner et cuire encore 10 minutes.
2. Servir dans un bol, saler si nécessaire et servir immédiatement.

La recette de polenta la plus simple (chips et frites)

Personne(s) : 6 **Préparation : 5 min** **Total : 25 minutes**

Ingrédients :

- Un rouleau de polenta italienne traditionnelle
- Vaporiser de l'huile d'olive
- Du parmesan ou vous pouvez également utiliser du fromage Asiago râpé ou du Pecorino Romano.

Préparation :

1. Tranche – Prenez votre rouleau de polenta et retirez-le du film plastique. Couper en rondelles de ¼ de pouce d'épaisseur. Si vous voulez faire des frites, coupez vos rondelles en bâtonnets de ½ pouce. Air Fry - Préchauffez votre friteuse à air à 390 degrés F. Une fois que votre friteuse à air est à la bonne température, ajoutez une feuille de papier d'aluminium et donnez-lui un peu d'huile d'olive. Ajoutez maintenant vos rondelles de polenta ou vos frites dans le panier de votre friteuse à air au-dessus du papier d'aluminium. Donnez à votre polenta un peu d'huile d'olive et saupoudrez de parmesan.
2. Servir – Fermez votre couvercle et faites frire à l'air libre pendant 20 minutes jusqu'à ce qu'ils soient dorés et croustillants. Retirez ensuite et servez.

Frites surgelées à la friteuse à air

Personne(s) : 5 **Préparation : 2 min** **Total : 17 minutes**

Ingrédients :

- 1/2 sac de frites surgelées
- 1/2 cuillère à café de sel
- 1/4 cuillère à café d'ail granulé
- 1/4 cuillère à café de persil
- 1/8 cuillère à café de poivre

Préparation :

1. Placez les frites surgelées dans le panier de la friteuse à air, puis assurez-vous de les répartir pour que l'air puisse circuler. Faites frire les frites à l'air libre pendant 7 à 8 minutes dans la fente inférieure de votre friteuse à air Cuisinant à 400 degrés F.
2. Une fois les 7 à 8 minutes écoulées, vérifiez si vous devez les déplacer, faites cuire encore 5 à 7 minutes ou jusqu'à ce qu'elles soient croustillantes.
3. Une fois les frites cuites, saupoudrez d'assaisonnement et servez comme vous le souhaitez.

Frites de patates douces

Personne(s) : 2 **Préparation : 5 min** **Total : 20 minutes**

Ingrédients :

- 2 grosses patates douces, lavées
- 1 cuillère à soupe d'huile d'olive
- 1 cuillère à café de sel marin
- ½ cuillère à café de poivre noir
- ½ cuillère à café de poudre d'ail
- Pincée de paprika, facultatif

Préparation :

1. Tout d'abord, préchauffez la friteuse à air à 400 degrés Fahrenheit. Lavez et séchez les patates douces. Couper en frites longues et fines. Ajouter les frites de patates douces dans un grand bol à mélanger. Ajoutez le reste des ingrédients. Mélangez le tout jusqu'à ce que les patates douces soient uniformément enrobées. Disposez les patates douces en une couche uniforme dans la friteuse à air. Si nécessaire, vous devrez peut-être le faire en 2 lots. Faire frire à l'air libre pendant 10 minutes. Ensuite, secouez doucement le panier de la friteuse à air.
2. Faites frire à l'air libre pendant encore 5 minutes ou jusqu'à ce que les patates douces aient atteint le niveau de croustillant souhaité. Enfin, retirez-le de la friteuse à air. Servir avec votre condiment ou sauce préférée.

Frites maison à la friteuse à air

Personne(s) : 3 **Préparation : 20 min** **Total : 50 minutes**

Ingrédients :

- 2 grosses pommes de terre Russet, lavées
- 2 cuillères à soupe d'huile d'olive
- Sel et poivre au goût

Préparation :

1. A l'aide d'une mandoline, coupez les pommes de terre en frites. Si vous n'avez pas de mandoline, coupez la pomme de terre en sections de ¼ de pouce.
2. Ensuite, placez les frites dans un grand bol et couvrez d'eau.
3. Laissez les pommes de terre coupées reposer dans l'eau pendant 30 minutes. Égoutter l'eau et répéter le processus de trempage avec de l'eau neuve pendant 30 minutes supplémentaires. Après une heure complète de trempage, égouttez l'eau et séchez les frites avec une serviette en papier. Mélanger avec quelques cuillères à soupe d'huile d'olive, du sel et du poivre. Préchauffez la friteuse à air à 375 °F si nécessaire en fonction du modèle de friteuse à air que vous possédez.
4. Ajoutez les frites au fond du panier de la friteuse à air, en vous assurant qu'elles sont en une seule couche, avec un peu d'espace entre chacune.
5. Cuire 7 minutes, puis secouer le panier ou retourner les frites. Continuez la cuisson pendant 5 à 7 minutes supplémentaires jusqu'à ce qu'elles soient croustillantes et dorées.
6. Sers immédiatement.

Frites de patates douces croustillantes surgelées

Personne(s) : 4   Préparation : 3 min   Total : 18 minutes

Ingrédients :

- ✓ 1 lb de frites de patates douces surgelées, coupées droites ou ondulées

Préparation :

1. Préchauffez votre friteuse à air pendant 3 à 5 minutes à 370°F.
2. Lorsque la friteuse à air est chauffée, ajoutez vos frites de patates douces dans le panier ou le plateau et étalez-les uniformément. Pour une plaque, étalez les frites en une seule couche. Pour un panier, ne remplissez pas trop le panier à plus de la moitié.
3. 1 lb de frites de patates douces surgelées
4. Faites cuire les frites de patate douce pendant environ 8 minutes, puis secouez le panier pour redistribuer les frites et poursuivez la cuisson encore 8 minutes.
5. Vérifiez-les quelques minutes avant qu'ils aient terminé pour voir s'ils se rapprochent ou s'ils auront besoin de plus de temps. Si vous préférez des frites extra croustillantes, laissez-les dedans pendant une minute ou deux supplémentaires.

Frites à l'ail et au parmesan air fryer

Personne(s) : 4   Préparation : 3 min   Total : 18 minutes

Ingrédients :

- ✓ 2 pommes de terre rousses
- ✓ Huile d'olive
- ✓ Paprika
- ✓ Poudre d'ail
- ✓ Parmesan râpé
- ✓ Sel et poivre

Préparation :

1. **Tranchez les pommes de terre**. A l'aide d'un couteau bien aiguisé, coupez les pommes de terre en deux. Retournez ensuite les pommes de terre de manière à ce que le côté plat soit contre la planche à découper et coupez-les en frites de 1/4 de pouce.
2. **Faites tremper les pommes de terre**. Placez les tranches de pommes de terre dans un grand bol d'eau pendant 30 à 60 minutes pour éliminer une partie de l'amidon. Cette étape est quelque peu facultative, mais permettra de réaliser les frites les plus croustillantes.
3. **Assaisonnez les frites**. Égoutter l'eau du bol et mélanger les pommes de terre avec l'huile d'olive, le sel, le poivre, la poudre d'ail, le parmesan et le paprika. Placez les pommes de terre dans le panier de la friteuse en une seule couche sans les chevaucher (vous devrez peut-être travailler par lots) . Faites frire à l'air libre pendant 15 à 20 minutes à 390 F, en remuant les pommes de terre à mi-cuisson jusqu'à ce qu'elles soient dorées.
4. Lorsqu'elles sont terminées, vous pouvez garnir les frites de parmesan supplémentaire, d'une pincée de poudre d'ail et de persil frais ou les manger telles quelles !

CAHAPITRE 10 Recettes des fruits de mer et poisson

CHAPITRE 10

Recettes de fruits de mer et poisson

Tilapia à la friteuse à air

Portion : 2   T de prépa : 5 min   T de cuisson : 10 min   T total : 15 min

Ingrédients

- 2 filets de tilapia
- 1 cuillère à café d'ail haché
- 1/2 cuillère à café de sel
- 1/4 cuillère à café de poivre noir
- 1/2 c à c de piment rouge
- Jus de citron fraîchement pressé
- Persil pour la garniture
- Aérosol de cuisson

Instructions

1. Assaisonner les filets de tilapia avec du sel, du poivre, de l'ail émincé et des flocons de piment rouge Badigeonner les deux côtés des filets d'huile Placez le tilapia dans le panier de la friteuse à air Cuire à 400F pendant 5 minutes.
2. Retournez délicatement les filets et faites cuire encore 4 à 5 minutes ou jusqu'à ce qu'ils atteignent une température interne de 145F. Retirez le poisson de la friteuse et terminez avec du jus de citron frais et du persil frais.

Langoustines aux crevettes céto

Portion : 4   T de prépa : 5 min   T de cuisson : 10 min T total : 15 min

Ingrédients

- 4 cuillères à soupe de beurre
- 1 cuillère à soupe de jus de citron
- 1 cuillère à soupe d'ail haché
- 2 c à c de flocons de piment rouge
- 1 c à s de ciboulette hachée cuillère à café de ciboulette
- 1 c à s de basilic frais ou 1 cuillère à café de basilic séché
- 2 c à s de bouillon de poulet (ou de vin blanc)
- 1 lb de crevettes crues (21-25 unités)

Instructions

1. Tournez votre friteuse à air à 330F. Placez-y une casserole en métal 6 x 3 et laissez-la commencer à chauffer pendant que vous rassemblez vos ingrédients.
2. Placez le beurre, l'ail et les flocons de piment rouge dans la poêle chaude de 6 pouces.
3. Laissez cuire 2 minutes en remuant une fois jusqu'à ce que le beurre soit fondu. Ne passez pas cette étape. C'est ce qui infuse l'ail dans le beurre, ce qui rend le tout si bon.
4. Ouvrez la friteuse, ajoutez le beurre, le jus de citron, l'ail émincé, les flocons de piment rouge, la ciboulette, le basilic, le bouillon de poulet et les crevettes dans la poêle dans l'ordre indiqué, en remuant doucement. Laisser cuire les crevettes pendant 5 minutes, en remuant une fois. À ce stade, le beurre doit être bien fondu et liquide, baignant les crevettes dans des bienfaits épicés. Mélangez très bien, retirez le moule de 6 pouces à l'aide de gants en silicone et laissez reposer 1 minute sur le comptoir. Vous faites cela pour laisser les crevettes cuire dans la chaleur résiduelle, plutôt que de les laisser trop cuire accidentellement et devenir caoutchouteuses. Remuer à la fin de la minute. Les crevettes doivent être bien cuites à ce stade. Saupoudrez des feuilles de basilic frais supplémentaires et dégustez.

Crevettes frites au sel et au poivre

Portion : 4   T de prépa : 10 min   T de cuisson : 10 min   T total : 20 min

Ingrédients

- 2 cuillères à café de poivre noir
- 2 cuillères à café de grains de poivre du Sichuan moulus
- 1 cuillère à café de sel casher
- 1 cuillère à café de sucre
- 1 livre de crevettes 21-25 par livre
- 3 cuillères à soupe de farine de riz
- 2 cuillères à soupe d'huile

Instructions

1. Faites chauffer une casserole à feu moyen et faites rôtir ensemble les grains de poivre noir et les grains de poivre du Sichuan pendant 1 à 2 minutes jusqu'à ce que vous puissiez sentir l'arôme des grains de poivre. Laissez-les refroidir. Ajoutez le sel et le sucre, et à l'aide d'un mortier et d'un pilon, écrasez les épices ensemble pour former une poudre grossière.
2. Placer les crevettes dans un grand bol. Ajouter les épices, la farine de riz et l'huile et bien mélanger jusqu'à ce que les crevettes soient bien enrobées. Placez les crevettes dans le panier de l'airfryer, en essayant de les conserver en couche aussi plate que possible.
3. Vous voudrez peut-être utiliser une grille et placer la moitié des crevettes dans le panier et l'autre moitié sur la grille. Bien vaporiser avec de l'huile supplémentaire. Réglez la friteuse à air à 325F et faites cuire pendant 8 à 10 minutes, en remuant à mi-cuisson.

Saumon à la friteuse à air

Portion : 2   T de prépa : 30 min   T de cuisson : 13 min   T total : 43 min

Ingrédients

- 2 filets de saumon, env. 6 onces chacun
- 1 cuillère à café de graines de sésame grillées, pour garnir
- Marinade de saumon à la friteuse à air
- 1 cuillère à café de gingembre fraîchement râpé
- 1 gousse d'ail
- 3 cuillères à soupe d'amnios de noix de coco
- 1/2 cuillère à café de sauce piquante

Instructions

1. Faites défiler vers le haut pour regarder la vidéo de la recette ! Mélangez la marinade de saumon et versez sur les deux filets de saumon et laissez-les reposer dans la marinade (côté peau vers le haut) pendant 30 minutes, puis égouttez et réservez la marinade.
2. Mettez votre saumon mariné dans le panier de la friteuse (côté peau vers le bas) et faites cuire à 400°F pendant six minutes. Après six minutes, ouvrez le panier et versez ou badigeonnez davantage de marinade. Cuire encore six minutes.
3. Après douze minutes de cuisson totale, vérifiez la cuisson du saumon et laissez cuire encore quelques minutes si nécessaire. Le moment exact variera en fonction de votre friteuse à air et de la taille des filets de saumon.

Poisson-chat frit du sud à la friteuse à air

Ingrédients

- 2 livres de filets de poisson-chat
- 1 tasse de lait
- 1 citron
- 1/2 tasse de moutarde jaune
- Mélange d'assaisonnement à la semoule de maïs
- 1/2 tasse de semoule de maïs
- 1/4 tasse de farine tout usage
- 2 cuillères à soupe de flocons de persil séché
- 1/2 cuillère à café de sel casher
- 1/4 cuillère à café de poivre noir fraîchement moulu
- 1/4 cuillère à café de poudre de chili
- 1/4 cuillère à café de poudre d'ail
- 1/4 cuillère à café de poudre d'oignon granulée
- 1/4 cuillère à café de poivre de Cayenne

Instructions

1. Placez le poisson-chat dans un récipient plat et ajoutez le lait.
2. Coupez le citron en deux et pressez environ deux cuillères à café de jus dans le lait pour obtenir du babeurre. Placer le récipient au réfrigérateur et laisser tremper les filets pendant 15 minutes. Dans un bol peu profond, mélanger les ingrédients d'assaisonnement à la semoule de maïs. Retirez les filets du babeurre et séchez-les avec du papier absorbant.
3. Étalez généreusement la moutarde sur les deux côtés des filets.
4. Tremper chaque filet dans le mélange de semoule de maïs et bien enrober pour obtenir une couche épaisse. Placez les filets dans le panier de la friteuse à air graissé. Vaporiser généreusement d'huile. Cuire à 390/400 degrés pendant 10 minutes. Retourner les filets, vaporiser d'huile et cuire encore 3 à 5 minutes.

Saumon à la friteuse à air

Portion : 4   T de prépa : 5 min   T de cuisson : 10 min   T total : 15 min

Ingrédients

- 1 livre de saumon
- sel et poivre
- 2 cuillères à soupe de cassonade
- 1 cuillère à café de poudre de chili
- 1/2 cuillère à café de paprika
- 1 cuillère à café d'assaisonnement italien
- 1 cuillère à café de poudre d'ail

Instructions

1. Salez et poivrez le saumon. Dans un petit bol, ajoutez la cassonade, la poudre de chili, le paprika, l'assaisonnement italien et la poudre d'ail. Frottez sur le saumon.
2. Dans le panier de votre friteuse à air , ajoutez le saumon côté peau vers le bas. Tournez la friteuse à air à 400 degrés et laissez cuire 10 minutes. Si vous ajoutez des asperges, ajoutez-les au panier après 5 minutes.

Morue à la friteuse à air

Portion : 4   T de prépa : 10 min   T de cuisson : 15 min T total : 25 min

Ingrédients

- 1 livre de filets de morue
- sel et poivre
- 1/2 tasse de farine
- 2 gros œufs
- 1/2 cuillère à café de sel
- 1 tasse de Panko
- 1/2 tasse de parmesan râpé
- 2 cuillères à café d'assaisonnement vieux laurier
- 1/2 cuillère à café de poudre d'ail
- vaporiser de l'huile d'olive si nécessaire

Instructions

1. Salez et poivrez les filets de cabillaud.
2. Créez une station de panure pour le poisson. Dans un bol, ajoutez la farine. Dans le deuxième bol, fouettez ensemble les œufs et le sel. Dans le dernier bol, ajoutez le Panko, le parmesan, l'assaisonnement au vieux laurier et la poudre d'ail. Trempez d'abord la morue dans la farine.
3. Puis dans le mélange d'œufs. Et enfin au Panko. Vaporisez le fond de votre panier avec de l'huile d'olive. Placez le poisson dans le panier de votre friteuse à air. Cuire à 400 degrés pendant 10 minutes. Retournez délicatement le poisson. Continuez à cuire pendant 3 à 5 minutes ou jusqu'à ce que la température interne atteigne 145 degrés.

Poisson À La Friteuse À Air

Portion : 8   T de prépa : 5 min   T de cuisson : 15 min T total : 20 min

Ingrédients

- 8 (28 onces, 800 g) Filets de poisson
- 1 cuillère à soupe huile d'olive ou huile végétale
- 1 tasse (50g) chapelure sèche
- ½ cuillère à café paprika
- ¼ cuillère à café poudre de chili
- ¼ cuillère à café poivre noir moulu
- ¼ cuillère à café poudre d'ail ou granulés
- ¼ cuillère à café poudre d'oignon
- ½ cuillère à café sel
- **Pour Servir:**
- sauce tartare
- quartiers de citron

Instructions

1. Si vous utilisez des filets de poisson surgelés, décongelez-les. Arrosez d'huile d'olive et assurez-vous que le poisson est bien enrobé d'huile.
2. Dans un plat peu profond, mélanger la chapelure avec le paprika, la poudre de chili, le poivre noir, la poudre d'ail, la poudre d'oignon et le sel. Enduisez chaque filet de poisson de chapelure et transférez-le dans le panier de votre friteuse à air.
3. Cuire dans la friteuse à air à 390 °F (200 °C) pendant 12 à 15 minutes. Après les 8 à 10 premières minutes, ouvrez la friteuse et retournez les filets de poisson de l'autre côté puis poursuivez la cuisson.

Morue à la friteuse à air

Portion : 6   T de prépa : 5 min   T de cuisson : 16 min   T total : 21 min

Ingrédients

- 1 ½ livre de morue
- ¼ tasse de farine régulière ou sans gluten
- 3 cuillères à soupe de farine de plantain ou utilisez plus de farine
- 2 cuillères à café d'assaisonnement cajun ou vieux laurier
- 1 cuillère à café de paprika fumé
- ½ cuillère à café de poudre d'ail
- ⅛ cuillère à café de sel
- 1 cuillère à café d'huile légère pour pulvérisation
- Poivre à goûter

Instructions

1. Vaporisez de l'huile sur le panier de la friteuse à air et préchauffez-le à 360 degrés F.
2. Mélangez les épices dans un bol avec la farine et fouettez pour mélanger.
3. Si votre poisson est congelé, consultez la section Notes ci-dessous pour les instructions de décongélation.
4. Retirez la morue de l'emballage et séchez-la avec une serviette en papier.
5. Trempez chaque morceau de poisson dans le mélange farine-épices, puis retournez-le et appuyez pour enrober tout le poisson.
6. Placez le poisson dans le panier de la friteuse à air. Vaporiser d'huile. Assurez-vous qu'il y a de l'espace autour de chaque morceau de poisson pour que l'air puisse circuler autour du poisson. Cuire à 360 °F pendant 6 à 8 minutes de chaque côté. Attention, le temps de cuisson varie en fonction de l'épaisseur de vos morceaux de cabillaud ! Pour des filets plus fins, faites cuire 5 minutes de chaque côté.
7. Dégustez chaud avec du citron.

Crevettes pop-corn à la friteuse à air

2 portions   T de prépa : 0 min   T de cuisson : 6 min   T total : 6 min

Ingrédients

- 6 onces de crevettes pop-corn surgelées (environ 28 à 30 morceaux)

Instructions

1. Préchauffer la friteuse à air à 400 degrés. Placez les crevettes congelées dans la friteuse en une seule couche. (l'empilage prendra beaucoup plus de temps à cuire). Faites cuire les crevettes popcorn pendant 6 minutes en secouant le panier à mi-cuisson. Retirez les crevettes de la friteuse et servez immédiatement.

Tilapia chili-lime (Paléo

Portion : 2   T de prépa : 5 min   T de cuisson : 10 min   T total : 15 min

Ingrédients

- 12 oz de filets de tilapia de 6 à 8 oz chacun
- 2 cuillères à café de poudre de chili
- 1 cuillère à café de cumin
- 1 cuillère à café de poudre d'ail
- 1/2 cuillère à café d'origan
- 1/2 cuillère à café de sel marin
- 1/4 cuillère à café de poivre noir moulu
- Le zeste d'un citron vert
- Jus de ½ citron vert

Instructions

1. Si votre friteuse à air a besoin d'être préchauffée, préchauffez-la à 400 degrés F. Graissez le panier ou le plateau de la friteuse à air avec votre huile de cuisson préférée.
2. Séchez les filets de tilapia avec une serviette en papier. Dans un petit bol, mélanger toutes les épices, sauf le jus de citron vert, et mélanger.
3. Presser le mélange d'épices sur le poisson de tous les côtés. Faites cuire le poisson dans la friteuse sans se toucher pendant 8 à 10 minutes, jusqu'à ce qu'il soit opaque et se défasse facilement à la fourchette. Arrosez de jus de citron vert et servez aussitôt.

Saumon glacé à l'érable à la friteuse à air

Portion : 4   T de prépa :40 min   T de cuisson : 8 min   T total : 48 min

Ingrédients

- 1/3 tasse de sirop d'érable
- 3 cuillères à soupe de sauce soja faible en sodium
- 1/2 cuillère à café de poudre d'ail
- 1/2 cuillère à café de poivre noir grossièrement moulu
- 1 lb de filets de saumon

Instructions

1. Dans un grand sac à fermeture éclair, ajouter le sirop d'érable, la sauce soja, la poudre d'ail et le poivre. Fermez le sac et secouez pour vous assurer que tout est bien mélangé.
2. Ouvrez le sac pour y ajouter les filets de saumon. Placez le sachet au réfrigérateur pendant 30 minutes pour mariner. Retirez le saumon du sac et placez les filets dans le panier de la friteuse à air ; conserver la marinade. Réglez la friteuse à air à 375°F pendant 8 minutes.
3. Au bout de 4 minutes, badigeonnez chaque filet de saumon d'un peu de marinade, fermez et laissez le saumon finir de cuire. Jetez les restes de marinade. Sers immédiatement.

Poisson-chat frit à 3 ingrédients Air Fryer

Portion : 4   T de prépa :5 min   T de cuisson : 20 min   T total : 25 min

Ingrédients

- 4 filets de poisson-chat
- 1/4 tasse d'enrobage de poisson de Louisiane
- 1 cuillère à soupe d'huile d'olive
- 1 cuillère à soupe de persil haché facultatif

Instructions

1. Séchez le poisson-chat. Saupoudrer les alevins de poisson sur les deux côtés de chaque filet. Assurez-vous que tout le filet est recouvert d'assaisonnement.
2. Vaporiser de l'huile d'olive sur le dessus de chaque filet.
3. Placez le filet dans le panier de la friteuse à air. N'empilez pas le poisson et ne surchargez pas le panier. Cuire par lots si nécessaire. Fermez et laissez cuire 10 minutes à 400 degrés.
4. Ouvrez la friteuse et retournez le poisson. Cuire encore 10 minutes.
5. Ouvrez et retournez le poisson. Cuire encore 2 à 3 minutes ou jusqu'à ce que le croustillant soit désiré. Garnir de persil facultatif.

Filets de poisson croustillants (fait maison)

Portion : 3   T de prépa : 10 min   T de cuisson : 15 min   T total : 25 min

Ingrédients

- 1 livre (454 g) de filets de poisson blanc (morue, flétan, tilapia, etc.)
- 1 cuillère à café (5 ml) sel casher, ou à déguster
- 1/2 cuillère à café (2,5 ml) de poivre noir, ou au goût
- 1 cuillère à café (5 ml) de poudre d'ail
- **ÉQUIPEMENT**
- Friteuse à air
- Papier sulfurisé pour friteuse à air (facultatif)
- Tapis en silicone perforés (facultatif)
- 1 cuillère à café (5 ml) de paprika
- 1 à 2 tasses (60 à 120 g) de panure au choix, chapelure, panko, couenne de porc écrasée ou farine d'amande
- 1 œuf, ou plus si besoin
- **Aérosol de cuisson**

Instructions

- Préchauffez la friteuse à air à 380°F/193°C pendant 4 minutes.

Huîtres à la friteuse à air

Portion : 2   T de prépa : 10 min   T de cuisson : 20 min   T total : 30 min

Ingrédients

- livre d'huîtres crues écaillées
- ½ tasse de farine tout usage
- cuillère à café d'assaisonnement cajun
- ½ cuillère à café de sel casher
- ¼ cuillère à café de poivre noir
- œuf large
- cuillère à soupe de lait
- 1 ½ tasse de chapelure panko
- Quartiers de citron, pour servir
- Beurre d'ail fondu, pour servir

Instructions

1. Préchauffez votre friteuse à air à 350 degrés F. Écailler et rincer les huîtres en les laissant égoutter dans une passoire. Séchez les huîtres écaillées avec du papier absorbant.
2. Dans un bol peu profond, mélanger la farine, l'assaisonnement cajun, le sel et le poivre. Dans un deuxième bol, fouettez l'œuf et le lait. Dans un troisième bol, ajoutez la chapelure panko.
3. Passer les huîtres dans le mélange de farine, les tremper dans le mélange d'œufs, puis les rouler pour les enrober de chapelure. Placez les huîtres en une seule couche dans le panier, puis vaporisez légèrement d'un enduit à cuisson.
4. Cuire à la friteuse pendant 4 minutes. Retournez les huîtres, vaporisez légèrement d'huile de cuisson et laissez cuire encore 4 minutes. Servir.

Fondant de thon à la friteuse à air

Portion : 2   T de prépa : 5 min   T de cuisson : 5 min   T total : 10 min

Ingrédients

- boîte de thon égoutté
- 3-4 cuillères à soupe de mayonnaise
- branche de céleri, en petits dés
- ¼ tasse de cornichon à l'aneth émincé
- ½ cuillère à café de paprika fumé
- Sel et poivre au goût
- 4 tranches de pain solide (au levain ou seigle)
- cuillères à soupe de beurre
- tranches de fromage (j'ai utilisé un mélange de monterey jack et de cheddar)

Instructions

1. Préchauffer la friteuse à air à 385 F. Dans un bol moyen, mélanger le thon, la mayonnaise, le céleri, le cornichon à l'aneth, le paprika, le sel et le poivre. mettre de côté. Beurrez le pain, puis placez deux tranches de beurre, côté beurre vers le bas, dans la friteuse à air chaud. Construisez les sandwichs en superposant une tranche de fromage sur chaque tranche de pain, suivie de la moitié du mélange de salade de thon sur chacune, suivie d'une tranche de fromage supplémentaire et enfin des tranches de pain restantes, côté beurre vers le haut. Faites frire à l'air libre pendant 5 minutes, en retournant à mi-cuisson ou jusqu'à ce que le grillage souhaité soit obtenu. Servir chaud.

Crevettes enrobées de bacon

3-4 portions   T de prépa : 15 min   T de cuisson : 10 min   T total : 25 min

Ingrédients

- livre de bacon, tranché finement
- livre de crevettes géantes crues, pelées et déveines
- ½ tasse de sirop d'érable
- 4 cuillères à soupe de sauce soja faible en sodium
- cuillère à café de poudre d'ail
- ¼ cuillère à café de flocons de piment rouge
- Sel et poivre au goût
- Facultatif : garnir d'oignon vert

Instructions

1. Coupez vos tranches de bacon en deux dans le sens de la longueur. Enroulez une tranche de bacon autour de vos crevettes; commencez par la queue et chevauchez le premier morceau de bacon pour aider à le maintenir, puis enroulez-le autour des crevettes avec le moins de chevauchement possible jusqu'à ce que vous arriviez au sommet des crevettes. Disposez ensuite les crevettes enveloppées sur une plaque à pâtisserie. Mélanger le sirop d'érable, la sauce soja, la poudre d'ail, les flocons de piment rouge, le sel et le poivre dans un petit bol. Utilisez un pinceau à badigeonner pour badigeonner les crevettes de glaçage. Retourner les crevettes et enrober l'autre côté. Préchauffez la friteuse à air à 400 degrés F. Placez les crevettes dans la friteuse à air en laissant de l'espace autour d'elles.
2. Faites cuire 4 minutes puis retournez-les. Badigeonnez-les de sauce puis poursuivez la cuisson environ 6 minutes supplémentaires, ou jusqu'à ce que le bacon soit croustillant. Servir chaud et déguster.

Crevettes noircies à la friteuse à air

2 portions   T de prépa : 5 min   T de cuisson : 6 min   T total : 11 min

Ingrédients

- livre de grosses crevettes, décortiquées et déveines*
- cuillères à soupe d'huile d'olive
- c à s d'assaisonnement noirci
- Trempette préférée
- Quartiers de citron
- Persil, haché

Instructions

1. Préchauffer la friteuse à air à 400 degrés pendant 5 minutes. Dans un bol à mélanger, mélanger les crevettes avec l'huile d'olive, en égouttant tout excès au fond. crevettes huilées dans un bol à mélanger. Mélanger les crevettes avec l'assaisonnement noirci. Lorsqu'il est chaud, graissez légèrement le panier de la friteuse à air. Ajouter les crevettes. crevettes cuisant dans une friteuse à air
2. Cuire à 400 degrés pendant 5 à 6 minutes, en secouant une fois à mi-cuisson. Cuire jusqu'à ce que les crevettes soient cuites, deviennent rose et courbées. Retirer et servir avec vos trempettes préférées. Les quartiers de citron et le persil sont facultatifs. Si vous avez essayé cette recette, revenez et dites-nous comment elle s'est passée dans les commentaires et les notes !

Crevettes à la friteuse au citron et au poivre

4 portions   T de prépa : 5 min   T de cuisson : 8 min   T total : 13 min

Ingrédients

- livre de crevettes crues moyennes, décortiquées et déveinées
- 1/2 tasse d'huile d'olive
- cuillères à soupe de jus de citron
- cuillère à café de poivre noir
- 1/2 cuillère à café de sel

Instructions

1. Préchauffez votre friteuse à air à 400 degrés. Placez les crevettes dans un sac Ziploc avec de l'huile d'olive, du jus de citron, du sel et du poivre. Mélangez soigneusement tous les ingrédients.
2. Ajoutez un rond de papier sulfurisé (si vous en utilisez) et placez les crevettes crues à l'intérieur de la friteuse à air en une seule couche. Cuire environ 8 minutes en secouant le panier à mi-cuisson. Les crevettes sont cuites lorsqu'elles deviennent rose vif mais sont encore légèrement blanches, mais toujours un peu opaques. Retirez les crevettes de la friteuse à air et dégustez !

Beignets de crabe à la friteuse à air

Portion : 4   T de prépa : 5 min   T de cuisson : 10 min   T total : 15 min

Ingrédients

- 8 onces de chair de crabe en morceaux
- poivron rouge épépiné et haché
- oignons verts, hachés
- cuillères à soupe de mayonnaise
- cuillères à soupe de chapelure
- 2 cuillères à café d'assaisonnement Old Bay
- cuillère à café de jus de citron
- FACULTATIF
- Quartiers de citron, pour servir

Instructions

1. Préchauffez votre friteuse à air à 370 degrés. Dans un grand bol, ajouter la chair de crabe en morceaux, le poivre, les oignons verts, la mayonnaise, la chapelure, l'assaisonnement Old Bay et le jus de citron et mélanger jusqu'à ce que tout soit bien combiné.
2. Formez délicatement quatre galettes de crabe de taille égale. La chair de crabe en morceaux contient beaucoup de jus et vous souhaitez en conserver le plus possible.
3. Placez un morceau de papier sulfurisé vers le bas à l'intérieur de la friteuse à air chaud, puis placez soigneusement chaque beignet de crabe dans la friteuse à air. Faites cuire les beignets de crabe frais dans la friteuse à air pendant 8 à 10 minutes jusqu'à ce que la croûte devienne dorée. Ne retournez pas pendant la cuisson. Retirez les beignets de crabe de votre friteuse à air et dégustez-les avec votre sauce préférée et du citron supplémentaire sur le dessus, si vous le souhaitez !

Brochettes de crevettes grillées à la coréenne
portions 16 brochettes T de prépa : 5 min   T de cuisson : 6 min   T total : 11 min

Ingrédients

- cuillère à soupe d'huile d'olive
- c à s e de sauce soja
- cuillères à soupe de miel
- 2 c à s de Gochujang coréen
- cuillère à soupe de jus de citron
- cuillère à café d'ail émincé
- Flocons de piment rouge au goût
- livres (907 g) de crevettes décortiquées et nettoyées, avec la queue toujours en place

Instructions

1. Faire tremper les brochettes de bambou dans l'eau pendant 30 minutes avant de les utiliser.
2. Mélanger l'huile d'olive, la sauce soja, le miel, le Gochujang coréen, le jus de citron, l'ail et les flocons de piment rouge si vous en utilisez, dans un bol à mélanger. Ajouter les crevettes dans le bol et mélanger jusqu'à ce qu'elles soient enrobées. Vous pouvez cuire immédiatement ou laisser mariner les crevettes. Si vous faites mariner, faites mariner pendant 30 minutes jusqu'à 2 heures à l'avance.
3. Enfiler environ 5 crevettes sur chaque brochette. Préchauffez le gril (ou le gril au charbon de bois), le gril ou la poêle à feu moyen, huilez les grilles et faites griller les crevettes pendant 2-3 minutes de chaque côté ou jusqu'à ce qu'elles soient opaques. Transférer les brochettes dans une assiette et servir.

champignons farcis au crabe
28   portions   T de prépa : 1 5 min   T de cuisson : 18 min T total : 33 min

Ingrédients

- 2 livres de champignons Baby Bella
- Spray de cuisson, spray à l'huile d'olive préféré
- 2 cuillères à café de mélange de sel
- ¼ d'oignon rouge, coupé en dés
- 2 côtes de céleri, coupées en dés
- 8 onces de crabe en morceaux
- ½ tasse de chapelure assaisonnée,
- œuf large
- ½ tasse de parmesan, râpé, divisé
- cuillère à café d'origan
- cuillère à café de sauce piquante

Instructions

1. Préchauffer la friteuse à air ou le four à 400 °F. Vaporiser le plateau ou la plaque à pâtisserie de la friteuse à air avec un enduit à cuisson. Pliez les tiges des champignons. Placer les champignons, de haut en bas, et vaporiser d'un enduit à cuisson à l'huile d'olive.
2. Saupoudrer de Tony Chachere sur tous les champignons pour assaisonner les champignons. Mettre de côté. Couper l'oignon et le céleri en dés. Mélanger les oignons, le céleri, le crabe, la chapelure, l'œuf, la MOITIÉ de parmesan râpé, l'origan et la sauce piquante. Remplissez l'intérieur de chaque champignon et empilez-le un peu pour qu'il forme un petit monticule. Saupoudrer le dessus du reste de parmesan râpé. Cuire au four à air friteuse pendant environ 8 à 9 minutes. Si vous utilisez le four, faites cuire au four pendant 16 à 18 minutes.

Tacos aux crevettes à la friteuse à air

Portion : 4   T de prépa : 7 min   T de cuisson : 8 min   T total : 15 min

Ingrédients

- livre de crevettes crues grosses ou géantes, décortiquées et déveinées
- cuillères à café d'huile d'olive
- cuillère à café de poudre d'ail
- ½ cuillère à café de paprika
- ½ cuillère à café de poudre d'oignon
- ½ cuillère à café d'origan séché
- ¼ cuillère à café de poivre de Cayenne
- ¼ cuillère à café de sel
- à 3 tasses de mélange pour salade de chou râpé
- 8 petites tortillas (maïs ou farine)

SERVIR AVEC : Fromage Cotija, sriracha ou sauce piquante, crème sure, guacamole ou avocat haché, coriandre, quartiers de lime

Instructions

1. Placez les crevettes dans une assiette, puis séchez-les avec du papier absorbant. Transférez-les dans un grand bol à mélanger. Versez un filet d'huile d'olive sur les crevettes, puis saupoudrez d'assaisonnements et mélangez bien.
2. Placez les crevettes en une seule couche dans la friteuse à air, en vous assurant qu'aucune d'entre elles ne se touche (vous devrez peut-être cuisiner par lots). Faites frire les crevettes à l'air libre à 400 degrés F pendant 8 minutes. Construisez vos tacos à votre goût !

Poisson blanc en croûte d'ail et de parmesan (keto)

Portion : 2   T de prépa : 10 min   T de cuisson : 15 min   T total : 25 min

Ingrédients

- 2 filets de tilapia ou autre poisson blanc (environ 4 à 6 onces pour chaque filet)
- cuillère à soupe (15 ml) d'huile d'olive ou un spray d'huile
- 1/2 tasse (50 g) de parmesan râpé
- sel casher, au goût
- poivre noir, au goût
- 1/2 cuillère à café de poudre d'ail
- 1/2 cuillère à café (2,5 ml) de poudre d'oignon
- 1/2 cuillère à café (2,5 ml) de paprika fumé, ou au goût
- persil frais haché, pour la garniture
- quartiers de citron, pour servir

Instructions

1. Préchauffez la friteuse à air à 380°F/193°C pendant 5 minutes.
2. Placez le parmesan dans un bol peu profond et réservez.

Calamars à la friteuse à air

Portion : 4   T de prépa : 5 min   T de cuisson : 37 min   T total : 42 min

Ingrédients

- livre de rondelles de calamar,
- citron pressé(3 c à s de jus de citron)
- ½ tasse de farine tout usage
- cuillère à café de poudre d'ail
- blancs d'œufs
- ¼ tasse de lait
- tasses de chapelure panko
- ½ cuillères à café de sel casher
- 1 ½ cuillères à café de poivre noir
- **POUR SERVIR**
- Sauce chili douce
- quartiers de citron

Instructions

1. Placer les rondelles de calamar dans un bol avec le jus de citron et laisser mariner au moins 30 minutes. Égoutter dans une passoire. Mettre la farine et la poudre d'ail dans un bol peu profond. Battre les blancs d'œufs et le lait ensemble dans un bol séparé. Mélangez la chapelure panko, le sel et le poivre dans un troisième bol. Enrober les rondelles de calamar d'abord dans la farine, puis dans le mélange d'œufs et enfin dans le mélange de chapelure panko. Préchauffez votre friteuse à air à 400 degrés F. Placez les anneaux dans le panier de la friteuse à air afin qu'aucun ne se chevauche. Travaillez par lots si nécessaire. Vaporiser le dessus avec un enduit à cuisson antiadhésif.
2. Cuire 4 minutes. Retournez les anneaux, vaporisez d'un peu d'huile et faites cuire encore 3 minutes (7 minutes au total) jusqu'à ce que l'intérieur soit opaque et complètement cuit.

Gâteaux au thon à la friteuse à air

Portion : 12   T de prépa : 10 min   T de cuisson : 12 min   T total : 22 min

Ingrédients

- 2 à 12 onces boîtes de thon en morceaux dans l'eau
- 2 oeufs
- 1/2 tasse de chapelure assaisonnée
- 4 cuillères à soupe. mayonnaise
- 2 cuillères à soupe. jus de citron
- 1/2 oignon blanc coupé en dés
- 1/2 c. sel
- 1/2 c. poivre noir

Instruction

1. Égouttez le thon et placez-le dans un grand bol à mélanger. Ajoutez le reste des ingrédients et, avec vos mains, mélangez délicatement pour combiner. Remarque : vous souhaitez que le mélange soit raisonnablement ferme. Si cela semble trop mou, ajoutez un peu plus de chapelure au mélange.
2. Vaporisez le panier de votre friteuse à air avec un enduit à cuisson ou de l'huile d'olive.
3. Formez le mélange en galettes et placez-en environ quatre, selon la taille du panier de votre friteuse à air, dans le panier. Ne les surchargez pas ; vous aurez besoin d'espace pour pouvoir les retourner facilement. Cuire à 375 degrés F. pendant 12 minutes, en retournant à mi-cuisson. Retirez et réservez, puis poursuivez ce processus jusqu'à ce que toutes les galettes soient cuites. Sers immédiatement.

Steaks de thon à la friteuse

2 portions   T de prépa : 20 min   T de cuisson : 4 min   T total : 24 min

Ingrédients

- 2 (6 onces) steaks d'albacore désossés et sans peau
- 1/4 tasse de sauce soja
- 2 cuillères à café de miel
- cuillère à café de gingembre râpé
- cuillère à café d'huile de sésame
- 1/2 cuillère à café de vinaigre de riz
- FACULTATIF POUR SERVIR
- oignons verts, tranchés
- graines de sésame

Instructions

1. Sortez les steaks de thon du réfrigérateur. Dans un grand bol, mélanger la sauce soja, le miel, le gingembre râpé, l'huile de sésame et le vinaigre de riz. Placer les steaks de thon dans la marinade et laisser mariner 20 à 30 minutes à couvert au réfrigérateur. Préchauffez la friteuse à 380 degrés, puis faites cuire les steaks de thon en une seule couche pendant 4 minutes.
2. Laissez reposer les steaks de thon à la friteuse pendant une minute ou deux, puis tranchez-les et dégustez immédiatement ! Garnir d'oignons verts et/ou de graines de sésame si désiré.

Crevettes à la noix de coco

Portion : 4   T de prépa : 10 min   T de cuisson : 30 min   T total : 40 min

Ingrédients

- ½ tasse de farine tout usage
- cuillère à café de poivre noir
- ½ cuillère à café de sel casher
- gros œufs
- ¾ tasse de noix de coco
- ½ tasse de chapelure panko
- 12 onces de crevettes géantes non cuites, pelées et déveinées, avec queue
- Coriandre fraîche, pour la garniture (facultative)

Instructions

1. Dans un bol peu profond, mélanger la farine, le poivre et le sel jusqu'à ce que le tout soit bien mélangé. Dans un deuxième bol, battre légèrement les œufs. Mélanger la noix de coco et la chapelure dans un troisième bol. En travaillant une à la fois, draguez chaque crevette dans le mélange de farine, en secouant l'excédent. Trempez les crevettes farinées dans l'œuf en laissant égoutter l'excédent.
2. Enfin, pressez les crevettes dans le mélange noix de coco et chapelure en les enrobant bien. Réserver les crevettes dans une assiette. Vaporisez le panier intérieur d'une friteuse à air avec un enduit à cuisson, puis préchauffez-le à 400 degrés F. Placez les crevettes en une seule couche dans le panier, vaporisez légèrement d'huile de cuisson et faites frire à l'air pendant 4 minutes. Retourner les crevettes et poursuivre la cuisson jusqu'à ce qu'elles soient dorées et complètement cuites, 3 à 4 minutes. Répéter avec le reste des crevettes enrobées. Garnir de coriandre fraîche, si désiré, et servir avec votre trempette préférée

Poisson battu à la bière

Portion : 6   T de prépa : 10 min   T de cuisson : 12 min   T total : 22 min

Ingrédients

- 1/2 lb de morue
- 6 onces Michelob ULTRA
- tasses de farine
- c à s de fécule de maïs
- 1/2 cuillère à café de bicarbonate de soude
- œuf
- 1/4 cuillère à café de paprika
- 1/4 cuillère à café de sel d'ail
- 1/4 c à café de sel d'oignon

Instructions

1. Préchauffer la friteuse à air à 390 degrés Couper la morue en filets d'environ 3 à 4 pouces de long chacun. Mélangez 1 tasse de farine, la fécule de maïs, le bicarbonate de soude, l'œuf et la bière dans un bol de taille moyenne. Mélangez le reste de la farine et le paprika, la poudre d'oignon et la poudre d'ail dans un autre bol. Trempez les filets de cabillaud dans la pâte à la bière, puis dans la farine.
2. Cuire dans une friteuse AIR préchauffée à 390 degrés pendant 12 à 14 minutes, ou jusqu'à ce que l'extérieur soit bien doré. Sers immédiatement.

Galettes de saumon au Air Fryer

Portion : 4   T de prépa : 5 min   T de cuisson : 10 min   T total : 15 min

Ingrédients

- 1 à 2 pavés de saumon (200g)
- 2 cuillères à soupe de mayonnaise
- 100g de chapelure
- 1 œuf
- Une pincée de sel
- Un demi-citron + zest
- Aneth séchée

Instructions

1. Placer votre pavé de saumon dans l'Air Fryer à 190° pendant 8 minutes. Vous pouvez laisser la peau du saumon pour la cuisson. Ici nous souhaitons que le saumon soit légèrement cuit pour ne pas avoir des morceaux de saumon crus dans nos galettes. Si le saumon n'est pas totalement cuit à cœur pas d'inquiétude, il sera cuit pendant la cuisson des galettes. Retirez la peau du saumon puis dans un large bol, ajoutez le saumon que vous venez de faire cuire et émiettez-le en grossiers morceaux. Ajoutez ensuite l'œuf en entier puis mélangez. Ajoutez la mayonnaise, le jus de citron et son zest, une pincée de sel et l'aneth séché et mélangez bien l'appareil. Enfin ajoutez la chapelure dans votre préparation. À l'aide de vos mains formez des petites galettes avec votre préparation. Les galettes doivent faire la taille de la paume de votre main et être assez épaisses pour que les galettes ne soient pas sèches à l'intérieur. En fonction de la taille et du volume de votre Air Fryer vous ne pourrez peut-être pas faire des grosses galettes.
2. L'important reste que toutes vos galettes fassent la même taille, pour avoir des galettes avec la même cuisson. Déposez vos galettes dans votre Air Fryer et laissez cuire pendant 8 minutes à 190 – 200°. Dégustez !

Doré à la friteuse à air

Portion : 2   T de prépa : 6 min   T de cuisson : 10 min   T total : 16 min

Ingrédients

- ✓ 4 filets de doré
- ✓ 1 œuf large
- ✓ 1 sac de 3 onces de couenne de porc que j'ai utilisé de l'Old Dutch
- ✓ 1 cuillère à café de poudre d'ail
- ✓ ¼ cuillère à café de poivre
- ✓ 1 citron, coupé en 8 quartiers

Instructions

1. Écrasez les couennes de porc en miettes. Je les verse dans un sac d'un gallon et je les roule avec un rouleau à pâtisserie jusqu'à ce qu'ils soient bien friables.
2. Ajoutez ¼ de cuillère à café de poivre de Cayenne et 1 cuillère à café de poudre d'ail au sac d'un gallon de chapelure de couenne de porc et secouez pour combiner. Versez la chapelure de couenne de porc dans une assiette. Cassez un œuf dans un bol et fouettez jusqu'à ce que le blanc et le jaune soient combinés. Trempez un filet de doré dans les œufs battus en veillant à ce que les deux côtés soient bien enrobés. Laissez l'excédent d'œuf s'égoutter. Draguez le filet de doré dans la chapelure de couenne de porc en veillant à l'enrober complètement des deux côtés. Vaporisez un peu d'enduit à cuisson sur la grille de votre friteuse à air pour vous assurer que les filets ne collent pas. Placez les filets de doré sur la grille de la friteuse à air Répétez avec les filets restants. Faire frire à 400 degrés Fahrenheit pendant environ 10 minutes. Vous pouvez retourner à mi-cuisson, si vous le souhaitez, même si j'ai découvert que ce n'était pas nécessaire. Servir avec des quartiers de citron.

Poisson pané frit à l'air

Personne(s) : 4   Préparation : 10 min   Total : 25 minutes

Ingrédients :

- ✓ 1 tasse de chapelure sèche
- ✓ ¼ tasse d'huile végétale
- ✓ 4 filets de plis
- ✓ 1 œuf battu
- ✓ 1 citron, tranche

Préparation :

1. Préchauffer une friteuse à air à 350 degrés F (180 degrés C). Placer la chapelure et l'huile dans un bol peu profond ; remuer jusqu'à ce que le mélange devienne lâche et friable.
2. Une vue de haut en bas de la chapelure et de l'huile dans un bol peu profond, mélangée jusqu'à ce que le mélange soit lâche et friable. Tremper les filets de poisson dans l'œuf ; secouez tout excès. Tremper les filets dans le mélange de chapelure ; enrober uniformément et entièrement. Une vue de haut en bas de filets de poisson trempés dans le mélange d'œufs battus, puis dans le mélange de chapelure et placés sur une plaque à pâtisserie tapissée de papier sulfurisé. Déposez délicatement les filets enrobés dans le panier de la friteuse à air ; cuire dans la friteuse à air préchauffée jusqu'à ce que le poisson se défasse facilement à la fourchette, environ 12 minutes.
3. Une vue de haut en bas de filets de poisson panés frits à l'air brun doré dans le panier d'un avion. Garnir de tranches de citron ; servir.

Saumon à la friteuse cajun

Personne(s) : 2 **Préparation : 10 min** **Total : 25 minutes**

Ingrédients :

- Aérosol de cuisson
- 1 cuillère à soupe d'assaisonnement cajun
- 1 cuillère à café de cassonade
- 2 (6 fois) filets de saumon avec la peau

Préparation :

1. Rassemblez tous les ingrédients. Préchauffez la friteuse à air à 390 degrés F (200 degrés C).
2. Rincer et sécher les filets de saumon avec une serviette en papier. Vaporiser les filets avec un enduit à cuisson.
3. Mélanger l'assaisonnement cajun et la cassonade dans un petit bol jusqu'à homogénéité ; étaler sur une assiette.
4. Presser les filets, côté chair vers le bas, dans le mélange d'assaisonnement.
5. Deux filets de saumon bien assaisonnés d'assaisonnement cajun.
6. Vaporisez le panier de la friteuse avec un enduit à cuisson et placez les filets de saumon côté peau vers le bas. Vaporiser à nouveau légèrement le saumon avec un enduit à cuisson.
7. Deux filets de saumon, bien assaisonnés et dans le panier d'une friteuse à air.
8. Fermez le couvercle et faites cuire dans la friteuse à air préchauffée pendant 8 minutes. Retirer de la friteuse et laisser reposer 2 minutes avant de servir.

Crevettes au poivre et au citron

Personne(s) : 2 **Préparation : 5 min** **Total : 15 min**

Ingrédients :

- 1 cuillère à soupe d'huile d'olive
- 1 citron, jus
- 1 cuillère à café de poivre citronné
- ¼ cuillère à café de paprika
- ¼ cuillère à café de poudre d'ail
- 12 onces de crevettes moyennes non cuites, décortiquées et déveinées
- 1 citron, tranche

Préparation :

1. Rassemblez tous les ingrédients. Préchauffez une friteuse à air à 400 degrés F (200 degrés C) selon les instructions du fabricant. Une vue aérienne de tous les ingrédients pour les crevettes au poivre et au citron à la friteuse à air. Mélanger l'huile, le jus de citron, le poivre citronné, le paprika et la poudre d'ail dans un bol. Ajouter les crevettes et mélanger pour enrober. Un verre d'huile, de jus de citron, de poivre citronné, de paprika et de poudre d'ail dans un bol et des crevettes sur une plaque à pâtisserie et
2. Cuire les crevettes dans la friteuse à air préchauffée jusqu'à ce qu'elles soient rose vif à l'extérieur et que la viande soit opaque, environ 6 à 8 minutes. Servir avec des tranches de citron.

Beignets de crabe à la friteuse à air

Personne(s) : 4   **Préparation : 15 min**   **Total : 1h 25 min**

Ingrédients :

- 1 gros œuf battu
- 2 cuillères à soupe de mayonnaise
- 1 cuillère à café de sauce Worcestershire
- 1 cuillère à café de moutarde de Dijon
- 1 cuillère à café d'assaisonnement pour fruits de mer (comme Old Bay)
- ½ cuillère à café de sauce au piment fort
- 2 cuillères à soupe d'oignon vert finement haché
- 1 livre de chair de crabe en morceaux, égouttée et ramassée
- 3 cuillères à soupe de lait
- Sel et poivre noir moulu au goût
- 11 craquelins salés, écrasés
- 1 cuillère à café de levure chimique
- 4 quartiers de citron
- Spray de cuisson à l'huile d'olive

Préparation :

1. Mélanger l'œuf battu, la mayonnaise, la sauce Worcestershire, la moutarde, l'assaisonnement pour fruits de mer et la sauce au piment fort dans un grand bol. Incorporer l'oignon vert et réserver.
2. Placer la chair de crabe dans un bol moyen et la briser avec une fourchette. Ajouter le lait, le sel et le poivre noir ; mélanger pour enrober. Ajouter les craquelins salés et la levure chimique ; mélanger légèrement pour combiner. Ajouter au mélange d'œufs, en remuant doucement et en prenant soin de ne pas briser les morceaux de crabe. Ramasser le crabe avec une mesure de 1/3 tasse et former 8 galettes. Placer les galettes sur une assiette, couvrir et réfrigérer jusqu'à ce qu'elles soient fermes, 1 à 8 heures. Préchauffer une friteuse à air à 400 degrés F (200 degrés C). Vaporiser les beignets de crabe des deux côtés avec un enduit à cuisson et les placer dans le panier de la friteuse à air.
3. Cuire dans la friteuse à air préchauffée pendant 5 minutes. Retournez délicatement les beignets de crabe et poursuivez la cuisson jusqu'à ce qu'ils soient croustillants, environ 5 minutes de plus.

Friteuse à air Mahi Mahi

Portion : 2   **T de prépa : 10 min**   **T de cuisson : 10 min**   **T total : 20 min**

Ingrédients

- 2 filets de mahi-mahi
- 2 c à s de beurre
- c à c d'assaisonnement
- cajun ou noircissant

Instructions

1. Assécher chaque filet avec du papier absorbant. Badigeonner le dessus de beurre fondu et saupoudrer d'assaisonnement. Placer dans le panier de la friteuse et cuire à 380 degrés pendant 8 à 10 minutes

Gâteaux de saumon Keto Air Fryer avec mayonnaise Sriracha

Personne(s) : 4   **Préparation : 15 min**   **Total : 40 min**

Ingrédients :

- ¼ tasse de mayonnaise
- 1 cuillère à soupe de Sri racha
- Gâteaux de saumon :
- 1 livre de filets de saumon sans peau, coupés en morceaux de 1 pouce
- ⅓ tasse de farine d'amande
- 1 gros œuf légèrement battu
- 1 oignon vert, haché grossièrement
- 1 ½ cuillères à café d'assaisonnement pour fruits de mer (comme Old Bay®)
- Aérosol de cuisson
- 1 pincée d'assaisonnement pour fruits de mer (comme Old Bay®) (facultatif)

Préparation :

1. Préparez la mayonnaise Sriracha : Fouettez ensemble la mayonnaise et la Sriracha dans un petit bol. Placez 1 cuillère à soupe de mayonnaise Sriracha dans le bol d'un robot culinaire et réfrigérez le reste jusqu'au moment de l'utiliser.
2. Préparez les galettes de saumon : ajoutez le saumon, la farine d'amande, l'œuf, l'oignon vert et 1 1/2 cuillère à café d'assaisonnement pour fruits de mer à la mayonnaise Sriracha dans le bol d'un robot culinaire ; pulser rapidement pendant 4 à 5 secondes jusqu'à ce que les ingrédients soient juste combinés, mais qu'il reste de petits morceaux de saumon. (Ne pas trop transformer car le mélange deviendra pâteux.)
3. Tapisser une assiette de papier ciré et vaporiser les mains d'enduit à cuisson. Former le mélange de saumon en 8 petites galettes ; transférer dans l'assiette. Placer au réfrigérateur jusqu'à ce qu'il soit refroidi et ferme, environ 15 minutes.
4. Préchauffez la friteuse à air à 390 degrés F (200 degrés C). Vaporisez le panier de la friteuse à air avec un enduit à cuisson.
5. Sortez les galettes de saumon du réfrigérateur. Vaporisez les deux côtés avec un enduit à cuisson et placez-les délicatement dans le panier de la friteuse à air, en travaillant par lots si nécessaire pour éviter le surpeuplement.
6. Cuire dans la friteuse à air préchauffée pendant 6 à 8 minutes. Placer sur un plat de service et servir avec le reste de la mayonnaise Sriracha et une légère pincée d'assaisonnement Old Bay.

Queues de homard avec beurre citron-ail

Personne(s) : 2   **Préparation : 10 min**   **Total : 20 min**

Ingrédients :

- 2 (4 fois) files d'attente de homard
- 4 cuillères à soupe de beurre
- 1 cuillère à café de zeste de citron
- 1 gousse d'ail, râpée
- sel et poivre noir moulu au goût
- 1 cuillère à café de persil frais
- 2 quartiers de citron

Préparation :

1. Préchauffer une friteuse à air à 380 degrés F (195 degrés C). Queues de homard papillon en coupant dans le sens de la longueur au centre des coquilles et de la viande avec des ciseaux de cuisine. Couper jusqu'au fond des coquilles, mais pas à travers. Écartez les moitiés de la queue. Placez les queues dans le panier de la friteuse à air avec la chair de homard vers le haut. Faire fondre le beurre dans une petite casserole à feu moyen.
2. Ajouter le zeste de citron et l'ail; chauffer jusqu'à ce que l'ail soit parfumé, environ 30 secondes. Transférer 2 cuillères à soupe du mélange de beurre dans un petit bol; badigeonnez-en les queues de homard. Jetez tout beurre brossé restant pour éviter la contamination par le homard non cuit. Assaisonner le homard avec du sel et du poivre.
3. Cuire dans la friteuse à air préchauffée jusqu'à ce que la chair de homard soit opaque, 5 à 7 minutes. Verser le beurre réservé de la casserole sur la chair de homard. Garnir de persil et servir avec des quartiers de citron.

Crevettes au poivre et au citron

Personne(s) : 2   **Préparation : 5 min**   **Total : 15 min**

Ingrédients :

- 1 cuillère à soupe d'huile d'olive
- 1 citron, jus
- 1 cuillère à café de poivre citronné
- ¼ cuillère à café de paprika
- ¼ cuillère à café de poudre d'ail
- 12 onces de crevettes moyennes non cuites, décortiquées et déveinées
- 1 citron, tranche

Préparation :

3. Rassemblez tous les ingrédients. Préchauffez une friteuse à air à 400 degrés F (200 degrés C) selon les instructions du fabricant. Une vue aérienne de tous les ingrédients pour les crevettes au poivre et au citron à la friteuse à air. Mélanger l'huile, le jus de citron, le poivre citronné, le paprika et la poudre d'ail dans un bol. Ajouter les crevettes et mélanger pour enrober. Un verre d'huile, de jus de citron, de poivre citronné, de paprika et de poudre d'ail dans un bol et des crevettes sur une plaque à pâtisserie et
4. Cuire les crevettes dans la friteuse à air préchauffée jusqu'à ce qu'elles soient rose vif à l'extérieur et que la viande soit opaque, environ 6 à 8 minutes. Servir avec des tranches de citron.

Galettes de crabe cajun à

Personne(s) : 3 **Préparation : 10 min** **Total : 25 min**

Ingrédients :

- ¾ tasse de chapelure panko
- ¼ tasse de mayonnaise
- 1 œuf
- 2 cuillères à café de sauce Worcestershire
- 1 cuillère à café de moutarde de Dijon
- ¾ cuillère à café d'assaisonnement cajun
- ½ cuillère à café de sel
- ¼ cuillère à café de poivre de Cayenne
- ¼ cuillère à café de poivre blanc moulu (facultatif)
- 4 onces de chair de crabe fraîche en morceaux
- 3 cuillères à soupe de sauce rémoulade, ou au goût
- 3 petits pains briochés (facultatif)

Préparation :

1. Préchauffez une friteuse à air à 370 degrés F (188 degrés C) selon les instructions du fabricant. Mélanger la chapelure, la mayonnaise, l'œuf, le Worcestershire, la moutarde, l'assaisonnement cajun, le sel, le poivre de Cayenne et le poivre dans un petit bol à mélanger. Incorporer délicatement la chair de crabe. Former 3 beignets de crabe de taille égale à l'aide d'un emporte-pièce. Placez les gâteaux sur un rond de papier sulfurisé et transférez-les dans le panier de la friteuse à air.
2. Cuire dans la friteuse à air préchauffée pendant 6 minutes. Retourner et poursuivre la cuisson jusqu'à ce qu'elle soit dorée, environ 6 minutes de plus. Servir avec la sauce rémoulade sur des petits pains coulissants.

Saumon au beurre à la friteuse à air

Portion : 2 **T de prépa : 10 min** **T de cuisson : 15 min** **T total : 25 min**

Ingrédients

- 2 (6 onces) filets de saumon désossés
- 2 cuillères à soupe de beurre fondu
- cuillère à café d'ail, émincé
- 1 c à c de persil italien frais, haché (ou 1/4 cuillère à café séché)
- sel et poivre au goût

Instructions

1. Préchauffez la friteuse à air à 360 degrés. Assaisonnez le saumon frais avec du sel et du poivre puis mélangez le beurre fondu, l'ail et le persil dans un bol.
2. Badigeonnez les filets de saumon du mélange de beurre à l'ail et placez délicatement le saumon dans la friteuse côte à côte, côté peau vers le bas.
3. Cuire environ 10 minutes jusqu'à ce que le saumon se défasse facilement avec un couteau ou une fourchette. Mangez immédiatement ou conservez jusqu'à 3 jours en suivant les instructions de réchauffage ci-dessous.

Rangoon de crabe de friteuse à air

Personne(s) : 12 **Préparation : 15 min** **Total : 35 min**

Ingrédients :
- 1 paquet (8 fois) de fromage à la crème, ramolli
- 4 onces de chair de crabe en morceaux
- 2 cuillères à soupe d'oignons verts hachés
- 1 cuillère à café de sauce soja
- 1 cuillère à café de sauce Worcestershire
- Aérosol de cuisson antiadhésif
- 24 emballages de wonton
- 2 cuillères à soupe de sauce chili douce, pour tremper

Préparation :

1. Mélanger le fromage à la crème, la chair de crabe, les oignons verts, la sauce soja et la sauce Worcestershire dans un grand bol ; remuer jusqu'à ce que le tout soit homogène. Réserver la garniture.
2. Préchauffer une friteuse à air à 350 degrés F (175 degrés C). Graisser le panier de la friteuse à air avec un enduit à cuisson. Remplissez un petit bol d'eau tiède.
3. Placez 12 feuilles de wonton sur une surface de travail propre. Verser 1 cuillère à café de garniture au centre de chaque emballage de wonton. Trempez votre index dans le bol d'eau tiède et mouillez les côtés de chaque emballage de wonton. Sertissez les coins de l'emballage vers le haut pour qu'ils se rejoignent au centre pour former des boulettes.
4. Placer les boulettes dans le panier préparé et vaporiser le dessus avec un enduit à cuisson.
5. Cuire les boulettes dans la friteuse à air préchauffée jusqu'à ce que le croustillant désiré soit atteint, 8 à 10 minutes. Transférer dans une assiette tapissée de papier absorbant.
6. Pendant que le premier lot cuit, assemblez les raviolis avec le reste des emballages de wonton et de la garniture.
7. Servir les raviolis avec une sauce chili douce comme trempette.

Crevettes et polenta à la friteuse à air

Personne(s) : 2 **Préparation : 15 min** **Total : 45 min**

Ingrédients :
- ½ tube de polenta (16 onces), coupé en 6 rondelles
- 2 cuillères à café d'huile d'olive extra vierge, divisées
- Sel et poivre noir moulu au goût
- 8 onces de crevettes géantes surgelées décongelées - égouttées, décortiquées et déveinées
- 12 Des tomates cerises
- 2 cuillères à soupe de beurre non salé, ramolli
- 2 cuillères à café de persil frais haché
- 1 cuillère à café de sauce au piment fort
- ½ cuillère à café d'assaisonnement citron-poivre

Préparation :

1. Préchauffer une friteuse à air à 400 degrés F (200 degrés C).

2. Disposez les rondelles de polenta sur un plan de travail propre. Badigeonner les deux côtés d'1 cuillère à café d'huile d'olive et assaisonner de sel et de poivre. Mettre de côté.
3. Mélanger les crevettes et les tomates dans un bol. Ajouter 1 cuillère à café d'huile d'olive restante et mélanger pour bien enrober. Utilisez des pinces pour transférer les tomates dans le panier de la friteuse à air.
4. Cuire les tomates dans la friteuse à air préchauffée jusqu'à ce qu'elles soient cloquées, environ 2 minutes. Transférer les tomates dans un grand bol et les écraser avec une cuillère en bois.
5. Placer les crevettes dans le panier de la friteuse à air et cuire 10 minutes. Transférer les crevettes dans le bol avec les tomates écrasées.
6. Placer les rondelles de polenta dans le panier de la friteuse et cuire 15 minutes. Retourner et cuire jusqu'à ce qu'il soit doré, 15 minutes de plus.
7. Pendant que les rondelles de polenta cuisent, mélanger le beurre, le persil, la sauce au piment fort et l'assaisonnement citron-poivre dans un bol et mélanger jusqu'à ce que le tout soit bien mélangé.
8. Répartir les gâteaux de polenta dans 2 assiettes de service. Verser le mélange tomates-crevettes sur le dessus et servir avec du beurre assaisonné.

Friteuse à air Bang Bang Crevettes

Personne(s) : 4   Préparation : 15 min   Total : 39 min

Ingrédients :

- ½ tasse de mayonnaise
- ¼ tasse de sauce chili douce
- 1 cuillère à soupe de sauce sriracha
- ¼ tasse de farine tout usage
- 1 tasse de chapelure panko
- 1 livre de crevettes crues, décortiquées et déveinées
- 1 tête de laitue en feuilles
- 2 oignons verts, hachés ou au goût (facultatif)

Préparation :

1. Réglez une friteuse à air à 400 degrés F (200 degrés C).
2. Mélanger la mayonnaise, la sauce chili et la sauce sriracha dans un bol jusqu'à consistance lisse. Réservez un peu de sauce bang bang dans un bol séparé pour tremper, si vous le souhaitez.
3. Mettez la farine dans une assiette. Placer le panko dans une assiette séparée.
4. Enrober d'abord les crevettes de farine, puis du mélange de mayonnaise, puis de panko. Placer les crevettes enrobées sur une plaque à pâtisserie.
5. Placez les crevettes dans le panier de la friteuse sans surcharger.
6. Cuire 12 minutes. Répétez avec le reste des crevettes.
7. Servir dans des roulés de laitue garnis d'oignons verts.

Bâtonnets de poisson à la friteuse à air

Personne(s) : 4   Préparation : 10 min   Total : 20 min

Ingrédients :

- 1 livre de filets de morue
- ¼ tasse de farine tout usage
- 1 œuf
- ½ tasse de chapelure panko
- ¼ tasse de râpé au parmesan
- 1 cuillère à soupe de flocons de persil
- 1 cuillère à café de paprika
- ½ cuillère à café de poivre noir
- Aérosol de cuisson

Préparation :

1. Préchauffer une friteuse à air à 400 degrés F (200 degrés C).
2. Séchez le poisson avec du papier absorbant et coupez-le en bâtonnets de 1 x 3 pouces.
3. Mettez la farine dans un plat peu profond. Battre l'œuf dans un plat peu profond séparé. Mélanger le panko, le parmesan, le persil, le paprika et le poivre dans un troisième plat peu profond.
4. Enrober chaque bâtonnet de poisson de farine, puis tremper dans l'œuf battu et enfin enrober du mélange panko assaisonné.
5. Vaporisez le panier de la friteuse à air avec un aérosol de cuisson antiadhésif. Disposez la moitié des bâtonnets dans le panier en vous assurant qu'aucun ne se touche. Vaporiser le dessus de chaque bâtonnet avec un enduit à cuisson.
6. Cuire dans la friteuse à air préchauffée pendant 5 minutes. Retourner les bâtonnets de poisson et cuire encore 5 minutes. Répétez avec les bâtonnets de poisson restants.

Friteuse à air citron aneth mahi mahi

Portion : 2   T de prépa : 5 min   T de cuisson : 5 min   T total : 10 min

Ingrédients

- 2 filets de Mahi Mahi frais ou décongelés
- 1 cuillère à soupe. jus de citron
- 1 cuillère à soupe. huile d'olive
- 2-3 tranches de citron frais
- 1/4 c. sel
- 1/4 c. poivre noir concassé
- 1 cuillère à soupe. aneth frais - haché

Instructions

1. Dans un petit bol, mélanger le jus de citron et l'huile d'olive. Remuer pour combiner.
2. Disposez les filets de Mahi Mahi frais ou décongelés sur une feuille de papier sulfurisé. Badigeonner les deux côtés de chaque filet avec le mélange de jus de citron – en les enrobant abondamment.
3. Assaisonnez avec du sel et du poivre. Ensuite, garnissez d'aneth frais haché. Disposez les tranches de citron sur les filets.
4. Placez les filets de Mahi Mahi dans le panier de la friteuse à air et faites cuire 12 à 14 minutes à 400 degrés F. Retirer du panier et servir immédiatement.

Galettes de thon à la friteuse à air

Portion : 10   T de prépa : 10 min   T de cuisson : 15 min   T total : 25 min

Ingrédients

- 15 onces (425 g) de thon germon en conserve, égoutté ou 1 livre (454 g) de thon frais, coupé en dés
- 2-3 grands œufs *voir note ci-dessus
- le zeste d'1 citron moyen
- cuillère à soupe (15 ml) de jus de citron
- 1/2 tasse (55 g) de chapelure ou de couenne de porc écrasée pour céto/faible teneur en glucides
- cuillères à soupe (45 ml) de parmesan râpé
- 1 branche de céleri, hachée finement
- cuillères à soupe (45 ml) d'oignon émincé
- 1/2 cuillère à café (2,5 ml) de poudre d'ail
- 1/2 cuillère à café (2,5 ml) d'herbes séchées (origan, aneth, basilic, thym ou tout autre combo)
- 1/4 cuillère à café (1,25 ml) Sel casher, ou à déguster
- poivre noir frais concassé
- facultatif pour le service – ranch, sauce tartare, mayonnaise, tranches de citron
- Pulvérisateur d'huile facultatif

Instructions

1. Dans un bol moyen, mélanger les œufs, le zeste de citron, le jus de citron, la chapelure, le parmesan, le céleri, l'oignon, la poudre d'ail, les herbes séchées, le sel et le poivre. Remuez pour vous assurer que tout est combiné. Incorporer délicatement le thon jusqu'à ce qu'il soit tout juste combiné.
2. Essayez de garder toutes les galettes de la même taille et de la même épaisseur pour une cuisson uniforme. Versez 1/4 tasse du mélange et façonnez des galettes d'environ 3 pouces de large x 1/2 pouce d'épaisseur et déposez-les dans le panier. Donne environ 10 galettes. Si les galettes sont trop molles à manipuler, réfrigérez-les pendant environ 1 heure ou jusqu'à ce qu'elles soient fermes. Cela les rendra plus faciles à manipuler pendant la cuisson. Vaporiser ou badigeonner le dessus des galettes d'huile. Si vous avez du papier sulfurisé perforé pour friteuse à air ou des tapis en silicone perforés, ils sont parfaits pour cette recette. Poser papier sulfurisé perforé pour friteuse à air ou tapis en silicone perforé base intérieure de la friteuse à air. Vaporisez légèrement le papier ou le tapis. (si ce n'est pas le cas, vous n'avez pas de doublures, vaporisez suffisamment d'huile d'olive à la base du panier de la friteuse pour vous assurer que les galettes ne collent pas)
3. Frire à l'air libre à 360°F pendant 6 minutes. Retournez les galettes et vaporisez à nouveau le dessus avec de l'huile. Continuez à faire frire à l'air libre pendant encore 3 à 5 minutes ou jusqu'à ce que la cuisson soit selon vos préférences. Servir avec votre sauce préférée et des tranches de citron.

Saumon à l'ail et au citron

Portion : 4   T de prépa : 5 min   T de cuisson : 11 min   T total : 16 min

Ingrédients

- 4 filets de saumon de 6 onces
- 2 cuillères à soupe d'huile d'olive
- 2 cuillères à café de poudre d'ail
- cuillère à café de sel marin celtique
- 1 cuillère à café de poivre frais concassé
- 1 citron, coupé en fines rondelles
- 1 cuillère à café de jus de cuillères à café d'herbes italiennes

Instructions

1. Dans un grand bol, versez un filet de jus de citron et d'huile d'olive sur le saumon et frottez pour vous assurer que les filets de saumon sont uniformément enrobés.
2. Assaisonner généreusement de sel, de poivre et d'herbes italiennes. Disposez les filets de saumon dans le panier de la friteuse à air, en vous assurant qu'ils ne se touchent pas trop (ne surchargez pas le panier pour que l'air puisse se déplacer facilement autour du saumon). Disposez les tranches de citron sur et autour du saumon dans le panier de la friteuse à air. Réglez la friteuse à air à 400 degrés et faites cuire 10 minutes pour du saumon avec un peu de rouge au milieu.
3. Cuire 12 minutes pour un saumon sans rouge au milieu, 14 minutes pour un saumon bien cuit ou des filets de saumon plus épais. Servez et dégustez !

Recette d'aiglefin à la friteuse à air

Portion : 4   T de prépa : 10 min   T de cuisson : 10 min   T total : 20 min

Ingrédients

- 4 morceaux de poisson d'aiglefin, le mien pesait 5 onces chacun
- 1/2 tasse de farine tout usage
- cuillère à café de sel
- 1/2 cuillère à café de poivre noir
- tasses de chapelure panko
- oeufs
- 6 cuillères à soupe de mayonnaise
- sauce tartare, facultatif
- quartiers de citron, facultatif

Instructions

1. Commencez par mélanger la chapelure panko, le sel, le poivre dans un petit bol à mélanger. Dans un autre bol, versez la farine. Dans le troisième bol, mélangez la mayonnaise et l'œuf.
2. Trempez le poisson dans la farine, puis dans le mélange œuf/mayo, puis dans le mélange panko. Au fur et à mesure que vous les trempez, placez-les dans un panier de friteuse à air graissé ou un plateau de friteuse à air graissé. Lorsque vous avez fini de paner votre poisson, vaporisez GÉNÉREUSEMENT d'un spray d'huile d'olive.
3. Placez le plateau ou le panier dans la friteuse à air à 350 degrés F pendant 8 à 12 minutes.
4. Une fois que votre poisson se défasse facilement, retirez-le. Servir avec une sauce tartare et/ou des quartiers de citron.   Assiettez, servez et dégustez !

Tacos au poisson croustillants à la friteuse à air

Portion : 4   T de prépa : 25 min   T de cuisson : 10 min   T total : 35 min

Ingrédients

- tasse de chapelure panko
- 1/4 cuillère à café de poudre d'ail
- 1 1/2 cuillère à café de poudre de chili
- 1/2 cuillère à café de poudre d'oignon
- 1 cuillère à café de cumin moulu
- 3/4 cuillère à café de sel casher
- 1/4 cuillère à café de poivre noir
- 24 oz de barramundi (4 filets)
- 1 gros œuf + 2 cuillères à soupe d'eau
- 16 tortillas à la farine (de la taille d'un taco de rue)
- Crème sure et jus de citron vert pour servir

- **Salsa**
- cuillères à soupe de jus de citron vert
- cuillères à café de miel
- 1 petite gousse d'ail, râpée
- 1/2 cuillère à café de sel casher
- 1/2 cuillère à café de cumin moulu
- 1/2 cuillère à café de poudre de chili
- cuillères à soupe d'huile d'olive
- tasses de chou râpé
- 1 piment jalapeno, coupé en dés
- 1 tasse d'ananas haché
- 1/4 tasse de coriandre hachée
- 1/4 tasse d'oignon rouge coupé en dés

Instructions

1. Préchauffer la friteuse pendant cinq minutes à 380 degrés. Ajoutez le panko, la poudre d'ail, la poudre de chili, la poudre d'oignon, le cumin, le sel et le poivre noir dans un plat ou un bol peu profond. Remuer pour combiner. Ajouter l'œuf et l'eau dans un autre plat ou bol peu profond. Fouetter pour combiner. Séchez le poisson avec du papier absorbant. Utilisez un couteau bien aiguisé pour couper le poisson en quatre morceaux de 1 x 4. Saupoudrez de sel et de poivre.
2. Trempez chaque morceau de poisson dans l'œuf. Laissez l'excédent s'égoutter. Enrober de chapelure. Utilisez vos doigts pour vous assurer que la chapelure est pressée dans le poisson. Répétez avec le reste du poisson.
3. Ajoutez la moitié du poisson dans la friteuse à air. Vaporisez généreusement le dessus avec un spray d'huile d'olive. Cuire 4 minutes. Retirez le plateau et retournez le poisson. Vaporiser d'un spray d'huile d'olive. Cuire encore 2 minutes jusqu'à ce qu'ils soient dorés et croustillants. Essuyez le fond de la friteuse à air après chaque lot. C'est super rapide et facile et évite que le poisson ne brûle plus tard. Répétez avec la moitié restante du poisson.
4. Pendant que le poisson cuit. Ajouter le jus de citron vert, le miel, l'ail, le sel, le cumin, la poudre de chili et l'huile d'olive dans un bol moyen. Fouetter pour combiner. Ajoutez le chou, le jalapeño, l'ananas, la coriandre et l'oignon rouge. Remuer jusqu'à ce qu'il soit enrobé de vinaigrette. Assaisonner au goût avec du sel et du poivre.
5. Réchauffer les tortillas aux micro-ondes. Si vous le souhaitez, carbonisez les tortillas sur une flamme nue. Ajoutez un peu de salade de chou à chaque tortilla. Garnir d'un morceau de poisson. Couvrir avec plus de salade de chou. Servir avec de la crème sure et un filet de jus de citron vert.

Poisson croustillant à la friteuse à air

Portion : 4   T de prépa : 5 min   T de cuisson : 15 min   T total : 20 min

Ingrédients

- lb de filets de poisson blanc (pas plus de ½ pouce d'épaisseur)
  - 1 œuf large
  - ½ tasse de semoule de maïs jaune
  - 1 cuillère à café de paprika
  - ½ cuillère à café de poudre d'ail
- ½ cuillère à café de poivre noir
- 1 cuillère à café de gros sel
- pulvérisation d'huile
- citron et persil pour la garniture (facultatif)

Instructions

1. Préchauffez la friteuse à air pendant au moins 3 minutes à 400 F. Fouettez l'œuf dans une poêle peu profonde. Dans une autre poêle peu profonde, bien mélanger la semoule de maïs et les épices.
2. Séchez complètement le poisson. Trempez les filets de poisson dans l'œuf – laissez l'excédent s'égoutter dans la poêle. Pressez ensuite le poisson dans le mélange de semoule de maïs jusqu'à ce qu'il soit bien enrobé des deux côtés. Placez le poisson enrobé dans le panier de la friteuse à air préchauffé. Vaporisez légèrement d'huile. Cuire 10 minutes en vous arrêtant à mi-cuisson pour retourner le poisson afin d'assurer une cuisson uniforme. Si vous remarquez des taches sèches, c'est le moment de vaporiser un peu plus d'huile. Remettez le panier dans la friteuse et faites cuire 5 à 7 minutes ou jusqu'à ce que le poisson soit bien cuit. Une fois terminé, pressez légèrement le citron et saupoudrez de persil ou garnissez de sauce piquante selon vos envies. Sers immédiatement.

Recette de filets de morue au miel

Portion : 2   T de prépa : 5 min   T de cuisson : 10 min   T total : 15 min

Ingrédients

- c à s de sauce soja
- c à c de miel
- (180 g) de filet de morue

Instructions

1. Dans un petit bol à mélanger, mélanger la sauce soja et le miel. Bien mélanger et réserver.
2. Préchauffez votre friteuse à air à 400 F (200 C) pendant 5 minutes. Vaporisez le panier de la friteuse à air avec un aérosol de cuisson antiadhésif. Placer le filet dans le panier graissé. Badigeonner avec le mélange de soja. Faire frire à l'air libre à 360 F (180 C) pendant 7 à 9 minutes ou jusqu'à ce qu'il soit opaque.. Retirez la morue rôtie de la friteuse et transférez-la sur une grille. Laisser refroidir 5 minutes. Servir avec des légumes rôtis.

Tacos au poisson tzatziki

Portion : 2   T de prépa : 10 min   T de cuisson : 15 min   T total : 25 min

Ingrédients

- Pour le poisson :
- 12 onces de filets de poisson blanc désossés et sans peau comme la morue, le flétan, le branzino
- cuillère à café de sel, divisé
- 1 cuillère à soupe de farine tout usage
- 1 gros œuf battu
- 1/2 tasse de chapelure panko
- 1/4 cuillère à café de poudre d'ail
- 1/4 cuillère à café d'origan
- spray d'huile d'olive
- Pour les tacos :
- 1 tomate, coupée en dés
- 1/4 tasse d'oignon rouge coupé en dés
- tasses de chou blanc haché
- aneth frais, pour la garniture
- 8 petites tortillas à la farine, réchauffées (comme les tortillas à la farine taco de Mission Street)
- 8 quartiers de citron, pour servir
- Sauce Tzatziki à la menthe :
- 3/4 tasse de yogourt grec nature 0 % de matières grasses Stonyfield
- 1/3 tasse de concombre râpé , graines et peau retirées (de 1 moyenne)
- 1 petite gousse d' ail écrasée
- 1 cuillère à café de jus de citron frais
- 1/2 cuillère à soupe de menthe fraîche hachée
- 1/2 cuillère à soupe d'aneth frais , haché
- 1/4 + 1/8 cuillère à café de sel casher
- poivre noir frais, au goût

Instructions

1. Placer le concombre dans un mini robot culinaire ou râper avec une râpe à fromage. Égouttez le liquide du concombre dans une passoire en métal et utilisez le dos d'une cuillère pour aider à éliminer tout excès de liquide.
2. Mélanger avec le yaourt, l'ail, le jus de citron, la menthe, l'aneth, le sel, le poivre et réfrigérer jusqu'au moment de manger.
3. Assaisonner le poisson avec 1/2 cuillère à café de sel. Couper en 8 lanières.
4. Mettre la farine dans une assiette et l'œuf dans un bol peu profond. Dans une autre assiette, mélanger le panko avec la 1/2 cuillère à café de sel restante, la poudre d'ail et l'origan.

Recette de bol de saumon au miel et à la dijon

Portion : 2   **T de prépa : 10 min**   **T de cuisson : 10 min**   **T total : 20 min**

Ingrédients

- 4 peau sur filets de saumon
- Sel et poivre au goût
- 2 cuillères à soupe. Chéri
- 2 cuillères à soupe. Moutarde de Dijon
- cuillère à café. Poudre d'ail
- ¼ tasse d'huile de canola ou d'huile d'olive
- cuillère à soupe. Flocons de persil
- ¼ tasse de vinaigre de vin rouge

Instructions

1. Assaisonnez légèrement le saumon avec du sel et du poivre. Réserver dans un bol ou une assiette.
2. Ensuite, mélangez dans un bol la moutarde, la poudre d'ail, l'huile, les flocons de persil et le vinaigre de vin rouge. saumon moutarde au miel avec persil et tomates dans une poêle
3. Verser le mélange sur le saumon et bien enrober. Laisser mariner 30 minutes ou plus. Faites ensuite frire à l'air libre à 350 degrés pendant 10 à 12 minutes. Utilisez un pinceau à pâtisserie pour appliquer le liquide sur le saumon à mi-cuisson. Apprécier.

Saumon au beurre de citron Air Fryer

Portion : 3   **T de prépa : 5 min**   **T de cuisson : 13 min**   **T total : 18 min**

Ingrédients

- 3 à 6 onces de filets de saumon, avec la peau
- Sel et poivre
- Spray de cuisson antiadhésif
- 3 cuillères à soupe de beurre fondu
- 2 cuillères à soupe de jus de citron frais
- 2 gousses d'ail émincées
- cuillère à café d'aneth frais haché
- ½ cuillère à café de sauce Worcestershire
- Tranches de citron pour la garniture
- Plus d'aneth pour la garniture

Instructions

1. Placez les filets de saumon sur une plaque à pâtisserie ou une assiette et séchez-les avec une serviette en papier. Saupoudrer les deux côtés de sel et de poivre. Dans un petit bol, ajoutez le beurre fondu, le jus de citron, l'ail, l'aneth et la sauce Worcestershire et mélangez jusqu'à homogénéité. Placez 3 cuillères à soupe dans un bol séparé.
2. Préchauffez la friteuse à air pendant 5 minutes. Vaporiser l'intérieur du panier avec un aérosol de cuisson antiadhésif. Badigeonner 1 cuillère à soupe sur chaque filet de saumon. Placer les filets de saumon dans le panier. Cuire à 400 degrés pendant 10-13 minutes. Retirer de la friteuse et servir avec une sauce au beurre citronné supplémentaire sur le dessus.

Saumon avec glaçage au soja et à l'érable

Portion : 3   T de prépa : 5 min   T de cuisson : 28 min   T total : 33 min

Ingrédients

- 3 cuillères à soupe de sirop d'érable pur
- 3 cuillères à soupe de sauce soja à teneur réduite en sodium ou de sauce soja sans gluten
- cuillère à soupe de sauce piquante sriracha
- 1 gousse d'ail écrasée
- 4 filets de saumon sauvage, sans peau (6 oz chacun)

Instructions

1. Mélanger le sirop d'érable, la sauce soja, la sriracha et l'ail dans un petit bol, verser dans un sac refermable de la taille d'un gallon et ajouter le saumon. Laisser mariner 20 à 30 minutes en retournant de temps en temps. Vaporisez légèrement le panier avec de l'huile.
2. Retirez le poisson de la marinade, réservez-le et séchez-le avec du papier absorbant.
3. Placez le poisson dans la friteuse à air, par lots, faites frire à 400 F pendant 7 à 8 minutes, ou plus selon l'épaisseur du saumon.
4. Pendant ce temps, versez la marinade dans une petite casserole et portez à ébullition à feu moyen-doux et réduisez jusqu'à ce qu'elle épaississe pour former un glaçage, 1 à 2 minutes. Verser sur le saumon juste avant de manger.

Saumon à la friteuse (style cajun)

Portion : 2   T de prépa : 2 min   T de cuisson : 8 min   T total : 10 min

Ingrédients

- 4 à 3 onces de filets de saumon (vous pouvez en utiliser plus ou moins)
- cuillère à café d'assaisonnement cajun, répartie entre les filets
- 1 cuillère à soupe d'huile d'olive, répartie entre les 4 filets
- ¼ cuillère à café de poivre noir moulu, réparti entre les 4 filets
- ¼ cuillère à café de flocons de piment rouge, répartis entre les 4 filets

Instructions

1. Badigeonner d'huile d'olive le dessus des filets. Saupoudrer d'assaisonnement cajun, de poivre noir et de flocons de piment rouge.
2. Placez les filets de saumon cajun dans le panier de la friteuse à air. Assurez-vous qu'ils ne se touchent PAS. Vous pouvez cuisiner simultanément autant de filets que votre panier peut contenir. Réglez la friteuse à air à 400 degrés et 8 minutes. Selon la taille de vos filets, vous aurez peut-être besoin d'une minute supplémentaire. Retirez délicatement du panier de la friteuse à air et servez immédiatement le saumon de la friteuse à air.

Saumon sucré et épicé à la friteuse à air

Portion : 4   T de prépa : 6 min   T de cuisson : 8 min   T total : 14 min

Ingrédients

- 3 à 4 filets de saumon
- 3 cuillères à soupe de miel
- 3/4 cuillère à café de poudre de chili
- 3/4 cuillère à café de paprika
- 1/2 cuillère à café de poudre d'ail
- 1/2 cuillère à café de flocons de piment rouge broyés
- 1/2 cuillère à café de sel
- 1/4 cuillère à café de poivre

Instructions

1. Séchez le saumon avec du papier absorbant. Vaporisez le panier de la friteuse à air avec de l'huile et placez le saumon dans le panier.
2. Placer le miel et le reste des ingrédients dans un petit bol. Mettez au micro-ondes pendant 10 secondes. Remuer et badigeonner les filets de saumon.
3. Faire frire à l'air libre à 390 degrés pendant 6 à 8 minutes.

Friteuse à air en croûte de Panko Mahi Mahi

Personne(s) : 4   Préparation : 10 min   Total : 25 min

Ingrédients :

- 2 tasses de chapelure panko
- 1 cuillère à café d'assaisonnement pour bagel
- ½ cuillère à café de sel d'ail
- ½ cuillère à café de curcuma moulu
- ½ cuillère à café de poivre noir moulu
- 4 (4 fois) filets de mahi mahi
- 2 cuillères à soupe d'huile de pépins de raisin
- Aérosol de cuisson antiadhésif
- 1 cuillère à café de persil frais haché
- 1 citron moyen, coupé en 4 quartiers

Préparation :

1. Préchauffer une friteuse à air à 400 degrés F (200 degrés C) pendant 5 minutes.
2. Pendant ce temps, mélangez le panko, l'assaisonnement pour bagel, le sel d'ail, le curcuma et le poivre dans un plat peu profond.
3. Placer les filets de mahi mahi sur une assiette et arroser d'huile de pépins de raisin. Trempez chaque filet dans le mélange panko pour l'enrober, puis placez-le en une seule couche dans le panier de la friteuse à air. Vaporiser avec un spray antiadhésif.
4. Cuire dans la friteuse à air préchauffée jusqu'à ce que le poisson se défasse facilement à la fourchette, 12 à 15 minutes, en le retournant à mi-cuisson. Retirer de la friteuse à air.
5. Garnir de persil et de quartiers de citron. Sers immédiatement.

Po' Boys de poisson croustillant frit à l'air avec salade de chou chipotle

Personne(s) : 4 **Préparation : 15 min** **Total : 30 min**

Ingrédients :

- Aérosol de cuisson
- Poisson : croustillant
- 4 filets (4 onces) de poisson blanc, d'environ 1/2 à 1 pouce d'épaisseur
- ¼ tasse de farine tout usage
- ½ cuillère à café de poivre noir moulu
- ¼ cuillère à café de sel
- ¼ cuillère à café de poudre d'ail
- 1 œuf
- 1 cuillère à soupe d'eau
- ½ tasse de chapelure panko
- ¼ tasse de semoule de maïs
- Salade de chipotle :
- ⅓ tasse de crème bien sûr
- ¼ tasse de mayonnaise
- 1 cuillère à soupe de jus de citron vert frais
- ¼ cuillère à café de sel
- ¼ cuillère à café de piment chipotle séché moulu
- 3 tasses de chou râpé avec carotte (mélange de salade de chou)
- ¼ tasse de coriandre fraîche hachée
- Sandwichs :
- 4 petits pains hoagie, fendus dans le sens de la longueur et grillés
- 2 cuillères à soupe de queso fresco émietté
- 4 quartiers de chaux

Préparation :

1. Enduire un panier de friteuse à air d'enduit à cuisson. Rincer les filets de poisson et les sécher avec du papier absorbant.
2. Mélanger la farine, le poivre noir, le sel et la poudre d'ail dans un plat peu profond. Fouetter l'œuf et l'eau ensemble dans un deuxième plat peu profond. Mélanger la chapelure et la semoule de maïs dans un troisième plat peu profond.
3. Tremper chaque filet de poisson jusqu'à ce qu'il soit entièrement enrobé dans le mélange de farine, puis dans le mélange d'œufs et enfin dans le mélange de chapelure. Vaporiser les filets d'enduit à cuisson et les placer dans le panier de friteuse à air préparé en une seule couche, en cuisant par lots si nécessaire.
4. Cuire dans la friteuse à air à 400 degrés F (200 degrés C) jusqu'à ce que l'enrobage pané soit doré et que le poisson se défasse facilement lorsqu'on le teste à la fourchette, 6 à 10 minutes.
5. Pendant ce temps, mélanger la crème sure, la mayonnaise, le jus de citron vert, le sel et le piment chipotle séché dans un bol moyen. Ajouter le mélange de salade de chou et la coriandre; mélanger pour enrober.
6. Servir les filets de poisson dans des petits pains hoagie. Garnir de salade de chou chipotle et de queso fresco et servir avec des quartiers de lime.

Po'boys de crevettes à la friteuse

Personne(s) : 4 **Préparation : 35 min** **Total : 45 min**

Ingrédients :

- 1/2 tasse de mayonnaise
- 1 cuillère à soupe de moutarde créole
- 1 cuillère à soupe de cornichons ou de cornichons à l'aneth hachés
- 1 cuillère à soupe d'échalote émincée
- 1-1/2 cuillère à café de jus de citron
- 1/8 cuillère à café de poivre de Cayenne
- Crevette à la noix de coco :
- 1 tasse de farine tout usage
- 1 cuillère à café d'herbes de Provence
- 1/2 cuillère à café de sel marin
- 1/2 cuillère à café de poudre d'ail
- 1/2 cuillère à café de poivre
- 1/4 cuillère à café de poivre de Cayenne
- 1 œuf large
- 1/2 tasse de lait 2%
- 1 cuillère à café de sauce au piment fort
- 2 tasses de noix de coco râpée sucrée
- 1 livre de crevettes crues (26-30 par livre), décortiquées et déveinées
- Aérosol de cuisson
- 4 petits pains hoagie, fendus
- 2 tasses de laitue râpée
- 1 tomate moyenne, tranchée finement

Préparation :

1. Pour la rémoulade, dans un petit bol, mélanger les 6 premiers ingrédients. Réfrigérer, couvert, jusqu'au moment de servir.
2. Préchauffer la friteuse à air à 375°. Dans un bol peu profond, mélanger la farine, les herbes de Provence, le sel marin, la poudre d'ail, le poivre et le poivre de Cayenne. Dans un autre bol peu profond, fouetter l'œuf, le lait et la sauce au piment fort. Placez la noix de coco dans un troisième bol peu profond. Tremper les crevettes dans la farine pour enrober les deux côtés ; secouer l'excédent. Tremper dans le mélange d'œufs, puis dans la noix de coco, en tapotant pour faire adhérer.
3. Par lots, disposer les crevettes en une seule couche sur un plateau graissé dans le panier de la friteuse à air ; vaporiser avec un enduit à cuisson. Cuire jusqu'à ce que la noix de coco soit légèrement dorée et que les crevettes deviennent roses, 3 à 4 minutes de chaque côté.
4. Tartiner le côté coupé des petits pains de rémoulade. Garnir de crevettes, de laitue et de tomates.

Galettes de crabe au wasabi à la friteuse à air

Personne(s) : 2   **Préparation : 20 min**   **Total : 30 min**

Ingrédients :

- 1 poivron rouge moyen, haché finement
- 1 côte de céleri, hachée finement
- 3 oignons verts, finement hachés
- 2 gros blancs d'œufs
- 3 cuillères à soupe de mayonnaise allégée
- 1/4 cuillère à café de wasabi préparé
- 1/4 cuillère à café de sel
- 1/3 tasse plus 1/2 tasse de chapelure sèche, divisée
- 1-1/2 tasse de chair de crabe en morceaux, égouttée
- Aérosol de cuisson
- Sauce :
- 1 côte de céleri, hachée
- 1/3 tasse de mayonnaise allégée
- 1 oignon vert, haché
- 1 cuillère à soupe de relish sucrée aux cornichons
- 1/2 cuillère à café de wasabi préparé
- 1/4 cuillère à café de sel de céleri

Préparation :

1. Préchauffer la friteuse à air à 375°. Mélanger les 7 premiers ingrédients; ajouter 1/3 tasse de chapelure. Incorporer délicatement le crabe.
2. Placer le reste de la chapelure dans un bol peu profond. Déposez de grosses cuillères à soupe du mélange de crabe dans la chapelure. Enrober délicatement et façonner des galettes de 3/4 po d'épaisseur. Par lots, placez les galettes en une seule couche sur un plateau graissé dans le panier de la friteuse à air. Vaporiser les beignets de crabe avec un enduit à cuisson. Cuire jusqu'à ce qu'ils soient dorés, 8 à 12 minutes, en les retournant soigneusement à mi-cuisson et en les vaporisant d'un enduit à cuisson supplémentaire.
3. Pendant ce temps, placez les ingrédients de la sauce dans le robot culinaire ; pulser 2 ou 3 fois pour mélanger ou jusqu'à ce que la consistance désirée soit atteinte. Servir immédiatement les beignets de crabe avec la trempette.

Semelle recouverte de miettes pour friteuse à air

Personne(s) : 4   **Préparation : 10 min**   **Total : 20 min**

Ingrédients :

- 3 cuillères à soupe de mayonnaise allégée
- 3 cuillères à soupe de parmesan râpé, divisé
- 2 cuillères à café de graines de moutarde
- 1/4 cuillère à café de poivre
- 4 filets de sole (6 onces chacun)
- tasse de chapelure molle
- 1 oignon vert, finement haché
- 1/2 cuillère à café de moutarde moulue
- cuillères à café de beurre fondu
- Aérosol de cuisson

Préparation :

1. Préchauffer la friteuse à air à 375°. Mélanger la mayonnaise, 2 cuillères à soupe de fromage, les graines de moutarde et le poivre ; répartir sur le dessus des filets.

2. Par lots, placez le poisson en une seule couche sur un plateau graissé dans le panier de la friteuse à air. Cuire jusqu'à ce que le poisson se défasse facilement à la fourchette, 3 à 5 minutes.
3. Pendant ce temps, dans un petit bol, mélanger la chapelure, l'oignon, la moutarde moulue et 1 cuillère à soupe de fromage restant ; incorporer le beurre. Verser sur les filets, en tapotant doucement pour faire adhérer ; vaporiser la garniture avec un enduit à cuisson. Cuire jusqu'à ce qu'il soit doré, 2-3 minutes de plus. Si vous le souhaitez, saupoudrez d'oignons verts supplémentaires.

Crevettes à la noix de coco à la friteuse

Personne(s) : 2   **Préparation : 10 min**   **Total : 20 min**

Ingrédients :

- 1/2 livre de grosses crevettes non cuites
- 1/2 tasse de noix de coco râpée sucrée
- 3 cuillères à soupe de chapelure panko
- 2 gros blancs d'œufs
- 1/8 cuillère à café de sel
- Un peu de poivre
- Dash de sauce piquante à la Louisiane
- 3 cuillères à soupe de farine tout usage
- Sauce :
- 1/3 tasse de confiture d'abricots
- 1/2 cuillère à café de vinaigre de cidre
- Dash de flocons de piment rouge broyé

Préparation :

1. Préchauffer la friteuse à air à 375°. Épluchez et déveinez les crevettes en laissant les queues.
2. Dans un bol peu profond, mélanger la noix de coco avec la chapelure. Dans un autre bol peu profond, fouetter les blancs d'œufs, le sel, le poivre et la sauce piquante. Mettez la farine dans un troisième bol peu profond.
3. Tremper les crevettes dans la farine pour les enrober légèrement ; secouer l'excédent. Tremper dans le mélange de blanc d'œuf, puis dans le mélange de noix de coco, en tapotant pour aider l'enrobage à adhérer.
4. Placer les crevettes en une seule couche sur un plateau graissé dans le panier de la friteuse à air. Cuire 4 minutes ; retourner les crevettes et poursuivre la cuisson jusqu'à ce que la noix de coco soit légèrement dorée et que les crevettes deviennent roses, environ 4 minutes de plus.
5. Pendant ce temps, mélanger les ingrédients de la sauce dans une petite casserole ; cuire et remuer à feu moyen-doux jusqu'à ce que les conserves soient fondues. Servir immédiatement les crevettes avec la sauce.

Saumon à la friteuse

Personne(s) : 4   **Préparation : 10 min**   **Total : 25 min**

Ingrédients :

- 1 cuillère à soupe d'huile d'olive
- 4 filets de saumon (6 onces chacun)
- 1/2 cuillère à café de sel
- 1/4 cuillère à café de poudre d'ail
- 1/4 cuillère à café de poivre
- 1/8 cuillère à café de paprika

Préparation :

1. Préchauffer la friteuse à air à 400 °. Verser un filet d'huile sur le saumon. Mélanger le sel, la poudre d'ail, le poivre et le paprika ; saupoudrer sur le poisson. Placer le saumon en une seule couche dans le panier de la friteuse.
2. Cuire jusqu'à ce que le poisson soit légèrement doré et commence tout juste à s'effriter facilement à la fourchette, 7 à 9 minutes.

Sauce aux crevettes et abricots à la noix de coco

Personne(s) : 6   **Préparation : 25 min**   **Total : 35 min**

Ingrédients :

- 1-1/2 livre de crevettes non cuites
- 1-1/2 tasse de noix de coco râpée sucrée
- 1/2 tasse de chapelure panko
- 4 gros blancs d'œufs
- 3 traits de sauce piquante façon Louisiane
- 1/4 cuillère à café de sel
- 1/4 cuillère à café de poivre
- 1/2 tasse de farine tout usage

Sauce :
- 1 tasse de confiture d'abricots
- 1 cuillère à café de vinaigre de cidre
- 1/4 c à c de flocons de piment rouge

Préparation :

1. Préchauffer la friteuse à air à 375°. Épluchez et déveinez les crevettes en laissant les queues. Dans un bol peu profond, mélanger la noix de coco avec la chapelure. Dans un autre bol peu profond, fouetter les blancs d'œufs, la sauce piquante, le sel et le poivre. Mettez la farine dans un troisième bol peu profond. Tremper les crevettes dans la farine pour les enrober légèrement ; secouer l'excédent. Tremper dans le mélange de blanc d'œuf, puis dans le mélange de noix de coco, en tapotant pour aider l'enrobage à adhérer.
2. Par lots, placez les crevettes en une seule couche sur un plateau graissé dans le panier de la friteuse à air. Cuire 4 minutes. Retourner les crevettes ; cuire jusqu'à ce que la noix de coco soit légèrement dorée et que les crevettes deviennent roses, environ 4 minutes de plus. Pendant ce temps, mélanger les ingrédients de la sauce dans une petite casserole ; cuire et remuer à feu moyen-doux jusqu'à ce que les conserves soient fondues. Servir immédiatement les crevettes avec la sauce.

Tacos aux crevettes et au pop-corn avec salade de chou

Personne(s) : 4   **Préparation : 10 min**   **Total : 20 min**

Ingrédients :

- 2 tasses de mélange pour salade de chou
- 1/4 tasse de coriandre fraîche
- 2 cuillères à soupe de jus de citron
- 2 cuillères à soupe de miel
- 1/4 cuillère à café de sel
- 1 piment jalapeno, épépiné et émincé, facultatif
- 2 gros œufs
- 2 cuillères à soupe de lait 2%
- 1/2 tasse de farine tout usage
- 1-1/2 tasse de chapelure panko
- 1 cuillère à soupe de cumin moulu
- 1 cuillère à soupe de poudre d'ail
- 1 livre de crevettes crues (41-50 par livre), décortiquées et déveinées
- Aérosol de cuisson
- 8 tortillas de maïs (6 pouces),
- 1 avocat moyennement mûr, pelé et tranché

Préparation :

1. Dans un petit bol, mélanger le mélange de salade de chou, la coriandre, le jus de lime, le miel, le sel et, si désiré, le piment jalapeno ; mélanger pour enrober. Mettre de côté.
2. Préchauffer la friteuse à air à 375°. Dans un bol peu profond, fouetter les œufs et le lait. Placer la farine dans un bol peu profond séparé. Dans un troisième bol peu profond, mélanger le panko, le cumin et la poudre d'ail. Tremper les crevettes dans la farine pour enrober les deux côtés ; secouer l'excédent. Tremper dans le mélange d'œufs, puis dans le mélange de panko, en tapotant pour aider l'enrobage à adhérer.
3. Par lots, disposer les crevettes en une seule couche sur un plateau graissé dans le panier de la friteuse à air ; vaporiser avec un enduit à cuisson. Cuire jusqu'à ce qu'il soit doré, 2-3 minutes. Tourner ; vaporiser avec un enduit à cuisson. Cuire jusqu'à ce qu'ils soient dorés et que les crevettes deviennent roses, 2 à 3 minutes de plus.
4. Servir les crevettes dans les tortillas avec le mélange de salade de chou et l'avocat.

Nuggets de saumon à la friteuse à air

Personne(s) : 4   **Préparation : 20 min**   **Total : 35 min**

Ingrédients :

- ⅓ tasse de sirop d'érable
- ¼ cuillère à café de piment chipotle séché moulu
- 1 pincée de sel marin
- 1 ½ tasse de croûtons au beurre et à l'ail
- 1 œuf gros
- 1 (1 livre) filet de saumon sans peau, coupé au centre, coupé en morceaux de 1 1/2 pouce
- Aérosol de cuisson

Préparation :

1. Mélanger le sirop d'érable, la poudre de chipotle et le sel dans une casserole et porter à ébullition à feu moyen. Réduire le feu à doux pour garder au chaud.

2. Placer les croûtons dans le bol d'un mini robot culinaire ; pulser jusqu'à ce qu'il soit réduit en fines miettes. Transférer dans un bol peu profond. Fouetter l'œuf dans un bol séparé.
3. Préchauffez la friteuse à air à 390 degrés F (200 degrés C). Saupoudrer légèrement le saumon de sel marin. Tremper légèrement le saumon dans le mélange d'œufs, en laissant l'excédent s'égoutter. Enrober le saumon de panure à croûtons et secouer davantage. Placer sur une assiette et vaporiser légèrement d'enduit à cuisson.
4. Vaporiser le panier de la friteuse à air avec un enduit à cuisson. Placez les nuggets de saumon à l'intérieur, en travaillant par lots pour éviter le surpeuplement, si nécessaire.
5. Cuire dans la friteuse à air préchauffée pendant 3 minutes. Retournez délicatement les morceaux de saumon, vaporisez légèrement d'huile et faites cuire jusqu'à ce que le saumon soit entièrement cuit, 3 à 4 minutes supplémentaires. Placer sur un plat de service et arroser de sirop d'érable et chipotle chaud. Sers immédiatement.

poisson blanc sain avec ail et citron

Portion : 2   T de prépa : 5 min   T de cuisson : 12 min   T total : 17 min

Ingrédients

- 12 onces (340 g) de filets de tilapia ou autre poisson blanc (2 filets de 6 onces chacun)
- 1/2 cuillère à café (2,5 ml) de poudre d'ail
- 1/2 cuillère à café (2,5 ml) d'assaisonnement citron-poivre
- 1/2 cuillère à café (2,5 ml) de poudre d'oignon, facultatif
- Sel casher ou sel de mer, au goût
- Poivre noir frais concassé,
- Persil frais haché
- Quartiers de citron

Instructions

1. Préchauffer la friteuse à air à 360 °F pendant 5 minutes. Rincez et séchez les filets de poisson. Vaporiser ou enduire d'huile d'olive et assaisonner avec de la poudre d'ail, du poivre citronné et/ou de la puissance d'oignon, du sel et du poivre. Répétez l'opération pour les deux côtés.
2. Poser un revêtement en silicone pour friteuse à air ou papier sulfurisé perforé base intérieure de la friteuse à air. Vaporisez légèrement la doublure. (si vous n'utilisez pas de doublure, vaporisez suffisamment d'huile à la base du panier de la friteuse à air pour vous assurer que le poisson ne colle pas). Tapisser de papier sulfurisé Posez le poisson sur le revêtement. Ajoutez quelques quartiers de citron à côté du poisson.
3. Frire à l'air libre à 360°F/182°C pendant environ 6 à 12 minutes, ou jusqu'à ce que le poisson puisse être émietté à la fourchette. Le timing dépendra de l'épaisseur des filets, de leur froid et des préférences individuelles.
4. Saupoudrer de persil haché et servir chaud avec les quartiers de citron grillés. Ajoutez des assaisonnements supplémentaires ou du sel et du poivre, si nécessaire.

Burgers de thon à la friteuse

Personne(s) : 4 **Préparation : 10 min** **Total : 20 min**

Ingrédients :

- 1 gros œuf, légèrement battu
- 1/2 tasse de chapelure sèche
- 1/2 tasse de céleri finement haché
- 1/3 tasse de mayonnaise
- 1/4 tasse d'oignon finement haché
- 2 cuillères à soupe de sauce chili
- 1 sachet (6,4 onces) de thon pâle dans l'eau
- 4 pains à hamburger, fendus et grillés
- Facultatif : Feuilles de laitue et tranches de tomates

Préparation :

1. Préchauffer la friteuse à air à 350°. Dans un petit bol, mélanger les 6 premiers ingrédients; incorporer le thon. Façonner 4 galettes. Par lots, placez les galettes en une seule couche sur un plateau graissé dans le panier de la friteuse à air. Cuire jusqu'à ce qu'ils soient légèrement dorés, 5 à 6 minutes de chaque côté. Servir sur des petits pains
2. . Si désiré, garnir de laitue et de tomate.

Calamars à la friteuse

Personne(s) : 5 **Préparation : 20 min** **Total : 27 min**

Ingrédients :
- 1/2 tasse de farine tout usage
- 1/2 cuillère à café de sel
- 1 gros œuf, légèrement battu
- 1/2 tasse de lait 2%
- 1 tasse de chapelure panko
- 1/2 cuillère à café de sel assaisonné
- 1/4 cuillère à café de poivre
- 8 onces de calamars (calmars) frais ou surgelés nettoyés, décongelés et coupés en anneaux de 1/2 pouce
- Aérosol de cuisson

Préparation :

1. Préchauffer la friteuse à air à 400°. Dans un bol peu profond, mélanger la farine et le sel. Dans un autre bol peu profond, fouetter l'œuf et le lait. Dans un troisième bol peu profond, mélanger la chapelure, le sel assaisonné et le poivre. Enrober les calamars de farine, puis les tremper dans le mélange d'œufs et les enrober de chapelure.
2. En travaillant par lots, placez les calamars en une seule couche sur un plateau graissé dans le panier de la friteuse à air ; vaporiser avec un enduit à cuisson. Cuire environ 4 minutes. Tourner ; vaporiser avec un enduit à cuisson. Cuire jusqu'à ce qu'il soit doré, 3 à 5 minutes de plus.

Morue à la friteuse

Personne(s) : 5 **Préparation : 10 min** **Total : 20 min**

Ingrédients :

- 1/4 tasse de vinaigrette italienne
- 1/2 cuillère à café de sucre
- 1/8 cuillère à café de sel
- 1/8 cuillère à café de poudre d'ail
- 1/8 cuillère à café de curry en poudre
- 1/8 cuillère à café de paprika
- 1/8 cuillère à café de poivre
- 2 filets de morue (6 onces chacun)
- 2 cuillères à café de beurre

Préparation :

1. Préchauffer la friteuse à air à 370°. Dans un bol peu profond, mélanger les 7 premiers ingrédients ; ajouter la morue en la retournant pour enrober. Laissez reposer 10 à 15 minutes.
2. Placer les filets en une seule couche sur un plateau graissé dans le panier de la friteuse à air ; jeter le reste de la marinade. Cuire jusqu'à ce que le poisson commence à s'effriter facilement à la fourchette, 8 à 10 minutes. Garnir de beurre.

Bar chilien glacé au miso

Portion : 2 **T de prépa : 5 min** **T de cuisson : 20 min** **T total : 25 min**

Ingrédients

- 2 filets de bar chilien de 6 onces
- c à s de beurre non salé
- 1/4 tasse de pâte miso blanche
- c à s de vinaigre de vin de riz
- 4 c à s de sirop d'érable, le miel
- **Garnitures facultatives**
- graines de sésame
- cuillères à soupe de mirin
- 1/2 cuillère à café de pâte de gingembre
- huile d'olive pour cuisiner
- poivre frais concass
- oignons verts tranchés

Instructions

1. Préchauffer à air à 375° F. Badigeonner d'huile d'olive sur chaque filet de poisson et terminer avec du poivre frais concassé. Vaporisez la poêle de la friteuse avec de l'huile d'olive et placez la peau du poisson vers le bas. Cuire pendant 12 à 15 minutes, jusqu'à ce que le dessus commence à devenir doré et que la température interne atteigne 135° F. Pendant que le poisson cuit, faites fondre le beurre dans une petite casserole à feu moyen. Lorsque le beurre est fondu, ajoutez la pâte miso, le vinaigre de vin de riz, le sirop d'érable, le sirop d'érable, le mirin et la pâte de gingembre. Remuer jusqu'à ce que le tout soit bien mélangé, porter à légère ébullition et retirer immédiatement la casserole du feu. Lorsque le poisson est terminé, utilisez un pinceau à pâtisserie en silicone (ou le dos d'une cuillère) pour badigeonner le glaçage sur le dessus et les côtés du poisson.
2. Remettez-le dans la friteuse à air pendant 1 à 2 minutes supplémentaires à 375° F, jusqu'à ce que le glaçage caramélise. Terminez avec des oignons verts tranchés et/ou des graines de sésame.

Pétoncles à la friteuse

Personne(s) : 2 **Préparation : 10 min** **Total : 15 min**

Ingrédients :

- 1 œuf large
- 1/3 tasse de flocons de pommes de terre en purée
- 1/3 tasse de chapelure assaisonnée
- 1/8 cuillère à café de sel
- 1/8 cuillère à café de poivre
- 6 pétoncles géants (environ 3/4 de livre), épongés
- 2 cuillères à soupe de farine tout usage
- Spray de cuisson au goût de beurre

Préparation :

1. Préchauffer la friteuse à air à 400°. Dans un bol peu profond, battre légèrement l'œuf. Dans un autre bol, mélanger les flocons de pomme de terre, la chapelure, le sel et le poivre. Dans un troisième bol, mélanger les pétoncles avec la farine pour les enrober légèrement. Tremper dans l'œuf, puis dans le mélange de pommes de terre, en tapotant pour faire adhérer.
2. Disposer les pétoncles en une seule couche sur une plaque graissée dans le panier de la friteuse à air; vaporiser avec un enduit à cuisson. Cuire jusqu'à ce qu'il soit doré, 3-4 minutes. Tourner; vaporiser avec un enduit à cuisson. Cuire jusqu'à ce que la panure soit dorée et que les pétoncles soient fermes et opaques, 3 à 4 minutes de plus.

Poisson-chat en croûte de bretzel

Personne(s) : 10 **Préparation : 15 min** **Total : 25 min**

Ingrédients :

- 4 filets de poisson-chat (6 onces chacun)
- 1/2 cuillère à café de sel
- 1/2 cuillère à café de poivre
- 2 gros œufs
- 1/3 tasse de moutarde de Dijon
- 2 cuillères à soupe de lait 2%
- 1/2 tasse de farine tout usage
- 4 tasses de bretzels miniatures à la moutarde et au miel, grossièrement écrasés
- Aérosol de cuisson
- Tranches de citron, facultatif

Préparation :

1. Préchauffer la friteuse à air à 325°. Saupoudrer le poisson-chat de sel et de poivre. Fouetter les œufs, la moutarde et le lait dans un bol peu profond. Placer la farine et les bretzels dans des bols peu profonds séparés. Enrober les filets de farine, puis les tremper dans le mélange d'œufs et les enrober de bretzels écrasés.
2. Par lots, placez les filets en une seule couche sur un plateau graissé dans le panier de la friteuse à air ; vaporiser avec un enduit à cuisson. Cuire jusqu'à ce que le poisson se défasse facilement à la fourchette, 10 à 12 minutes. Si désiré, servir avec des tranches de citron.

CHAPITRE 11 Recettes des beignets

CHAPITRE 11

Recettes de beignets

Beignets à la friteuse à air à la gousse de vanille

Personne(s) : 6   **Préparation : 20 min**   **Total : 2h 40 min**

Ingrédients :

- ❖ **Pour les beignets :**
- ✓ ½ tasse de lait 100-110 F
- ✓ 2 ¼ cuillères à café de levure instantanée, sachet de 0,25 once
- ✓ ¼ tasse de sucre cristallisé
- ✓ 1 œuf large
- ✓ 2 cuillères à soupe d'huile végétale
- ✓ 1 cuillère à café
- ✓ 2 tasses de farine tout usage
- ❖ **Pour le glaçage à la gousse de vanille :**
- ✓ 1 tasse de sucre glace
- ✓ 3 cuillères à soupe de crème épaisse
- ✓ 1 cuillère à café de pâte de gousse de vanille

Préparation :

1. **Pour les beignets**
2. Ajoutez le lait, la levure et le sucre dans le bol d'un batteur sur socle équipé du crochet pétrisseur (ou dans un grand bol en mélangeant à la main). Mélanger jusqu'à ce que le tout soit bien mélangé.
3. Ajoutez ensuite l'œuf, l'huile végétale et la pâte de gousse de vanille et mélangez bien.
4. Ajoutez progressivement la farine au batteur à basse vitesse. Continuez à pétrir à basse vitesse jusqu'à ce que la pâte soit lisse et légèrement collante, environ 5 minutes.
5. Placez la pâte dans un bol graissé, couvrez-la d'une pellicule plastique et laissez-la lever pendant une heure.
6. Étalez la pâte sur une surface légèrement farinée jusqu'à ce qu'elle atteigne ½" d'épaisseur. Utilisez un (ou un et un petit objet circulaire tel qu'une douille) pour découper des beignets de 3 pouces. Placez les beignets (et les trous de beignets, car pourquoi pas ?) sur une plaque recouverte de silicone ou de papier sulfurisé et laissez-les lever pendant une heure supplémentaire.
7. Graisser le panier de la friteuse à air avec un spray antiadhésif. Faites frire à l'air libre par lots, quelques-uns à la fois, à 365 F pendant 7 à 8 minutes, ou jusqu'à ce qu'ils soient d'un brun doré profond. Placer sur une grille de refroidissement et répéter avec le reste de la pâte.
8. **Pour le glaçage à la gousse de vanille**
9. Mélangez le sucre en poudre, la crème épaisse et la pâte de gousse de vanille dans un petit bol.
10. Trempez les beignets dans le glaçage et placez-les sur une grille pour qu'ils prennent. Servir chaud.

Beignets De Sucre De Buffet Chinois Copycat De Friteuse À Air

Personne(s) : 4 **Préparation : 5 min** **Total : 17 minutes**

Ingrédients :

- 1 boîte de biscuits bon marché (pas feuilletés)
- 1/2 tasse de sucre
- 4 cuillères à soupe de beurre fondu

Préparation :

1. Tapisser une plaque à pâtisserie de papier sulfurisé. Mettez le sucre dans un bol peu profond ; mettre de côté. Retirez les biscuits de la boîte, séparez-les et disposez-les sur la plaque à pâtisserie. Si vous voulez des bouchées de beignets, coupez chaque biscuit en quatre morceaux. Vaporiser les beignets avec un enduit à cuisson ou de l'huile d'olive provenant d'un spritzer Placez les biscuits en une seule couche dans la friteuse à air (essayez de les empêcher de se toucher – si vous avez plus de biscuits que ce qui peut contenir dans votre friteuse à air – vous devrez faire deux lots)
2. Fermez la friteuse à air et réglez-la à 350°F. Cuire, 3 minutes. Friteuse à ciel ouvert, retourner les biscuits et cuire encore 3 minutes. Pendant que les biscuits cuisent à l'air libre, faites fondre le beurre au micro-ondes et versez-le dans un bol. Transférer les biscuits sur la plaque à pâtisserie. Mélanger les biscuits dans un bol de beurre fondu
3. Déplacer les biscuits dans le sucrier et mélanger pour bien les enrober. Servir chaud

Beignet À La Friteuse À Air Farci Au Nutella Et À La Banane

Personne(s) : 1 **Préparation : 5 min** **Total : 10 minutes**

Ingrédients :

- 1 petit pain brioché
- 20g de Nutella
- 30g Banane
- 10 ml de lait écrémé
- 3g de sucre blanc

Préparation :

1. Réglez la friteuse à air + four Sunbeam 4-en-1 sur le réglage Air Frayer et chauffez à 180°C.
2. Faites un trou au milieu du pain. Remplissez de Nutella et de banane.
3. Badigeonner le dessus du pain de lait et saupoudrer de sucre. Placez-le sur le plateau en filet et placez le plateau sur l'étagère du milieu. Cuire pendant 5 minutes ou jusqu'à ce qu'ils soient dorés.

Beignets de pommes à la friteuse à air

Personne(s) : 6   **Préparation : 5 min**   **Total : 19 minutes**

Ingrédients :

- ❖ **Ingrédients secs**
- ✓ ½ tasse de farine tout usage
- ✓ 1 cuillère à soupe de cassonade tassée
- ✓ ½ cuillère à café de cannelle moulue
- ✓ ¼ cuillère à café de levure chimique
- ✓ ¼ cuillère à café de bicarbonate de soude
- ✓ ⅛ cuillère à café de sel
- ❖ **Ingrédients humides**
- ✓ 1 jaune d'œuf
- ✓ 3 cuillères à soupe de lait
- ✓ 2 cuillères à soupe de crème sure ou utilisez du yaourt nature épais
- ✓ 2 cuillères à soupe de beurre non salé fondu
- ✓ 1 tasse bien remplie de pomme pelée et épépinée hachée (environ 1 grosse), coupée en cubes de ¼ de pouce
- ❖ **Glaçage**
- ✓ ½ tasse de sucre glace
- ✓ 1 cuillère à soupe d'eau
- ✓ ¼ cuillère à café d'extrait de vanille

Préparation :

1. Préchauffer la friteuse à air à 350°F pendant 5 minutes. Pendant ce temps, préparez la pâte à beignet.
2. Astuce : La friteuse à air fonctionnera à vide pendant ce temps, ce qui permet de relancer le processus de cuisson.
3. Fouetter tous les ingrédients secs dans un petit bol et réserver.
4. Fouetter tous les ingrédients humides dans un bol moyen, jusqu'à ce que le tout soit bien mélangé. Ajoutez les ingrédients secs (passez à une cuillère) et mélangez jusqu'à ce que tout soit bien combiné. Incorporer les pommes hachées jusqu'à ce que le tout soit bien mélangé.
5. (La friteuse à air aurait déjà fait le préchauffage)
6. Graissez bien le panier de la friteuse à air avec un aérosol de cuisson antiadhésif. À l'aide de deux cuillères, déposez environ ¼ tasse de pâte dans le panier (en les espaçant uniformément).
7. À l'aide d'une cuillère humide, aplatissez légèrement le dessus pour former un beignet (vaporisez le dessus avec une couche de spray antiadhésif pour un beignet plus croustillant).
8. Cuire à la friteuse à air à 340°F pendant 10 à 11 minutes. Laissez les beignets refroidir pendant au moins une minute avant de les retirer délicatement du panier.
9. Faire le glaçage – Fouetter tous les ingrédients du glaçage ensemble dans un petit bol. À l'aide d'une cuillère, versez un filet de glaçage sur les beignets. Laissez reposer quelques minutes et dégustez chaud !

Beignets au chocolat à la friteuse à air

Personne(s) : 6 **Préparation : 8 min** **Total : 20 minutes**

Ingrédients :

- ½ tasse de farine tout usage sans gluten, 60-80 g selon la farine, ou AP ordinaire
- ¼ tasse de farine de blé entier pour pâtisserie, 30 g ou plus de farine ordinaire
- ⅓ tasse de substitut de sucre sans sucre 1 :1 ou de sucre ordinaire
- ¼ tasse de poudre de cacao non sucrée ou de poudre de cacao
- 1 cuillère à café de levure chimique
- 2 cuillères à soupe de beurre froid, coupé en petits cubes, 28 g
- 5 cuillères à soupe de lait d'amande non sucré ou autre
- ¼ tasse de yaourt grec sans gras, 56 g

Glaçage au chocolat
- 3 cuillères à soupe de pépites de chocolat ou de chocolat haché, sans sucre recommandé, 42 g
- ¼ cuillère à café d'huile de coco

Préparation :

1. **Beignets :**
2. Dans un robot culinaire, mélanger la farine à pâtisserie de blé entier sans gluten, le substitut de sucre, la poudre de cacao/cacao, la levure chimique et le beurre, et mélanger jusqu'à ce que le tout soit combiné pour former un crumble grossier.
3. Alternativement, fouettez les ingrédients secs dans un bol et utilisez 2 couteaux ou un emporte-pièce pour couper le beurre dans le mélange sec.
4. Dans un grand bol, mélanger le lait et le yaourt.
5. Ajouter le mélange sec dans un bol et mélanger avec une cuillère jusqu'à ce que tout soit bien combiné. Vous devriez avoir une pâte hirsute.
6. Saupoudrez légèrement une surface de travail et vos mains de poudre de cacao, transférez la pâte sur la surface et pétrissez jusqu'à consistance lisse – environ 30 secondes. La pâte sera légèrement collante.
7. Divisez la pâte en 6 morceaux et roulez-la en bûches d'environ 7 pouces de long.
8. Façonner les bûches en anneau ; Superposez et pincez les extrémités ensemble.
9. Tapisser le panier de la friteuse à air de papier sulfurisé et y placer les anneaux en laissant suffisamment d'espace entre les deux.
10. Travaillez par lots si nécessaire
11. Cuire à 350°F pendant 12 minutes.
12. Transférer sur une grille de refroidissement pour refroidir.
13. **Glaçage au chocolat :**
14. Placez les pépites de chocolat (ou le chocolat haché) et l'huile de noix de coco dans un grand bol allant au micro-ondes et passez au micro-ondes toutes les 30 secondes, en remuant – pendant environ 1½ minute jusqu'à ce qu'elles soient complètement fondues. Laisser refroidir environ 2-3 minutes.
15. Trempez les trous des beignets dans le chocolat, secouez l'excédent et déposez-les sur une grille de refroidissement (côté sec vers le bas).

Beignets de levure faits maison à la friteuse à air

Personne(s) : 12   Préparation : 30 min   Total : 15 min 2 h

Ingrédients :

- **Beignets**
- 1 tasse de lait (chaud, 110 à 120 degrés F)
- 2 cuillères à café de levure
- 1/4 tasse de sucre
- 1/2 cuillère à café de sel
- 1 œuf large
- 2 cuillères à soupe de beurre fondu
- 1 cuillère à café d'extrait de vanille
- 3 tasses de farine tout usage
- **Glaçage :**
- 2 tasses de sucre en poudre
- 1 cuillère à café de sel
- 6 cuillères à soupe de beurre
- 2 cuillères à café d'extrait de vanille

Préparation :

1. Commencez par réchauffer votre lait. J'ajoute le lait dans une tasse à mesurer en verre, puis je le mets aux micro-ondes jusqu'à ce que la température atteigne environ 110-120 degrés, puis j'incorpore le sucre et la levure. Bien mélanger pendant environ une minute.
2. Laissez le mélange de levure pendant environ 5 minutes. Maintenant, si vous n'obtenez pas de bulles, vous devez les jeter. Les beignets ne lèveront pas. (Rappelez-vous que c'est une réaction chimique)
3. Ajoutez ensuite votre mélange de levure dans un grand bol à mélanger, puis ajoutez l'œuf, le beurre fondu, l'extrait de vanille et le sel.
4. Incorporez ensuite la farine. Mélangez jusqu'à ce que la pâte commence à se rassembler.
5. Vaporisez votre bol d'un spray d'huile d'olive.
6. Ajoutez ensuite votre pâte dans le bol vaporisé. Couvrir la pâte d'un morceau de film plastique ou d'un torchon et laisser lever pendant environ une heure.
7. Placez ensuite votre pâte sur un plan fariné.
8. Étalez la pâte sur environ 1/4 de pouce d'épaisseur.
9. Utilisez votre emporte-pièce puis découpez un cercle plus grand puis un cercle plus petit au milieu. Continuez jusqu'à ce que vous ayez coupé votre pâte.
10. Ajoutez les beignets dans un plateau de friteuse à air graissé ou dans le panier de friteuse à air graissé (arrosé d'huile d'olive). Laissez-les ensuite lever encore 30 minutes.
11. Remarquez comment ils ont doublé.
12. Après 30 minutes, ajoutez-les à votre friteuse à air, réglez la température à 340 degrés F pendant 5 minutes. (Réglage de la friteuse à air)
13. Tremper dans le glaçage, puis laisser durcir.
14. Assiette, servez et dégustez !

Beignets aux fraises à la friteuse à air

Personne(s) : 8   **Préparation : 20 min**   **Total : 40 minutes**

Ingrédients :

Beignets aux fraises :
- 1 tasse de farine tout usage
- 1/2 cuillère à café de sel
- 1 cuillère à café de bicarbonate de soude
- 1 cuillère à café de cannelle moulue
- 1 œuf large
- 1/3 tasse de lait
- 1/3 tasse de sucre granulé
- 2 cuillères à soupe de beurre non salé, beurre
- 2 cuillères à café d'extrait de vanille pure
- 1/2 tasse de fraises fraîches, coupées en dés

Glaçage :
- 1 tasse de sucre en poudre
- 2-3 cuillères à soupe de lait

Préparation :

1. Dans un grand bol, mélanger la farine, le sucre, le sel, le bicarbonate de soude et la cannelle moulue.
2. Versez le lait, l'œuf, le beurre fondu et la vanille dans le bol à mélanger, en battant jusqu'à ce que le tout soit bien mélangé.
3. Incorporez les fraises fraîches, mélangez bien.
4. Vaporisez vos moules à beignets avec de l'huile d'olive en prenant soin de bien vaporiser les côtés.
5. Versez la pâte dans les moules à beignets, en remplissant environ les 2/3.
6. Placez la poêle dans la friteuse à air et réglez la température à 320 degrés F pendant 10 à 15 minutes. Testez pour voir si le beignet ressort propre, mais insérez un cure-dent au centre de celui-ci, et s'il ressort propre, retirez-le de la friteuse à air.
7. Laissez refroidir légèrement pendant que vous préparez le glaçage.
8. Pour faire le glaçage, ajoutez le sucre en poudre et le lait dans un petit bol. Mélanger jusqu'à ce que le tout soit bien mélangé.
9. Glacer les beignets avec le glaçage, dresser dans une assiette, servir et déguster !

Beignets de pommes à la friteuse à air

Personne(s) : 12   **Préparation : 10 min**   **Total 21 min**

Ingrédients :

- 2 pommes épépinées et coupées en dés
- 1 tasse de farine tout usage
- 2 cuillères à soupe de sucre
- 1 cuillère à café de levure chimique
- 1/2 cuillère à café de sel
- 1/2 cuillère à café de cannelle moulue
- 1/4 cuillère à café de muscade moulue
- 1/3 tasse de lait
- 2 cuillères à soupe de beurre fondu
- 1 œuf
- 1/2 cuillère à café de jus de citron
- ❖ **GLAÇAGE À LA CANNELLE**
- 1/2 tasse de sucre glace
- 2 cuillères à soupe de lait
- 1/2 cuillère à café de cannelle moulue
- Pincée de sel

Préparation :

1. Coupez les pommes en petits cubes et réservez. Pelez-les si vous le souhaitez.
2. Ajoutez la farine, le sucre, la levure chimique, le sel, la cannelle moulue et la muscade moulue dans un grand bol et mélangez.
3. Dans un autre bol, mélanger le lait, le beurre, * l'œuf et le jus de citron.
4. Ajoutez les ingrédients humides aux ingrédients secs et remuez jusqu'à ce que le tout soit bien mélangé. Incorporer les pommes et mettre le mélange au réfrigérateur pendant 5 minutes à 2 jours (couvert).
5. Préchauffez votre friteuse à air à 370 degrés.
6. Mettez un rond de papier sulfurisé au fond du panier et découpez les beignets aux pommes en boules de 2 cuillères à soupe. Placez les beignets de pommes dans la friteuse et laissez cuire 6 à 7 minutes.
7. Pendant la cuisson, fouettez ensemble le sucre glace, le lait, la cannelle et le sel pour faire le glaçage.
8. Retirez les beignets aux pommes de la friteuse, placez-les sur une grille, versez immédiatement le glaçage dessus et dégustez !

Beignets grillés à la noix de coco et au citron vert à la friteuse à air

Personne(s) : 8   **Préparation : 5 min**   **Total : 23 minutes**

Ingrédients :

- ✓ 1 boîte de gros biscuits feuilletés
  Glaçage à la noix de coco et au citron vert
- ✓ 1 tasse de sucre en poudre pour confiseurs
- ✓ 1 cuillère à café d'extrait de noix de coco
- ✓ 2 cuillères à soupe de jus de citron vert
- ✓ 1 cuillère à café de zeste de citron vert
- ✓ ¼ tasse de flocons de noix de coco sucrés, grillés

Préparation :

1. Ouvrez la boîte de biscuits et placez-les sur une surface antiadhésive (par exemple un tapis en silicone, du papier ciré, une planche à découper) ou une assiette. Cela leur permettra de monter légèrement au fur et à mesure que vous vous préparez.
2. Créez un trou dans chacun des biscuits à l'aide de l'outil de votre choix. Comme vous pouvez le voir sur la photo, j'ai utilisé une grosse douille, le bas était de la taille parfaite ! Vous disposez maintenant de 8 gros beignets et de 8 trous de beignets à frire à l'air libre.
3. Préchauffez votre friteuse à air pendant quelques minutes à 350°F. Une fois préchauffé, vaporisez le panier avec un spray antiadhésif, placez 3-4 beignets et trous dans le panier et vaporisez le dessus. Cuire chaque côté pendant 3 à 4 minutes, en vaporisant l'autre côté après l'avoir retourné.
4. Une fois que les beignets sont bien dorés de chaque côté, retirez-les de la friteuse et laissez-les refroidir. Pendant que les beignets cuisent et refroidissent, préparez le glaçage à la noix de coco et au citron vert.

5. Ajoutez tous les ingrédients du glaçage dans un bol et fouettez ensemble pour incorporer entièrement le sucre en poudre. Vous pouvez ajouter plus de jus de citron vert ou un peu de lait si vous souhaitez un glaçage plus fin.
6. Une fois vos beignets refroidis, recouvrez de glaçage et saupoudrez de noix de coco grillée. Apprécier !

Beignets glacés au caramel

Personne(s) : 8 **Préparation : 5 min** **Total : 23 minutes**

Ingrédients :

- ✓ 2 paquets de biscuits réfrigérés (j'ai utilisé Pillsbury Grand Flakes Layer)
- ✓ 2 tasses de sucre en poudre, divisé
- ✓ 1/2 tasse de crème (ou de lait), divisée
- ✓ 1/4 tasse de caramel de cuisine Sauce au caramel beurre salé
- ✓ 1/3 tasse de caramel de cuisine sauce chocolat-caramel

Préparation :

Pour les beignets :
1. Programmez votre friteuse à air à 330 degrés.
2. Retirez les biscuits du récipient et disposez-les en une seule couche.
3. À l'aide d'un emporte-pièce de 1", retirez le centre de chaque biscuit (ceux-ci deviendront vos trous de beignets).
4. Badigeonnez ou vaporisez une légère couche d'huile de noix de coco sur le fond du bol de la friteuse à air.
5. Placez vos beignets entiers en une seule couche au fond du bol de la friteuse à air. (J'aime les retourner une fois pour enduire les deux côtés d'huile).
6. Placer le couvercle sur la friteuse et cuire 4 minutes. Vous devrez peut-être retourner les beignets au bout de 3 minutes.
7. Répétez avec les beignets entiers restants.
8. Pour cuire les beignets entiers, réduisez le temps de cuisson à 3 minutes.
9. Retirer les beignets sur une grille pour les laisser refroidir légèrement. (J'aime placer une couche de papier ciré ou de serviettes en papier sous la grille en préparation pour le glaçage).

Pour les glaçages au caramel salé et au chocolat :
10. Répartissez le sucre en poudre dans deux bols séparés.
11. Ajoutez 1/4 tasse de sauce caramel salé dans l'un et 1/3 de sauce caramel chocolat dans l'autre.
12. Versez 3-4 cuillères à soupe de crème dans chaque bol et mélangez jusqu'à ce que le tout soit bien mélangé et qu'il ne reste plus de grumeaux. Ajoutez une cuillère à soupe supplémentaire de crème si nécessaire si le glaçage est trop épais.

Beignets de biscuits à la friteuse à air

Personne(s) : 8   **Préparation : 5 min**   **Total : 10 minutes**

Ingrédients :

- ✓ 1 boîte de biscuits feuilletés géant
- ✓ ½ tasse de sucre cristallisé
- ✓ ½ cuillère à soupe de cannelle
- ✓ 5 c à s de beurre fondu

Préparation :

1. Préchauffer la friteuse à air à 350 degrés. Retirez les biscuits du tube et séparez-les.
2. Découpez le centre de chaque biscuit à l'aide d'un emporte-pièce circulaire de 1 pouce. Mettez de côté les trous qui ont été découpés. Vaporisez le plateau de la friteuse à air avec un aérosol de cuisson sans danger pour la friteuse à air et placez les beignets sur le plateau. Faites cuire les beignets pendant 5 minutes jusqu'à ce qu'ils soient dorés. Retirez les beignets de la friteuse à air et placez-les sur une assiette. Dans un bol moyen, mélanger la cannelle et le sucre. Mettre de côté. Faire fondre le beurre dans un bol allant aux micro-ondes. Badigeonner le dessus et le dessous des beignets avec le beurre à l'aide d'un pinceau à pâtisserie. Trempez le beignet recouvert de beurre dans le bol avec la cannelle et le sucre, jusqu'à ce qu'il soit complètement recouvert. Les beignets sont meilleurs servis chauds. Si vous voulez des beignets recouverts de sucre en poudre, suivez les mêmes étapes, mais trempez-les dans un bol de sucre glace.

Beignets à la citrouille et aux épices

Personne(s) : 8   **Préparation : 10 minutes**   **Total : 15min**

Ingrédients :

- ✓ 16 onces de pâte à biscuits feuilletée géante en boîte
- ✓ 6 c à s de beurre non salé fondu
- ✓ 1/2 tasse de sucre granulé
- ✓ c à s d'épices pour citrouille
- ✓ 1/2 c à s de cannelle

Préparation :

1. Commencez par séparer les biscuits en 8 sections. 16 onces de pâte à biscuits feuilletée géante. Tapotez les biscuits pour les aplatir un peu.
2. Ensuite, utilisez un petit verre à shot pour découper un cercle au centre de la pâte. Retirez le cercle et mettez-le de côté. Réglez la friteuse à air à 350 degrés et faites frire les beignets pendant 3 minutes, sortez le panier et retournez. Faites frire encore 3 minutes. Pendant que les beignets sont frits à l'air libre, faites fondre le beurre dans un plat peu profond et ajoutez les ingrédients de l'enrobage dans un autre bol : sucre, épices de citrouille et cannelle. 6 cuillères à soupe de beurre non salé, 1/2 tasse de sucre cristallisé, 1 cuillère à soupe d'épices de citrouille, 1/2 cuillère à soupe de cannelle
3. Au fur et à mesure que les beignets sont cuits (vous les cuisinerez par lots de 4), prenez les beignets et trempez les deux côtés dans le beurre.
4. Placez les beignets beurrés dans l'enrobage, retournez le beignet et enduisez l'autre côté.
5. Enfin, ajoutez les beignets sur une grille de refroidissement.
6. Dégustez tiède ou laissez refroidir. Apprécier !

CAPITRE 12   Recettes de chaussons salés

CHAPITRE 12

Recettes des chaussons salés

Chaussons de pâte feuilletée au paner salés –

Personne(s) : 6   **Préparation : 20 min**   **Total : 40 minutes**

Ingrédients :

- 6 carrés de pâte feuilletée
- 1 Blanc d'œuf, à badigeonner pour un glaçage
- 1 cuillère à café de graines de Nigelle (Kalonji), (facultatif)
- **Pour le remplissage de Paner :**
- 200 g de Paner ou de fromage cottage, en purée ou en cubes (fait maison ou acheté en magasin)
- 1 cuillère à soupe de ghee ou d'huile
- 1/2 cuillère à café de graines de cumin
- 1/2 oignon, coupé en dés
- 1 tomate, coupée en dés
- 1/2 cuillère à café de sel,
- 1/4 cuillère à café de curcuma moulu
- 1/2 cuillère à café de poudre de Cayenne ou de Piment Rouge
- 1/2 cuillère à café de Garam Marsala, ajusté au goût

Préparation :

1. **Préparez le remplissage du Paner :**
2. Sortez les feuilles de pâte feuilletée surgelées du congélateur et laissez-les décongeler pendant que vous préparez la garniture. Faites chauffer l'huile dans une poêle et ajoutez-y les graines de cumin. Lorsque les graines commencent à changer de couleur au bout de 30 secondes environ, ajoutez les oignons coupés en dés. Faites cuire les oignons pendant 3 à 4 minutes en remuant fréquemment jusqu'à ce qu'ils commencent à devenir dorés.
3. Ajoutez les tomates concassées. Faites-les cuire 3 à 4 minutes, jusqu'à ce qu'ils forment un mélange épais avec les oignons. Ajoutez le sel, le curcuma, la poudre de piment rouge et le garam masala. Bien mélanger. Ajouter le paner et mélanger avec le masala oignon tomate. Cuire 3 minutes jusqu'à ce que le paner devienne tendre. La garniture du paner est prête. Vous pouvez également en profiter sous forme de paner bhurji ou en version brouillée avec du rôti ou du nan.
4. **Préparez la pâte feuilletée :**
5. Si vous faites cuire au four, préchauffez le four à 400 °F. Étalez les carrés de pâte feuilletée sur un papier sulfurisé sur une plaque à pâtisserie. Placez la garniture au paner au centre du carré de pâte feuilletée. Assurez-vous que la garniture du paner est à température ambiante lorsque vous remplissez la pâte feuilletée. Pliez-le délicatement et pincez-le de l'autre côté pour former un triangle. Tous les bords doivent être fermés. Utilisez une fourchette pour bien sceller les bords. Battez le blanc d'œuf. Badigeonner les blancs d'œufs sur le dessus de la pâte feuilletée farcie. Saupoudrez quelques graines de nigelle pour obtenir un chou parfait !
6. Si vous utilisez un four, faites cuire au four pendant 12 à 15 minutes jusqu'à ce que les choux de paner soient dorés. Si vous utilisez une friteuse à air, placez 2 pâtes feuilletées farcies dans le panier de la friteuse à air. Cuire au four à 390 °F pendant 10 à 12 minutes. Retournez les choux à environ 7 min. Retirez les pâtes feuilletées du four/friteuse dans un plat de service et laissez-les refroidir pendant quelques minutes. Dégustez avec une trempette ou un chutney et une tasse de thé chaud.

Pâte feuilletée aux champignons à la friteuse à air (chaussons)

Personne(s) : 6   Préparation : 15 min   Total : 32 minutes

Ingrédients :

- 8 oz de champignons (en quartiers)
- 2 tasses de bébés épinards (emballés)
- 1 cuillère à soupe d'huile d'olive
- ½ cuillère à café de poudre d'ail
- 1 cuillère à café de piment Serrano (haché)
- ¼ cuillère à café de sel (au goût)

- **Pour la pâte feuilletée**
- 1 feuille de pâte feuilletée (surgelée)
- ½ tasse de fromage (râpé)
- 2 cuillères à soupe de farine tout usage (pour saupoudrer)
- 1 cuillère à soupe d'eau

Préparation :

Faire la garniture
1. Préchauffer la friteuse à air à 390 °F.
2. Dans un bol, mélanger les champignons avec l'huile d'olive, la poudre d'ail, le sel et le poivre serrano.
3. Placer les champignons dans la friteuse à air préchauffée et cuire 7 minutes.
4. Ajouter les épinards et faire frire à l'air libre pendant 3 minutes à 390°F.
5. Bien mélanger puis transférer dans un bol. Nettoyez la friteuse à air pour cuire les chaussons.

Cuisson de la pâte feuilletée
6. Décongeler la feuille de pâte feuilletée surgelée selon les instructions sur l'emballage.
7. Roulez-le délicatement un peu sur une surface farinée et divisez-le en 6 parties.
8. Divisez le mélange aux champignons et aux épinards en 6 parties.
9. Sur une surface légèrement farinée, étalez un morceau de feuille de pâte en carré.
10. Remplissez le mélange d'épinards et du fromage râpé en gardant une distance de 1 cm des bords.
11. Appliquez de l'eau sur les bords avec le pinceau à badigeonner.
12. Réalisez une pâte feuilletée en forme de triangle en la pliant en diagonale.
13. Presser les bords avec la fourchette et bien sceller.
14. Préchauffer la friteuse à air à 390°F.
15. Réfrigérez les pâtisseries farcies pendant que la friteuse à air préchauffe.
16. Placer la pâte feuilletée dans la friteuse et cuire 7 minutes à 390°F.
17. Travailler par lots si nécessaire pour les tranches de pâte à pâtisserie restantes.

Chaussons de dinde à la friteuse à air

Personne(s) : 8 **Préparation : 5 min** **Total : 13 minutes**

Ingrédients :

- 1 paquet de petits pains en croissant ou de pâte à biscuits
- 2 cuillères à soupe de moutarde au miel
- 3 onces de tranches de dinde, de charcuterie ou de restes de dinde
- 1/2 tasse de brocoli ou salade de chou
- 1 gros œuf battu

Préparation :

1. Étalez la feuille de pâte sur une surface légèrement farinée. Utilisez un emporte-pièce ou un verre à boire et découpez des cercles d'environ 4 à 5 pouces. Sur le biscuit, étalez environ une cuillère à café de moutarde au miel sur chaque cercle. Et puis garnissez de quelques morceaux de dinde et de quelques cuillères à café de brocoli ou de salade de chou.
2. A l'aide d'un pinceau à pâtisserie, badigeonnez les bords avec un blanc d'œuf. Badigeonner le dessus des chaussons de blanc d'œuf. Placez les chaussons de dinde dans un papier sulfurisé ou une friteuse à air recouverte d'une doublure en silicone. Réglez la température à 370 degrés F, réglage de la friteuse à air et laissez cuire pendant 5 à 8 minutes, en retournant à mi-cuisson. Assiette, servez et dégustez !

Chausson au bacon et au fromage

Personne(s) : 6 **Préparation : 10 min** **Total : 25 min**

Ingrédients :

- 320 g de pâte feuilletée
- 6 tranches de bacon fumé
- 6 tranches de fromage cheddar
- 1 œuf battu
- 1 c à s de graines de sésame
  Pour la sauce moutarde au miel
- 2 cuillères à soupe de miel
- 2 cuillères à soupe de moutarde
- 2 cuillères à soupe de mayonnaise
- ½ à 1 c à c de vinaigre de vin blanc ou de vinaigre de cidre de pomme

Préparation :

1. Préchauffer le four à 200C/400F. Sur une surface farinée, étalez la pâte feuilletée en un rectangle de ¼ de pouce d'épaisseur ou laissez-la telle quelle si vous utilisez une pâte déjà roulée. Coupez ensuite en 6 carrés de taille égale. Disposez les tranches de bacon en diagonale (elles devront être coupées à la bonne taille, voir les photos pour référence), garnissez d'une tranche de fromage ou de 2 cuillères à soupe de fromage râpé. Ramenez un coin de la pâte feuilletée et badigeonnez le bout avec un œuf battu, puis repliez le coin opposé pour qu'il se chevauche, appuyez avec une fourchette pour sceller. Disposer sur une plaque à pâtisserie tapissée de papier sulfurisé à 2 pouces de distance, badigeonner le dessus des pâtisseries d'un œuf battu et saupoudrer de graines de sésame. Cuire au four pendant 12 à 15 minutes jusqu'à ce qu'ils soient dorés. Pendant que les chaussons cuisent, préparez la sauce moutarde au miel en mélangeant le miel, la moutarde, la mayonnaise et le vinaigre de vin blanc dans un petit bol. Servir avec les chaussons.

Gojas guyanais (chaussons frits à la noix de coco)

Personne(s) : 12 **Préparation : 50 min** **Total : 1h15 min**

Ingrédients :

Crâne
- 2 ¼ tasses de farine tout usage (environ 9 5/8 onces), et plus pour la surface de travail
- 1 cuillère à soupe de sucre roux clair
- ½ cuillère à café de levure chimique
- ½ cuillère à café de sel casher
- 2 c à s beurre froid, coupé
- ¾ tasse de lait entier froid
- ½ cuillère à café d'huile végétale, et un peu plus pour la friture

Remplissage
- 2 tasses de noix de coco râpée sucrée
- 1 c à s plus 1 c à c de cassonade
- 1 ¼ c à c de gingembre fraîs et râpé
- ½ cuillère à café de cannelle moulue
- 0,25 c à c de cardamome
- ¼ c à c de muscade fraîs et râpée
- ¼ cuillère à café de sel casher
- 2 cuillères à soupe de beurre, fondu
- 2 cuillères à café d'extrait de vanille

Préparation :

1. **Faire la pâte :** Mélanger la farine, la cassonade, la levure chimique et le sel dans un grand bol. Ajouter le beurre froid; frottez avec vos doigts jusqu'à ce que le beurre soit enrobé de farine et forme de fines miettes. Faites un puits au centre du mélange et versez le lait. Avec vos doigts, incorporez le mélange de farine dans le lait jusqu'à ce qu'une boule collante se forme. Étalez la pâte sur un plan de travail légèrement fariné; pétrir jusqu'à ce qu'il soit presque lisse, 1 à 2 minutes, en saupoudrant légèrement de farine si nécessaire pour éviter de coller. Frotter toute la boule de pâte avec de l'huile végétale. Enveloppez bien la pâte dans une pellicule plastique et laissez-la reposer à température ambiante 30 minutes.
2. **Pendant ce temps, préparez la garniture**
3. Mélanger la noix de coco, la cassonade, le gingembre, la cannelle, la cardamome, la muscade et le sel dans un bol moyen. Ajouter le beurre fondu et la vanille. Remuez bien et réservez. Divisez la boule de pâte uniformément en 12 morceaux (environ 1 3/8 onces chacun). Façonner chaque morceau en boule et couvrir sans serrer d'une pellicule plastique. En travaillant avec 1 boule de pâte à la fois et en gardant les boules restantes couvertes, pressez la boule dans un disque de 2 pouces. Placez le disque de pâte sur une surface de travail légèrement farinée et roulez-le en un cercle de 5 pouces (environ 1/8 de pouce d'épaisseur), en farinant au besoin pour éviter de coller. Badigeonner légèrement les bords du cercle de pâte avec de l'eau. Étalez environ 1 1/2 cuillères à soupe de garniture sur la moitié du cercle de pâte, en laissant une bordure de 3/4 de pouce autour du bord. Pliez l'autre moitié sur la garniture et appuyez sur les bords pour sceller. Sertir les bords de la pâte à l'aide d'une fourchette légèrement farinée. Transférer le goja sur une plaque à pâtisserie recouverte de papier sulfurisé. Répétez le processus avec les boules de pâte restantes et la garniture.
4. Remplissez un faitout de taille moyenne avec de l'huile végétale jusqu'à une profondeur de 2 pouces; chauffer à feu moyen à 360°F. En travaillant par lots, faites frire les gojas, en les retournant souvent, jusqu'à ce qu'ils soient uniformément dorés, environ 4 minutes. Transférer les gojas sur une plaque à pâtisserie recouverte de papier absorbant pour les égoutter. Servir chaud ou laisser refroidir complètement, environ 20 minutes.

Chaussons au fromage et au bacon

Personne(s) : 8   **Préparation : 5 min**   **Total : 35 min**

Ingrédients :

- Chiffre d'affaires
- 1 feuille de pâte feuilletée (voir notes)
- 8 tranches de Streaky Bacon (voir notes)
- 4 tranches carrées de fromage Cheddar fort, coupées en deux
- 1 œuf battu (pour la dorure des œufs)
- Oignons caramélisés
- 1 lb / 500 g d'oignon rouge ou blanc, finement tranché
- 1 cuillère à soupe de vinaigre balsamique
- 1 cuillère à soupe de cassonade
- 1 cuillère à soupe d'huile d'olive
- Sel et poivre noir, au goût

Préparation :

1. Ajoutez 1 cuillère à soupe d'huile d'olive dans une grande poêle à feu moyen et ajoutez 1 lb/500 g d'oignons émincés. Faites frire jusqu'à ce qu'ils commencent à ramollir et caraméliser (10-15 minutes), puis ajoutez 1 cuillère à soupe de vinaigre balsamique, 1 cuillère à soupe de sucre et du sel et du poivre au goût. Baissez le feu et continuez à caraméliser pendant encore 20 minutes, ou jusqu'à ce qu'il soit très doux et collant. Le but du jeu est de faire frire lentement et lentement, de ne pas les laisser attraper et commencer à carboniser à aucun moment.
2. Abaissez votre feuille de pâte sur un plan fariné et divisez-la en 8. Prenez une section et inclinez-la de manière à ce qu'un coin soit en haut et en bas. Déposer une cuillerée d'oignons au centre, garnir d'une tranche de fromage, puis d'une tranche de bacon. Assurez-vous que les oignons sont cachés sinon ils brûleront.
3. Pliez un coin, mouillez doucement avec votre doigt, puis repliez sur le deuxième coin. Pincez très étroitement pour qu'ils ne se déplient pas au four, puis badigeonnez-les de dorure à l'œuf. Voir la vidéo pour obtenir des conseils sur cette section.
4. Mettez au four à 390F/200C pendant 15-20 minutes ou jusqu'à ce qu'ils soient bien dorés et croustillants. Laisser reposer et refroidir pendant 5 minutes, cela permettra au dernier peu de vapeur de s'échapper et de les aider à devenir croustillants (ils peuvent être légèrement mous à la première sortie).

Chaussons aux trois fromages à la friteuse à air

Personne(s) : 16   Préparation : 20 min   Total : 50 min

Ingrédients :

- 1/2 livre de fromage ricotta
- 2 onces de fromage provolone râpé
- 2 onces de fromage pecorino râpé
- 1 œuf large
- 2 cuillères à soupe de basilic frais haché
- 1 cuillère à café de sel casher
- 1 cuillère à café de poivre fraîchement moulu
- 1 feuille de pâte feuilletée surgelée décongelée
- Beurre fondu, pour badigeonner
- Graines de sésame, pour saupoudrer
- Sauce marinara, réchauffée, pour servir

Préparation :

1. Préchauffer une friteuse à air à 375 °F. Mélanger la ricotta, le provolone, le pecorino, l'œuf, le basilic, le sel et le poivre dans un bol moyen ; bien mélanger.
2. Étalez la pâte feuilletée juste pour enlever les plis ; couper en 16 carrés égaux. Versez une cuillère à soupe du mélange de fromage sur un carré de pâtisserie. Badigeonner légèrement les bords de beurre fondu, plier en deux pour former un triangle et pincer pour fermer ; sertir les bords avec une fourchette. Répétez avec les carrés de pâte restants, en réfrigérant les chaussons finis sur un plat tapissé de papier sulfurisé pendant que vous formez le reste.
3. Badigeonner le dessus des chaussons avec du beurre fondu et saupoudrer de graines de sésame. Placer 5 ou 6 chaussons dans le panier de la friteuse et cuire jusqu'à ce qu'ils soient gonflés et dorés, 8 à 10 minutes. Répétez avec les chaussons restants. Servir avec une sauce marinara tiède.

Chaussons de chou-fleur à la friteuse à air

Personne(s) : 2 **Préparation : 15 min** **Total : 55 min**

Ingrédients :

- **Frais**
- Jaune D'œuf 1 unité
- Fromage en tranches 1 tranche
- Poivron vert 1/4 unité
- Oignon 1/2 unité
- Ail 1 clou de girofle
- Chou-Fleur 16 onces
- Purée De Tomates
- 3 cuillères à soupe
- **Garde-manger**
- Sel 1/2 cuillère à café
- Thon En Conserve 5 onces
- Huile d'olive 1 cuillère à soupe
- Farine De Blé 2 oz

Préparation :

1. Faites cuire le chou-fleur aux micro-ondes dans un récipient couvert pendant 5 minutes. Écrasez puis utilisez une serviette propre pour éliminer l'excès d'eau. Laissez-le refroidir.
2. Ajoutez le chou-fleur dans un bol avec le jaune d'œuf, le sel au goût et la farine. Mélangez et laissez reposer plusieurs minutes. Pendant ce temps, vous pouvez commencer à préparer la garniture.
3. Coupez l'ail, l'oignon et le poivron en petits cubes. Faire revenir légèrement dans l'huile jusqu'à ce que les légumes soient dorés. Ajoutez le thon égoutté et le concentré de tomates. Laissez cuire plusieurs minutes.
4. Coupez le fromage en 4 morceaux.
5. Pour réaliser les chaussons, déposez un peu de pâte sur un morceau de film Saran, aplatissez-le à l'aide d'une cuillère puis remplissez-le de fromage et de thon. A l'aide du Saran wrap, repliez la pâte en veillant à bien plaquer un bord contre l'autre afin de former le chausson. Appuyez bien sur les bords pour le fermer.
6. Placer dans la friteuse et cuire à 400°F pendant environ 15-20 minutes (en les retournant au cours des 5 dernières minutes pour qu'ils cuisent un peu au fond).
7. Apprécier !

Choux aux fruits de mer

Personne(s) : 8 **Préparation : 10 min** **Total : 18 min**

Ingrédients :

- 1/2 livre de chair de crabe en morceaux
- 1/2 tasse de mayonnaise
- 4 onces de fromage à la crème, température ambiante
- 1 cuillère à soupe de sauce Worcestershire
- 1 cuillère à café de raifort
- 1 cuillère à soupe de jus de citron
- 1/2 cuillère à soupe d'assaisonnement Old Bay
- 2 cuillères à café d'ail émincé
- 1 cuillère à soupe de ciboulette
- 2 feuilles de pâte feuilletée

Préparation :

1. Préchauffer la friteuse à air à 385* pendant 5 minutes. Hachez grossièrement la chair du crabe. Dans un bol moyen, mélanger la chair de crabe, la mayonnaise, le fromage à la crème, le Worcestershire, le raifort, le jus de citron, l'assaisonnement Old Bay, la ciboulette et l'ail émincé. Bien mélanger pour combiner. Couper la pâte feuilletée en carrés de 4 x 4". Ajouter une boule du mélange de crabe au centre de chaque pâte feuilletée. Pliez chaque coin sur le dessus et vers le centre. Pincez pour sceller.
2. Placez les choux aux fruits de mer dans la friteuse et vaporisez légèrement le dessus avec de l'huile d'olive ou de l'huile de canola. Cuire cinq minutes. Servir avec une tranche de citron et déguster !

Chaussons au poulet et légumes d'été

Personne(s) : 6 **Préparation : 20 min** **Total : 55 min**

Ingrédients :

- 1 Pâte feuilletée Rectangulaire
- 1 escalope de poulet
- 1 petite courgette
- ½ poivron jaune
- ½ oignon blanc
- 1 citron jaune non-traité
- 1 cuillerée à soupe d'huile d'olive
- 1 cuillerée à soupe rase de miel
- 1 œuf
- 15 brins de ciboulette ciselée

Préparation :

1. Préchauffez votre four Th.7 (200°C). Lavez la courgette, épépinez le poivron, épluchez l'oignon. Prélevez le zeste du citron. Pelez-le à vif puis prélevez les segments de citron.
2. Découpez tous les légumes en petits dés ainsi que l'escalope de poulet. Faites revenir le poulet dans une poêle contenant l'huile d'olive. Réservez-le. Faites revenir les légumes, dans la même poêle, jusqu'à ce qu'ils soient bien fondants, ajoutez le zeste et les segments de citron, le miel et prolongez la cuisson de 3 minutes. Ajoutez le poulet et la ciboulette. Assaisonnez à votre convenance. Découpez quatre rectangles de pâte, répartissez la préparation sur une moitié de chaque rectangle de pâte, fermez en soudant les bords. Badigeonnez avec l'œuf battu à l'aide d'un pinceau.
3. Faites cuire 25 à 30 minutes dans le bas de votre four.

Printed in France by Amazon
Brétigny-sur-Orge, FR